종교·생명의
대전환과
큰 적공

종교·생명의 대전환과 큰 적공

원광대학교 원불교사상연구원 편

도서출판 모시는사람들

이 책에는 2016년 4월 말(2016.04.28.-30.)에 원불교 100주년과 원광대학교 개교 70주년을 기념해 "종교·문명의 대전환과 큰 적공"이라는 주제로 열린 국제학술대회의 성과가 담겨 있다. 이 학술대회에서는 '종교', '정치', '경제', '생명'이라는 4개의 하부 주제로 나뉘어 많은 발표가 진행되었다. 이 발표들은 현대문명이 전환되며 드러내는 문명론적 문제층위와 의미를 점검하는 것으로 어디로 나가야 하는지 모르는 불안과 혼란의 21세기를 사는 우리에게 큰 의미가 있는 것이었다.

이 학술대회는 한편으로는 19세기 말과 20세기 초 한국이 직면한 근대화 및 서양의 근대문명의 수용 과정, 그리고 이를 변화시키고 발전시켜 나간 한국사회의 역동 및 인류 문명의 성과를 비판적으로 논의하고 있으며, 다른 한편으로는 산업사회에서 소비사회, 정보화사회 및 제4차 산업혁명으로의 전환에 직면해 21세기에 우리가 어떻게 살아야만 하는가라는 문명론적 대전환 시기의 가치문제들을 성찰하고 있다. 하나는 19세기에서 20세기로 전환하는 과정(전통사회에서 근대 산업사회로의 전환)에서, 다른 하나는 20세기에서 21세기로 전환하는 과정(산업사회에서 소비사회, 정보화사회로의 전환)에서 야기되는 문제와 과제를 담고 있기에 이 두 차례의 문명의 전환은 우리 시대의 삶과 사회, 문화에 대한 과거와 현재의 성찰뿐만 아니라 앞으로 우리가 나아가야 할 미래적 전망에 대한 통찰을 동시에 요구하는 것이다.

전자의 전환기에 서 있던 세계는 서양 근대와 대결하며 동시에 그것을 모델로 하는 것으로 자연과학이나 기술공학의 발전에 대한 기대, 역사의 발전에 대한 낙관, 물질적 풍요에 대한 유토피아적 희망을 품고 있었고, 경제적 부의 창출을 지상과제로 삼았다. 이는 경쟁과 효율성을 지표로 삼아 삶의 세계를 재단하고 자연을 정복하며 대량생산과 대중소비라는 물질문명의 틀을 만들어 냈다. 더 빠르고 힘차게 변해야 한다는 문명의 조급증과 강박은 한편으로는 산업사회와 자본주의적 물질의 풍요로움을 만들어냈지만, 다른 한편 물질적 소비, 환경오염과 생활 폐기물의 증가뿐만 아니라 소유 지향적 인간유형, 인간 소외, 스트레스, 인성의 황폐화, 문명병의 증대, 가족의 붕괴 등 수많은 사회문제를 양산하였다.

후자의 전환기, 즉 우리가 현재 서 있는 현대사회는 무한 경쟁, 무한 욕망, 무한 소유, 무한 소비를 부추기는 소비사회이자 풍요사회이며 신자유주의의 그늘 아래 경제적으로 많은 것을 이루어내는 성과사회이지만 동시에 불안사회, 피로사회, 소진사회의 성격을 드러내고 있다. 정보매체와 생명공학, AI(인공지능), 로봇산업 등의 융합에 의해 이루어질 제4차 산업혁명은 생활의 편리뿐만 아니라 인간과 기계의 혼재, 유전자 복제와 치료 등 인간의 정체성에 대한 본질적 문제를 새롭게 야기할 것이다. 우리는 이러한 문명의 대전환이 이루어지는 시대를 살며 그 전환의 지층 위에 서서 앞으로 어떻게 살아야 할 것인지를 고민하지 않을 수 없다. 이 책에는 특히 종교와 생명의 층위에서 문명의 대전환과 그 대전환이 야기하는 문제들을 검토하고 그것을 극복할 수 있는 해결방안을 모색하는 시대적 문제의식이 담겨 있다.

이 책은 원불교 100주년을 기념으로 하는 학술대회에서 나온 성과 가운데 종교와 생명 세션 성과를 토대로 구성된 것이기에 원불교의 사상적 토대나 문명의 전환기에 기여할 수 있는 실천적 역할을 조명한 것도 있지만 더 나아가 종교적 편협을 넘어서서 각 분야의 종교지도자들이 참여해 불교, 기독교, 이슬람, 동학 등 다양한 종교적 세계관을 다루고 있으며, 한국뿐만 아니라 캐나다, 일본 등 여러 나라에서 각 분야의 전문가가 참여해 논의한 현대문명의 위기와 그 원인에 대한 철학적 종교적 성찰뿐만 아니라 그 대안적 세계관의 모색도 담고 있다.

오늘날 압축적 근대화를 겪는 동아시아는 서양보다 더한 환경위기와 생명위기 문제를 겪고 있는 듯 보인다. 환경 파괴나 먹거리 위기와 같은 자연생태계의 위기 못지않게 세계분쟁이나 전쟁, 증오나 파괴, 빈부 격차의 심화 등과 같은 사회적 생태계의 위기, 출산율 저하나 인간불신, 가족파괴 등과 같은 인간생태계의 위기 문제는 이제 동아시아의 문제만이 아니라 전 세계가 함께 겪고 있는 문명의 질환이다. 이제 물질만능주의, 이기주의, 소유욕에 의해 작동되는 현대문명에서 해결해야 할 가장 시급한 과제는 생명을 살려내는 새로운 세계관의 정립일 것이다. 이를 위해서는 돈 중심, 물질 중심, 소유 중심에서 사람 중심, 생명 중심, 존재 중심으로의 가치 중심의 이동, 즉 정신의 근본적 변혁이 필요한 것이다. 정신개벽이란 생명에 대한 각성이자 훼손된 '자연의 생명'(대지 살림)과 '인간의 생명'(몸 살림과 마음 살림)을 치유하고 회복할 수 있는 새로운 '생명문화'를 찾는 길일 것이다. 생명을 자각하고 찾는 것은 우리가 살고 있는 우주를 하나의 거대한 유기적 생명의 세계로 인식하는 영성이 우리 안에서 움직일 때 비로소 가능할 것이다.

이 책에는 자연과학, 환경운동, 생명운동, 원불교와 기독교, 이슬람 등 종교의 영역에서 문명의 위기와 그 과제를 살피면서 종교의 새로운 길을 찾으며, 더 나아가 자연을 살리고, 우리의 몸을 살리고, 우리의 마음을 살리는 '영적인 혁명', 즉 '마음의 혁명'의 가능성을 모색하고 있다. 이 책은 두 차례의 문명의 전환기를 맞이하며 그 동안의 '적공'(積功)을 살피면서 현재의 문제와 앞으로의 문명의 방향을 찾아나서는 문명의 화해 보고서이자 새로운 문명비전을 찾아나서는 희망의 프로젝트 기록이다.

대회 첫날에는 "원불교 100주년, 이 시대 한국에서 새로운 역사 만들기"(김도종, 원광대학교 총장), "문명의 대전환과 종교의 역할"(백낙청, 서울대학교), "20세기 한국 종교의 전환을 이끈 원불교"(돈 베이커, 캐나다 브리티시 컬럼비아 대학교) 등 세 가지 주제의 기조 강연이 있었고, 이를 이어 종교, 정치, 경제, 생명 세션 등에서 각각의 기조강연이 있었다. 김도종 총장은 동아시아의 변혁에 주목하며 21세기의 가치를 '개별화', '지구화', '다원주의'로 정리하면서 종교와 대학의 새로운 과제를 다루었다. 백낙청 교수는 오늘날 한국사회의 문제점과 전(全)지구적 자본주의, 기술 시대의 문제점을 점검하며 문명의 대전환과 종교의 역할을, 특히 최근 주목받고 있는 웅거(R.M. Unger)의 '미래종교'론을 비판적으로 언급하며 원불교의 정신개벽운동에 문명의 대전환을 이룰 수 있는 잠재력이 있다는 것을 제시했다. 캐나다의 베이커(Donald Baker) 교수는 일본 불교가 유입되고 개신교의 적극적인 선교활동이 일어나는 일제 강점기에 불교의 혁신운동을 주창한 만해 한용운과 소태산의 견해를 비교하며, 특히 실천적 성격을 가진 원불교의 특징을 분석했다. 이 세 가지 기조강연과 더불어 종교 세션의 기조 강연인 "각자위심에서 일원일심으로"(한자경, 이화여자대학교)와 생명 세션 기조 강연인 "한철학적 생명상의 각성체험 개요"(김태창, 일본 교토철학 공공연구소장)는 이 책에 함께 실었다. 이 모두가 문명의 대전환과 종교, 생명의 문제를 다루는 이 책의 주제에 속하는 글들이기 때문이다.

〈종교의 대전환〉 세션에서는 "원불교와 새로운 문명의 전환"(박광수, 원광대학교 원불교학과), "한국불교의 새길 찾기"(금강 스님, 해남 미황사 주지), "기독교영성과 수도원운동"(김한중, 무등산 솔성수도원장, 목사), "꾸란 의미의 다층성과 이슬람의 전개"(가마다 시게루, 도쿄대) 등 4개의 주제발표가 있었고, 이정재(경희대), 명법 스님(능인불교대학원대), 박혜훈(영산선학대), 박태식(성공회대) 교수의 패널토론이 있었다. 원불교, 불교, 기독교, 이슬람의 관점에서 오늘날

21세기 문명의 문제와 각 종교의 문제 및 과제, 즉 '영성', '수행', '깨달음', '종교의 실천', '종교 회통과 열린 종교 문화' 등의 문제들을 함께 성찰할 수 있는 귀한 기회를 제공해 준 발표자와 패널 토론자들께 진심으로 감사의 말씀을 드린다.

〈생명의 대전환〉 세션에서는 "경락-프리모 순환계에 바탕한 새로운 생명관과 의학"(소광섭, 서울대), "후천개벽과 생명의 규칙 '공생공빈'의 길"(츠치다 다카시, 일본 〈쓰고 버리는 시대를 생각하는 모임〉 설립자 겸 고문), "내가 걸어온 길에서의 생명운동"(이병철, 한살림 마음살림위원장), "한국인의 살림살이와 원불교"(최봉영, 한국항공대학교), "소태산 대종사의 생명철학"(정순일, 원광대학교 원불교학과)이라는 다섯 가지 주제 발표가 있었다. 여기에서 다루어진 생명에 관한 발표 내용들은 '물질문명', '몸', '영기질 생명관', '마음살림', '영성', '우주적 자아' 등 여러 가지 키워드로 다시 정리될 수 있다. 다섯 분의 발표자와 논평을 맡아 주신 김훈기(홍익대학교), 조희부(생태공동체 눈비산마을대표), 방인(경북대학교), 이용선(원불교대학원대학교), 야마모토 교시(山本恭司, 일본 미래공창신문 편집장) 선생님께도 감사의 말씀을 드린다. 최봉영 교수의 글은 PPT 자료의 형태로 되어 있어 아쉽게도 여기에서는 싣지 못했다.

"종교·문명의 대전환과 큰 적공"이라는 주제로 다루어진 이 대회에서 종교영역에서는 '영성운동'이, 정치영역에서는 '평화문제'가, 경제영역에서는 '자본주의 비판'과 '다원적 경제의 모색'이 다루어졌고, 생명영역에서는 '생명사상'과 '실천적 생명운동(살림의 길)'을 살펴보았다. 전체적으로 이번 국제학술대회의 내용은 다음과 같이 정리될 수 있을 것이다. 첫째, 우리는 백 년 전과 마찬가지로 현재 거대한 문명전환기에 서 있다. 둘째, 오늘날 우리는 자본주의적 물질문명의 폐해로 인해 많은 고통을 받고 있다. 셋째, 우리는 종교 갈등, 정치적 갈등, 경제적 혼란, 생명의 위기 속에 서 있다. 넷째, 이를 넘어서기 위해 생명, 평화, 영성의 가치를 모색해야만 한다. 다섯째, 이러한 가치는 각자의 주체적 생명체험, 즉 영적인 정신개벽에서 시작할 수 있다. 여섯째, 종교, 특히 생활불교와 정신개벽을 지향하는 원불교가 이러한 문명의 대전환기에 큰 역할을 할 수 있다. 일곱째, 세속 속에서 세속을 넘어서는 영적인(정신적) 깨달음의 노력이 종교, 정치, 경제 영역뿐만 아니라 철학, 문화, 예술 등 인문사회적 · 문명론적 차원에서 확산되도록 노력해야 할 것이다.

원불교 100주년과 원광대학교 70주년을 기념하는 이러한 국제학술대회는 종교, 특히 원불교가 물질주의 시대에 영성의 가치, 전체 생명의 가치를 일깨우는 데 중요한 종교적 통로뿐만 아니라 우리의 일상적 세속적 생활 속에서 영성적 가치를 깨닫고 추구하는 중요한 정신적 좌표를 제공하는 역할을 해야 한다는 과제를 확인하는 계기가 되었다. 살림과 섬김(모심), 나눔과 평화, 땅(자연)과 몸, 인간과 세계를 살리는 생명의 세계관을 찾기 위해서는 먼저 우리 마음의 혁명, 즉 정신개벽이 일어나야만 한다는 내용도 학술대회 가운데 용출(湧出)되었다. 이번 국제학술대회는 "물질이 개벽되니 정신을 개벽하자"는 원불교의 개교표어(開敎標語)와 원광대학교의 건학이념이 21세기 지구촌 시대에 어떤 의미가 있고 어떤 역할을 할 수 있는지를 충분히 살필 수 있는 자리였다. 앞으로도 원불교와 원광대학교가 인류문명의 문제상황을 정확히 인식하고 문제를 해결하거나 비전을 제시하려는 인문학적 노력을 통해 세계시민사회와 인류 문명의 전환에 큰 기여를 할 수 있기를 기대해 본다.

2016년 12월
김정현 · 한내창

종교문명의 대전환과 큰 적공

원불교 100주년 · 원광대학교 개교 70주년 기념 국제학술대회

오광익 _ 궁산, 원로교무

1

我國著名教授群 우리나라 저명한 교수 무리와

他邦優秀學人欣 다른 나라 우수한 학자들이 기쁘게

論經論政論生命 경제와 정치를 논하고 생명을 논하며

宗敎所談盛大聞 종교를 말하는 바가 성대하게 들렸어라.

2

建敎百年艱裏過 원불교 세운 백년, 어려움 속에 지나가고

圓光七十易非拖 원광대학 칠십년, 쉽게 끌어옴이 아니라네

上存眞理感應降 위에는 진리가 있어서 감응을 내리었고

下有匹儔同懋荷 아래로는 짝들이 있어 함께 힘써 멤이어라.

---

* 원불교 100주년 · 원광대학교 개교 70주년 기념 국제학술대회가 「종교문명의 대전환과 큰 적공」이라는 대제(大題)를 내걸고 원불교 중앙총부 반백년기념관과 원광대학교 숭산기념관에서 2010년 4월 28일에서 30일까지 개최되었다. 이 대회에 참석하여 두루 경청하고 그 감상을 한시로 엮었다.

3

世態渾淪活路焦 세태의 혼륜에 살아가는 길이 초조하고
地村環境破傷招 지구마을 환경은 깨어져 상함을 부르누나
群邦互戰平和壞 여러 나라 서로 다퉈 평화가 어그러지니
恩愛不施消滅邀 은혜사랑 베풀지 아니하면 소멸을 맞으리.

4

先天交易後天回 선천이 바뀌어서 후천이 돌아오니
主佛吾師此世來 주세 부처 우리 스승 이 세상 왔어라
道德再明人類濟 도덕을 다시 밝혀서 인류를 건지고
齊肩共活樂園開 어깨 나란히 함께 살 낙원을 열었네.

5

宗敎文明轉換迎 종교문명의 전환기를 맞이하여
積功加力再開晴 적공에 힘을 더해 다시 열고 맑히리라
好治物質新生覓 물질을 좋게 다스려 새로 살림을 찾고
善啓精神聖世成 정신을 잘 열어 성스러운 세상 이루리.

제2부 생명의 대전환

제1부

종교의 대전환

원불교 100년,
이 시대 한국에서
새로운 역사 만들기

김도종[*]

[*] 원광대학교 총장

Ⅰ. 들어가는 말

역사가 시작된 이래 대부분의 시대마다 사람들은 자신들이 살아가는 시대를 '위기' 혹은 '변혁'의 시대라 칭해 왔다. 그러나 실제 역사적인 관점에서 누구나 인정할 수 있는 위기와 변혁의 시대, 즉 전환기라 칭할 수 있는 시기는 다음의 몇 가지로 정리된다. 첫째, 신(神) 중심에서 인간 중심 시대로의 전환기이다. 신(神)으로 일컬어지는 초월적 존재가 주도하던 사회가 사람들이 만든 조직 즉, 국가의 주도로 구성되는 시기를 말한다. 둘째, 산업혁명을 통한 사회구조의 전환기이다. 기계·기술 등의 도구적 산물을 활용한 사회의 재편성, 즉 기업을 토대로 한 산업사회로의 전환기를 말한다. 셋째, 지금 이 시대, 이 순간의 사회적 변화이다. 20세기의 효율과 성장을 추구하기 위해 획일화되고 정형화되었던 사회가 개인 중심, 다원적 가치의 존중, 1인 기업 또는 소기업이 주도하는 사회로 변화하는 것이다.

20세기는 미국이 산업을 기반으로 국제사회에서 중심 국가로 부상하고, 러시아가 볼셰비키 혁명으로 사회적 변화를 경험하는 것에서 시작되었다. 그러나 현대사회는 산업사회를 넘어 정보화 시대, 인공지능의 시대를 맞이하면서 '새로운 가치', '새로운 사회구조'에 의한 '새로운 역사'를 시작하고 있다. '산업'을 기반으로 했던 서양의 물질 중심의 가치는 몰락할 수밖에 없으며[슈펭글러(1880-1936) 『서양의 몰락』], 물질과 더불어 이를 사용할 인간 및 인간 집단의 정신과 문화를 아우르는 새로운 가치를 실천할 준비가 필요하다.

소태산 박중빈 대종사(少太山 朴重彬 大宗師, 1891-1943)가 원불교 교법을 펼친 지난 100년의 한국사회는 위기의 연속이라 표현될 만큼 혼란의 시기였다. 대한제국의 몰락, 식민지 시대, 남북 분단, 계층과 지역 갈등, 간헐적으로 지속되는 남북 충돌 등의 정치적 위기가 있어 왔고, 갑작스레 변화하는 경제적 상황에는 '위기의 상시화'를 말할 만큼 불안감이 넘쳐 있었다. 불완전한 사회 통합, 사회적 양극화, 계층 간의 갈등, 도덕적 해이 등은 우리가 현재 일상에서 경험하는 사회적 문제이다. 여기에 기후변화와 환경오염은 또 다른 측면에서 위기이다. 나아가서 디지털 기술의 발달과 인공지능의 가속화는 우리를 낯선 세계로 몰고 가는데, 이 또한 주목할 만한 요소이다.

지금 원불교 100년, 그 이후의 역사를 논의하는 것은 위기를 통해 불안감을 나누자는 것도 아니고, 역사적 주도권 경쟁을 논의하자는 것도 아니다. 간혹 역사가들이나 철학자들은 자기 시대를 위기라고 규정하면서 말세론을 주장하거나 새로운 질서와 낙관론으로 위안을 삼기도 한다. 그러나 위기의 시대에는 위기의 내용만큼이나 현재의 위기를 벗어날 수 있는 실천 내용을 제시하는 것이 중요하다. 현재의 위기를 해결하기 위해 개인과 사회가 준비할 수 있는 실천적인 대안이 진정으로 역사를 바로 이끄는 힘일 것이다. 원불교 100년, 그 이후의 한국사회의 역사를 고민하는 이 순간, 우리가 전환과 적공을 주제로 고민하는 것은 변혁을 지향하는 실천적인 매듭을 만들어 내는 첫걸음이다.

우리는 먼저 왜 동아시아와 한국에서 변혁을 말하는지를 역사철학적 시각에서 논의하며, 이를 바탕으로 새 역사를 준비하는 표준으로 첫째, 개별화, 둘째, 지구화, 셋째, 통화적 다원주의를 제시하였다. 마지막으로 이를 통해 변화된 세상의 삶의 방식을 제안해 보고자 하였다.

II. 왜 지금 동아시아, 한국에서 변혁을 말하는가?

1. 동아시아의 전통적 역사관으로 보는 변혁 시기

동아시아의 전통적 역사관은 역학(易學)을 기초로 한다. 우주의 순환에 따라 사람의 역사도 이루어진다고 보는 역사관이다. 역학을 토대로 하는 역사관은 음양(陰陽)의 순환에 따라 역사의 상승기와 하강기가 있다고 보는 순환사관이다. 동아시아 역법(曆法) 가운데 육갑(六甲)의 기준을 보여주는 『황극경세서(皇極經世書)』는 중국 북송시대의 철학자 소강절(邵康節, 1011-1077)의 작품이다. 그에 따르면 우주가 한 번 순환하는 주기는 12만 9천 6백 년이다. 그 시간 가운데 상승기와 하강기가 교차하는 정점은 중국사에서 요순(堯舜) 시대다. 그것을 기준으로 본다면 현재의 역사는 하강기에 접어들었다고 할 수 있다. B.C.24세기 이후의 역사를 하강기로 본다면 선사시대 아닌 인류의 역사시대가 통째로 하강기의 역사라고 할 수 있다. 하강기는 우주 에너지의 엔트로피 현상이 나타나는 시기라고 하는데, 그 내용을 보면 하강기의 의미를 재해석할 수 있다. 예컨대 군신(君臣) 간의 정치적 질서가 무너지고 민주화가 진행되는 것도 말세적 현상으로 본다면, 그가 말하는 하강기의 개념은 재해석할 필요가 있다는 말이다. 요컨대 『황극경세서』에서 보여주는 것은 새로운 사회질서를 예고한다는 것이다.

이에 비하여 한국의 개벽(開闢)사상은 19세기 후반부터 20세기에 이르는 기간을 새로운 우주적 에너지가 생성되기 시작하는 시기로 본다. 『정역(正易)』을 쓴 김일부(1826-1898)의 관점도 그렇다. 그는 중국 고전 시대의 역학적 기준이 달라졌기 때문에 그것을 바로잡아 역학을 다시 구성해야 한다고 주장했다

원불교를 비롯하여 한국의 신종교들이 이 시기에 출현한 것도 이러한 맥

락에서 이해할 수 있다. 동아시아 사상의 세 가지 뿌리인 불교·유교·도교를 융합한 원불교·동학·증산교가 그 대표적인 것이다. 동학(천도교)은 유교 사상을 중심으로 3교합도 사상이고 증산은 도교를 중심으로 3교합도 사상이다. 원불교는 불교 사상을 중심으로 한 3교합도 사상이라고 할 수 있다. 원불교가 불가의 사상을 중심으로 불가의 3세 윤회의 진리와 성리학적으로 식(識)의 진리를 밝혔기 때문이라고 한다. 동학·증산교·원불교가 융합하는 3교는 종교 조직이 아니라 유학(儒學)·유가(儒家)의 사상이고, 도가(道家)의 사상이며 불가(佛家)의 사상이다. 소태산 대종사는 원불교 정전 교법의 총설에서 불교를 비롯한 모든 종교의 근본 원리가 본래 하나임을 언급하며 원불교 일원사상을 통해 모든 종교의 교지도 이를 통합 활용할 것을 주장한 바 있다. 원불교를 비롯한 한국 근대의 신종교들은 자기 종교가 우주적 개벽에 맞추어 출현한 새로운 가르침이라고 하면서, 그 이전의 시대를 '음(陰)의 시대, 어두운 시대'라고 하고, 그 이후의 시대를 '양(陽)의 시대, 밝은 시대'라고 규정한다. 그에 따라 '현실적 삶의 주체가 되는 개인'을 존중하는 존재철학적 기준, 화해와 상생의 도덕적 기준과 성리학적 관점의 새로운 개념과 해석을 제시한다.

한국의 신종교들이 융합을 실천하는 것은 두 가지의 조건이 주어졌기 때문이다. 하나는 한국인의 사고방식 자체가 융합적이라는 것이다. 사물을 자르고 나누는 식으로 보지 않고 비비고 섞어서 때와 장소에 맞는 것으로 만들어 낸다는 것이다. 한국의 유교·불교·도교·그리스도교가 다른 나라의 그것들과 차별화된 것은 바로 이런 이유 때문이라고 할 수 있다. 다른 하나의 조건은 한국과 동아시아가 20세기 최고의 문명 교차 지역이라는 점이다. 전통과 현대, 동양과 서양이 동시에 교차하는 지역이 바로 이곳인 것이다. 이것은 또한 역사적으로도 보기 드문 거대한 교차 지역이기도 하다. 그래서 융합이 자연스러울 수 있었던 것이다. 한편 이들 종교는 서양에서 시작된 종교인 그리스도교와의 융합이 주어진 과제라 할 수 있다. 요컨대 한국 사람들은 20세기 이후, 조선 시대와는 전혀 다른 종교적 환경에 처하게 되었는데 이는 신종교들의 개벽사관의 관점이 주도하고 있다고 할 수 있다. 그리고 개벽사관은 한국으로부터의 새로운 전환에 대한 의식으로 자리 잡았다고 할 수 있다.

2. 생산 양식의 변동으로 보는 변혁 시기와 동아시아 · 한국

제조업을 기초로 하는 산업자본주의는 산업혁명과 함께 시작되었다. 산업혁명은 의식주의 '물질의 부족'에서 시작된다. 인구가 급격하게 늘어날 때 물질적인 기본 욕구인 의식주의 재화가 부족하게 되면서 대량생산에 대한 사회적 요구를 현실화하게 되는 것이다. 영국에서 산업혁명이 시작된 것도 이 경우에 해당된다. 산업혁명이 시작되던 18세기에 임박할 때까지의 영국의 인구 증가 속도가 빨랐다는 말이다. 그에 비해서 한국은 20세기에 이르러서야 인구가 폭발적으로 증가하였다. 21세기에 접어들어 증가 속도가 정체되어 있는 것은 생산 양식의 변동이라는 측면에서도 주목해야 하는 일이다.

대량생산을 위해 공장 체제를 갖추게 되었고, 과학기술은 기계공업으로의 혁명적인 전환을 가능하게 하였다. 대공장 체제는 대규모 노동력을 필요로 하면서 노동자와 그 가족들이 함께 사는 대도시를 형성하였다. 대중사회가 만들어지고, 대중민주주의 체제도 발전하기 시작했으며 본격적인 시장경제 체제도 정착되어 갔다. 시장경제가 활성화되면서 '화폐와 금융'의 기능과 역할이 공장 · 기계 · 기술 등의 부분을 압도하면서 '금융자본주의'로 진행하였다. 이것은 20세기 후반의 일이고 미국이 주도권을 행사한 체제라고 할 수 있다. '금본위제'를 버리고 진행된 '달러자본주의'는 제조업의 기반과 분리된 금융공학을 구사하면서 세계경제 체제를 왜곡하는 결과를 가져왔다. 금융자본주의가 실물경제를 왜곡하는 것은 2008년의 리먼 브라더스 사태를 기점으로 하는 금융 위기에서 드러났다. 이후 금융자본주의는 한계를 드러냈다. 최근에 비트코인과 같은 새로운 화폐가 유통된다거나 마이너스 금리를 결정한 나라가 출현하기 시작한 것도 금융자본주의 단계가 끝나 가고 있다는 것을 보여준다고 할 수 있다.

한편 20세기 후반에 제조업의 성과는 극대화되어 인류의 역사 이래 재고(在庫) 상품이 가장 많은 시기가 되었다. 대량생산이 절실하지 않게 되었다는 말이다. 그 가운데서 사람들은 새롭게 진화된 욕구를 드러내게 되었다. 물질적인 의식주(衣食住) 욕구와 함께 정신적인 진선미(眞善美) 욕구를 실현하려고 한 것이다. 정보와 지식에 대한 욕구, 감성적 욕망, 도덕적 성취에 대한 의지를 경제적인 소비생활에도 반영하려 한 것이다. 과거에 이러한 문화적 욕구는 특수한 계층이나 집단만이 담당하는 것으로 생각했었다. 지식과 정보에 대한 욕구는 학자, 감성적인 욕구는 예술가, 도덕적인 욕구는 종교인이 담당하는 것으로 생각했다.

그러나 이 모든 것을 일상적인 소비생활에서 융합하여 실현하기 시작한 것이다. 진선미의 산업화가 시작되었다. '의식주'와 '진선미'를 융합한 포괄적이고 창조적인 문화산업, 4차 산업이 사회를 주도하기 시작했다. 이것은 문화자본주의의 단계로 진행하고 있다는 것을 보여주는 것이다.

진선미 욕구가 현실화되는 것은 사람에 대한 존재철학적 자각을 새로운 차원으로 끌어 올린다. 그것은 사람에 대한 자각에서 자기 자신, 즉 개인에 대한 자각을 하게 되었다는 것이다. 아시아 전통 사상에서 성인(聖人)의 교화가 애민(愛民)을 기초로 이루어진다거나 그리스철학이 신화의 틀을 벗어나면서 시작된 것, 그리고 유럽 사람들이 르네상스 시기에 실천한 인문주의 등이 모두 개인에 대한 자각에서 비롯된 것이다. 근현대 민주주의가 지향하는 국민 또는 인민의 개념은 보통명사로서의 사람을 의미하는 것이었다.

그러나 문화자본주의 시대에 다시 자각하는 사람은 포괄적으로 말하는 '사람 일반'이 아니라 '나 자신', 즉 '개인'인 것이다. 이러한 생각의 틀을 '새 인문주의(Neo-Humanism)'라고 할 수 있다. '새 인문주의' 시대에는 경제생활의 주권이 생산자에게 있는 것이 아니라 소비자에게 있게 된다. 개인은 '진선미'와 '의식주'가 융합된 욕구를 실현함으로써 자존감과 개성, 즉 정체성(正體性)을 확인하고자 한다. 그런데 대량 생산된 상품은 이 욕구를 충족시키지 못하는 문제가 있다. 결국 개인 맞춤형 상품생산을 하게 되는 것이다. 대기업이 대량 생산한 단일 품종을 수동적으로 소비하는 것이 아니라 개인의 요구에 맞는 상품을 주문형으로 생산하는 1인 기업, 소기업의 시대가 된 것이다.

한국은 생산 양식의 변화라는 관점에서 볼 때, 1950년대로부터 지금까지 서양의 4-5세기에 걸친 변화의 단계를 축약하여 발전해 왔다고 할 수 있다. 농경 사회에서 급격한 산업화 과정을 거치면서 생산력을 높여 왔고 여러 형태의 자본주의를 경험했다. 그리하여 다른 나라들과 같은 정치경제적 상황에 처하게 되었고 유사한 사회적 과제에도 직면하고 있다. 즉 한국에서의 자본주의의 변화와 발전 단계는 선발 국가들과 함께 세계적 문제를 반영하고 있다고 할 수 있다. 즉 산업자본주의 사회로의 출발은 늦었지만 문화자본주의 단계에는 함께 진입하고 있는 한국에서도 새로운 산업혁명이 진행되고 있는 것이 사실이다. 그러므로 한국에서도 변혁과 전환의 과제를 실천해야 한다는 것이다.

3. 기술과 생활사로 보는 변혁 시기와 동아시아 · 한국

인류는 불을 사용하기 시작하면서 생활양식에 급격한 변화를 겪는다. 도구의 사용은 인류의 역사를 변화시키는 결정적 계기가 되기도 한다. 그래서 '도구를 활용하는' 도구 사용의 인간(Homo Faber)이라는 개념이 생겨났다. 다른 한편으로 도구를 만들기 위해서는 생각을 해야 하고, 고차원적 사고는 높은 수준의 두뇌 활용, 즉 이성을 필요로 하게 되었다. 새로운 관점을 찾아내고 새로운 법칙을 찾아내는 것도 도구를 제작하는 그 이상의 영향을 실생활에 준다. 그래서 이성적으로 생각하는 사람(Homo Sapiens)이라는 관점도 생겨난다.

보습(쟁기의 날)을 발명한 단순한 사실이 단위면적당 생산량을 기하급수적으로 늘리게 되면서 인류가 '주워 먹는 시대'를 끝내고 정착 생활이 가능해졌다고 보는 관점도 있다. 영국에서의 산업혁명은 화석연료를 사용하면서 가능하였고, 에디슨이 전구를 발명한 것은 전기 이전의 시대와 이후를 갈라놓는 사건이기도 하다. 고대 그리스 철학자들의 생각의 전환, 인도에서의 '0'의 발견, 르네상스 시대 이후에 이루어진 과학혁명, 즉 지동설과 수많은 과학적 법칙의 발견 등도 세계 사회와 역사를 바꾸어 놓는다.

20세기 후반에 등장한 컴퓨터 기술은 누리그물(인터넷)로 진화하는 것을 시작으로 하여 온갖 가상현실을 전개할 수 있는 디지털 기술로 발전하였다. 최근 '알파고'가 놀라운 모습을 보여주었듯이 인공지능 기술은 인류의 생활을 전혀 다른 차원으로 변화시킬 것으로 기대된다. 인공지능과 로봇을 연구하는 것은 인지과학·인지철학의 연구와 함께 진행되어야 한다. 이유는 간단하다. 사람을 제대로 알아야 사람을 위한 로봇이나 인간의 가치를 실현하는 인공지능을 만들어 낼 수 있기 때문이다. 도구를 만드는 물질적인 작업과 법칙·원리를 연구하는 정신적인 작업을 동시에 수행해야만 하는 것이 사람의 운명이라는 점에서 우리는 '문화적인 사람(Homo Cultus)'으로서의 본성을 자각하게 된다. '문화적인 사람'이기 때문에 의식주의 물질적인 욕구와 진선미의 정신적 욕구를 동시에 실현하는 것이 본성적이라는 것도 알게 된다. 한국의 디지털 기술과 인공지능 기술은 세계적으로 선두 집단에 속해 있다. 기술과 생활사의 변혁이라는 측면에서도 한국은 세계적 과제를 함께 해결해야 하는 선진적 과제를 가지고 있다고 할 수 있다.

Ⅲ. 변혁하는 시대의 표준이 무엇인가?

현재는 21세기의 문명사적인 변혁의 용암이 뿜어 나오는 시기이다. 다시 말하면 변혁은 예견되는 것이 아니고 이미 진행되는 현재라는 것이다. 변혁의 진행 현장에서 그 변혁을 제대로 본다는 것은 어려운 일일 수 있다. 이미 달리는 기차에 타고 있고, 기차와 주변을 동시에 보아야 하는 지적 작업에 비유될 수 있다. 동시적으로 변화하는 현재를 고려하면, 지금 우리가 논의해야 할 문제는 이 기차가 어디로 가며 그 기차에서 무엇을 할 것인지를 찾는 것이다. 기차가 가는 길, 즉 변혁이 이루어지는 현재를 보는 새 시대의 표준은 첫째는 개별화, 둘째는 지구화, 셋째는 다원주의이다.

1. 개별화(Individualization)

이 시대의 모든 개인은 자신의 자존감과 개성, 즉 정체성(正體性)을 실현하려고 한다. 이것은 역사의 필연적 과정이라고 할 수 있다. 우주 자연을 신화적 틀 속에서 이해하고 초자연적 힘에 공포와 경외심을 가졌던 고대 인류로부터 사람 중심의 관점으로 이행하는 여러 단계가 있다. 신화적인 신(神)이나 종교적인 신, 오직 하나의 신이거나 여러 명의 신을 숭상하는 형태들을 볼 수 있다. '사람' 자체로 사람을 이해하는 관점, 씨족이나 민족 또는 계급의 형태로 사람을 이해하는 역사적 관점, 국민이나 인민 또는 민중 등으로 이해하는 정치적인 관점 등 사람 중심으로 보는 여러 가지 형태를 인류는 경험하였다.

그 모든 존재철학적인 진화의 단계는 '나 자신', 즉 '개인'에게 귀결된다. 개인의 지위를 올바르게 자리 잡게 하고 개인의 자존감을 회복하고 정체성이 발현하도록 하는 것이 정치와 경제의 과제가 되어 가고 있다. 사회적으로 쌓인 정치적이고 경제적인 모든 성과물들을 모든 개인에게 골고루 도달하게 하는 노동의 형태와 조직이 출현하였다. 그것은 다름 아닌 '자원봉사'이다. 자원봉사는 지금까지 비영리 노동으로 취급되었으나, 이 노동이 새로운 가치를 만들어 내고 있기 때문에 이 노동에도 일정한 보상이 필요하다고 할 수 있다. 또한 모든 개인이 실질적인 삶의 가치를 실현할 수 있도록 거대한 권력을 가진 중앙 정부 체제보다는 지역 자치를 중심으로 하는 지역공동체 연합과 같은 형태로 정치체제의 변화를 요구하기 시작했다. 명분만 유지하는 형식적 민주주의를 버리고 실질적 민주주의를 요구하고 있는 것이다.

개별화는 개인이 개별적으로 가지고 있는 모든 가치를 실현할 수 있게 하는 '개성화(個性化)'를 지향한다. 개성이 공동체의 가치 속에 객관성이란 기준으로 매몰되는 것이 지금까지의 사회라면, 지금부터는 개성과 공동체의 가치가 공존하도록 유도하고 조정하는 것이 사회의 기능으로 작동하게 된다고 할 수 있다. 어떠한 사물을 판단할 때 '개인과 그 가족의 삶'을 목적으로 하고 있는가가 기준이 되어야 한다는 말이다.

2. 지구화(Globalization)

지구화는 인간 세상의 모든 일이 지구적 관점에서 파악되고, 지구적 관계에서 그 의미와 기능이 만들어진다는 것이다. 교통 · 통신 · 디지털 기술의 수준이 가장 높은 단계로 발달하였기 때문에 전 지구는 단일 생활권이 되었다. 그것은 단순히 편리해진 것이 아니라 소규모 공동체에서의 고립된 자유주의가 불가능하게 된 것을 말하는 것이다. 특정한 지역공동체 내부에서만 고립되어 살 수 없는 시대가 된 것이다. 노자가 『도덕경』에서 말하는 '작은 나라, 적은 백성(소국과민, 小國寡民)'과 같은 유토피아 사회주의적 상태가 불가능한 시대가 되었다는 말이다.

공동체와의 관계를 강조한 지구화의 개념은 얼핏 보기에 앞서 말한 개별화와 모순되는 것으로 판단할 수도 있다. 그러나 개인의 측면에서 논의된 개별화와 개성화는 지구적 관계 속에서 실천될 수 있는 것으로 개인과 공동체의 연속된 개념이라고 할 수 있다.

'지구화'는 개인이 추구하는 가치가 인류적 차원의 가치와 모순되지 않아야 하고, 개인과 특정한 공동체가 추구하는 행복이 지구공동체의 행복과 모순되지 않는 것을 전제로 한다. 이러한 전제는 정신적인 차원 요소들뿐만 아니라 물질적인 생산수단에도 적용된다. 모든 소비재가 생산과 소비의 전 과정에 걸쳐서 지구적 차원으로 이루어졌다는 것은 상식이다. '지역식품(로컬푸드)' 소비운동까지도 소비생활의 전반, 지구 환경의 문제에 걸쳐서 보면 지구화와 결코 모순되지 않는다는 것을 알 수 있다. 정치·경제의 정의(正義), 생산과 소비의 합리성 기준, 도덕 윤리의 기준이 지구적 차원에서 재정립되고 있다는 것에도 주목해야 한다.

3. 다원주의(Pluralism), 혹은 통화적 다원주의(Organic harmonized pluralism)

다원주의는 개별화된 개인이 다른 사람의 존재와 다른 사람이 추구하는 가치를 존중하고 받아들이며 공존하는 것을 전제로 한다. 지구적으로 단일 생활권이 되어 있는 마당에 자기의 신념만이 정의라고 주장하는 것은 일종의 독단이다. 모든 사람은 자연 상태에서 자유롭고 평등할 뿐만 아니라 결과적으로도 자유롭고 평등해야 한다. 자유롭고 평등한 상태로의 방치가 아닌 자유롭고 평등한 상태를 위한 관리이다. 모든 사람과 모든 종족의 삶의 방식을 있는 그대로 존중하고 다른 사람들의 삶의 방식을 공유하자는 것이다. 다원주의는 단순히 서로 다른 여러 가지를 나란히 늘어놓는 것을 의미하지 않는다. 다원주의는 모든 개체와 개별 가치를 존중하며 그것들은 전체 속에서 조화를 이루는 것을 말한다. 다른 것들을 인정하지만 서로 간섭하지 말고 제각기 잘 살자는 식의 다원주의가 아닌 것이다. 즉 '여럿이면서 하나이고 하나이면서 여럿'인 관계를 만드는 다원주의, 즉 '통화적 다원주의(統和的 多元主義)'를 실천하자는 것이다. 원불교의 삼동윤리는 통화적 다원주의를 실천하는 대표적인 접근 방식이라 할 수 있다. 나와 세계, 나와 인류의 관계를 '한 울안 한 이치, 한집안 한 권속, 한 일터 한 일꾼'이라는 관점에서 설정한다는 것이 다름 아닌 삼동윤리의 실천이다. 2005년에 유엔이 채택한 문화다양성 협약도 이러한 다원주의를 존중하는 차원이라고 할 수 있다.

IV. 변혁된 시대의 삶의 방식

1. 경계허물기와 융합(Breaking boundaries & Convergence)

학문과 예술 분야에서 연구 영역과 전공의 벽을 허물고 탐구하려는 주제를 중심으로 여러 학문 영역의 융합적 접근을 시도하는 학제적(學際的: trans-disciplinary) 연구는 이미 어느 정도 보편화되었다. 정치와 경제의 영역에서도 전통적인 조직과 제도의 경계를 허물고 현실적인 과제를 해결하기 위하여 융합의 방식을 사용하는 것은 점차적으로 자연스럽게 받아들여지고 있다. 민간단체와 정부의 협치(協治)가 실질적 민주주의를 추구하는 하나의 방법으로 여겨지는 것도 한 사례에 속한다고 할 수 있다.

체제와 이데올로기가 국민 개개인의 행복과 정체성을 실현하는데 장애가 된다면 바꾸는 것은 당연한 일이다. 이데올로기 체제·제도는 사람 위에 존재할 수 없으며, 사람을 위해 작동해야 한다. 개인의 정신적·물질적인 현실 생활을 개선하는데 필요하다면 제도와 관습의 틀을 언제든지 바꿀 수 있다는 것이다.

융합을 실천하는 일차적인 작업은 하나의 결과를 만들어 낼 수 있는 두 가지 이상의 길을 찾아내는 것이다. 유일한 하나의 길만을 고집하는 것은 배타적 칸막이를 가진 사회를 만들게 되어 당파성(黨派性)을 정의라고 말하게 된다. 모든 사물과 우주는 두 가지 이상의 측면을 갖는다는 전제를 따라가는 것이 두 가지 이상의 길을 제시하는 것이다. 모든 것은 둘이면서 하나이고 하나이면서 둘인 것이다. 정신과 물질이 둘이면서 하나이고 하나이면서 둘이라는 통화적 다원론은 경계허물기와 융합의 존재철학적 기초라고 할 수 있다. 이러한 존재철학을 응용하면 '지금, 이곳'에서 '개인과 그 가족의 삶'을 위한 창조적이고 융합적인 판단을 자연스럽게 할 수 있다.

2. 다중신앙(多重信仰: One person, multiple religions)

근대 이전의 시대는 신격화된 종교가 사회를 이끌었고, 근대 이후에는 시민이 중심이 되는 국가가 사회를 이끌었다. 그리고 현대에는 기업이 사회를 주도해 왔다고 할 수 있다. 그리고 이후의 시대는 자각된 개인, 1인 기업, 소기업이 사회를 이끌어 가는 중심축이 되어 갈 것이다.

현대의 종교는 고중세 시대처럼 사회적 현실에서 어떠한 기능을 찾아내기보다는 그 종교 내부에 사회문제를 수렴한다는 태도를 가진다. 신도 조직을 강화하고 종교 교단 조직을 확장하는 일에 더 열중한다. 특히 유일신교(唯一神敎)의 배타성은 현대의 다원주의 표준과 극단적으로 조화되지 않는 부분이다.

여기서 사람의 정신도 몸처럼 해부학적 구조를 가진다는 점을 우선 주목할 수 있다. 이성·감성·도덕성·의지·심층 의식·영혼 등의 구조를 가진다는 전제를 두고서야 사람의 마음을 제대로 알 수 있다. 마음이 작동될 때

이들은 서로 연관되어 나타나지만, 이성이 그 작동을 주도할 때도 있고, 감성이나 다른 부분들이 주도 할 때도 있는 것이다. 그것이 사람의 일상생활이다.

그런데 종교는 이성에 호소하는 부분이 강한 종교, 감성에 호소하는 부분이 강한 종교, 도덕성에 호소하는 부분이 강한 종교 등으로 구별할 수 있는 측면이 있다. 그러므로 사람이 경우와 형편에 따라 여러 학문을 소화하고 여러 장르의 예술을 향유하는 것처럼 여러 종교의 신앙과 수행의 길을 취할 수 있다는 말이다. 물론 여기서는 종교가 주체가 아니라 일상에서 생활하는 사람이 주체가 된다는 것을 잊어서는 안 된다. 사람이 종교 조직에 속하는 것이 목적이 아니라, 그 종교의 신앙과 수행 체계를 사람이 때와 장소에 따라 사용한다는 것이다. 사람이 책을 읽거나 그림을 감상하고 음악을 즐기는 행위, 그리고 운동을 즐기는 행위를 모순 없이 병행하듯이 여러 종교를 수단으로 수용할 수 있다는 말이다.

3. 다중직업(多重職業: One person, multiple jobs)

분업주의를 산업적 생산력을 높이는 강력한 형태로 보는 관점이 있다. 포드주의가 그렇다. 자본주의 체제는 교육과 정치사회체제까지도 분업적으로 분류하고 구성해 왔다고 할 수 있다. 무엇보다도 대학이 그렇다. 학문을 분과로 분류하고 분업적으로 세분화된 전공 영역을 설정하여 연구하고 교육하는 것이 지금까지의 대학이다. 그러나 이것은 단일 품종을 대량으로 생산하는 대공장 체제에서 적절한 방법으로 작동했다고 할 수 있다.

오늘날은 1인 기업이나 소기업이 다품종을 소량으로 생산하는 시대이기 때문에 이러한 분업주의가 생산성을 높이는 유일한 수단이라고 말할 수 없게 되었다. 여기서의 직업 능력은 1인 기업을 창업하는 능력이다. 분업주의 시대에는 세부적인 전문 영역을 익혀 대기업의 관련 부분에 속하기만 하면 되었다. 그러나 소비 주권이 개인에게 넘어간 이 시대는 개인 맞춤형 생산 체제로 변화해 가고 있는 만큼, 1인 기업·소기업 중심 체제가 되어 가고 있다.

창업 중심 사회로 변모하고 있는 것이다. 창업은 융합적이고 창조적인 경제행위이다. 당연히 대학도 이를 전제로 변화해야만 한다.

우선 다원주의적 표준으로 보면 직업들 간의 경계도 허물어지면서 새로운 직업이 수시로 만들어지기도 하고 없어지기도 한다는 것을 알 수 있다. 여기서 또 한 가지 중요한 사실은 사람이 이제 100세 시대를 살며 '평생 현역 시대'를 살게 된다는 것이다. 사람이 일생을 통하여 한 가지 직업에만 종사할 수 없고 세 가지 이상의 직업에 종사해야 100세 시대를 성공적으로 살아낼 수 있다. 그리하여 여러 직업에 종사할 수 있는 '직제역량(職際力量: trans-competency)'을 가져야 하고, 실제로 여러 직업에 종사하려는 실천을 해야 한다.

V. 맺는말

새로운 시대의 표준은 개별화·지구화·다원주의로 요약될 수 있다. 그러나 이러한 새로운 시대의 표준과 생활 방식은 사용하는 사람의 의도나 몰이해에 의해 왜곡될 가능성이 있다. 즉 개별화가 왜곡되어 배타성을 갖게 되면 공동체가 무너지는 결과를 가져올 수 있다. 사람의 본성이 사회적 동물이라고 할 수 있는 만큼, 공동체가 무너진다면 사람들의 삶 그 자체가 파괴될 수 있다는 것이다. 지구화 과정이 왜곡되면 자존감이나 정체성 의식이 소멸되고 강한 지역이나 나라의 패권에 순응하는 것을 정당화할 수 있다. 다시 말하면 특정한 패권에 패배적으로 순응하는 것을 지구화라고 규정하는 잘못을 저지를 수 있다는 말이다. 다원주의도 왜곡될 수 있는 위험 속에 놓여 있다. 다원주의가 제대로 기능하려면 '나'에 대한 자존 의식과 상대에 대한 배려가 바로 서야만 다른 것들과 살아 있는 '고리 맺기'가 가능한 것이다. 그런데 그것을 세우지 못한다면 '좋은 것이 좋다'는 식의 세속주의에 흐를 위험이 있다. 세속주의는 개인과 공동체의 삶을 유지하는 도덕적 기초를 파괴한다. 이러한 왜곡을 막아 내는 방법은 교육과 훈련이다. 원불교에서 말하는 마음의 자주력을 얻는 '정신 수양', 분석하고 판단하는데 걸림이 없도록 하는 '사리연구', 정의를 취하고 불의를 버리는 '작업 취사'의 삼학이 일상을 통한 개인과 사회의 교육과 훈련의 방편이 될 수 있다. 이러한 교육과 훈련은 개인의 성장과 집단 지성의 향상을 야기할 수 있는데, 종교적 표현을 빌리자면, 이러한 개인과 사회의 동반 성장이 바로 '대적공'이라 할 수 있다.

변혁은 '결핍을 체험하는 것'에서 시작된다. 그러나 결핍에 순응하는 사람이나 지역은 변혁을 일으키지 못한다. 결핍을 충족시키려는 강력한 의지가 있는 사람이나 집단에서 변혁이 일어난다. 결핍을 충족시키려는 강력한 욕구는 모자란 것을 채우기 위해 다른 것들을 끌어들이면서 '서로 다른 것들을 교차'시키는 문화적 탐색을 하게 된다. 이러한 문화적 행위는 사회적 의미에서 '적공'이라고 할 수 있다. 서로 다른 문화들이 교차될 때 오래된 관습과 틀을 부수면서 새로운 표준과 질서를 만들어 내게 되는 것이다. 즉 결핍을 경험하면서 결핍과 관련한 사회적 경험을 한 단계 높은 개념으로 끌어올리고, 결핍을 충족시키는 행위를 문화를 융합하는 축으로 삼게 된다는 말이다.

동아시아, 특히 한국은 이 시대에 전 세계에서 '결핍'을 가장 강하게 경험한 지역이다. 산업화에 뒤떨어져 서양의 변방으로 머물러 있어야 했고, 내부에서는 오래된 관습과 질서가 새로운 질서와 부딪치면서 내적인 역량이 제대로 성장하지 못하는 혼란의 시기를 체험한 지역이 바로 한국이라고 할 수 있다.

새로운 시대에는 학문 간 영역 간 벽이 허물어지며 필요에 따라 전공과 분야가 융합되는 일이 빈번해질 것이다. 사람들은 정치·예술·종교를 뛰어넘어 다양한 부분에서 자신에게 맞는 요소를 찾아 신앙과 수행을 병진할 것이며, 사회는 직업이 아닌 직무의 형태로 노동을 요구하면서 한 사람이 다양한 직무 역량을 필요로 하게 될 것이다.

우리가 지금 이 시대를 준비하는 역사의 출발은 역사의 변혁에 가장 앞장서 나와 나의 공동체를 바꿔 가는 시도이다. 대학에서는 전공에 연연하지 말아야 한다. 시대적 관심과 학문적 분야에 맞춰 따로 또 함께 새로이 연구와 교육의 분야를 개척해서 개별화된 연구 영역이 생길 수 있도록 해야 한다. 원불교는 소태산 대종사가 새 시대의 주세불로 오면서 물질개벽의 시대에 정신개벽의 길을 밝히며 우리 사회가 나아가야 할 방향을 정확히 제시하였다. 각각의 종교 및 종단은 그 뜻은 본래 하나이나 종교나 종단의 시대 문화적, 사회적 상황에 따라 각각의 특색이 있다. 원불교 100년 이후의 새로운 역사는 다양한 종교와 종단의 공존으로 상생의 길을 찾아가는 선두에 서는 것에서 시작된다. 대학의 젊은이들은 이제 직업이 아닌 직무를 중심으로 창업 역량을 키워야 할 때이다. 직업의 종류는 무한하나 시대가 바뀌면서 지금까지의 많은 직업들이 없어지고, 사람들의 상상 속에만 있는 직업들이 생겨나면서 나에게 딱 맞는 맞춤 직업·1인 기업·소기업이 중심이 될 것이다. 이를 준비하기 위해서는 직업을 위해 나를 키우는 것이 아니라, 내가 내 직업을 키우는 자세로 나를 알아 가고 준비하는 것이 필요하다. 이를 위해 필요한 것이 원광대학교이며, 지금 이 순간 원광대학교가 원불교 100년 새로운 역사를 준비하는 자세이기도 하다.

문명의 대전환과
종교의 역할

백낙청[*]

[*] 서울대 명예교수, 문학평론가, 계간 『창작과비평』 명예편집인

Ⅰ. 머리말

이 글의 최초본은 원불교 100주년과 원광대학교 70주년을 기념하는 국제학술대회(2016년 4월 28일, 전북 익산시 원불교중앙총부 반백년기념관)의 기조강연으로 마련되었다. 행사나 강연의 성격으로 보아 원불교가 중요한 주제가 된 것은 당연했다. 그러나 당시도 원불교 교단의 국외자로서 발언했거니와 논문으로 개고하면서는 특히나 학문적 독립성과 엄격성을 갖춘 논의를 시도했음을 미리 밝히고자 한다.

다른 한편 애당초 대회 주최 측과 나의 지적 공감도 뚜렷했다. 대회의 큰 주제는 '종교·문명의 대전환과 큰 적공'이었고 나 자신은 '문명의 대전환과 종교의 역할'이라는 제목을 잡았다. 게다가 작년에 출간한 『백낙청이 대전환의 길을 묻다: 큰 적공을 위한 전문가 7인 인터뷰』(창비, 2015)에서는 스스로 '큰 적공'이라는 표현을 사용하기도 했다. '대전환'에 관해서는 '물질이 개벽되니 정신을 개벽하자'는 원불교의 개교표어 자체가 그 필요성을 강조하며 방법까지 제출하고 있다. 정신개벽에 대해서는 뒤에 더 논하겠지만, 먼저 대전환에 관한 세속적인 담론으로 출발하여 호베르뚜 만가베이라 웅거(Roberto Mangabeira Unger, 1947-)의 '미래의 종교' 논의를 좀 더 집중적으로 검토하고, 이어서 정신개벽운동의 성격과 거기서 파생하는 과제의 정치적·사회적·문명사적 의의를 논하고자 한다.

II. 어떤 대전환인가

일단 한국의 현실에서 출발해 보자. 오늘의 한국사회는 '헬조선' '금수저·흙수저' 같은 대중적 실감의 표현뿐 아니라 높은 자살률과 노인 빈곤율, 청년 실업률, 낮은 출산율, 확대되는 빈부 격차 등 통계 수치를 포함한 객관적 지표들도 이대로 지속되기 힘든 현실을 말해 준다. 대형 안전참사도 잇따라 터지면서 그때마다 정부와 주류 사회의 무책임과 무능력이 노출되고 있다. 다만 어떤 대안적 현실을 추구할지에 대해서는 사람마다 생각이 다르다. 예컨대 많은 정치인들이 자신이나 자기 당이 집권하기만 하면 세상이 달라질 듯이 말하는데 설혹 그것이 의도적 기만이 아니더라도 단순한 정권 교체나 인물 교체가 '대전환'에 값하리라고 믿기는 어렵다. 2012년 양대 선거가 있던 해에도 수많은 사람들이 한국사회의 일대 전환을 갈망했고, 나 자신은 '2013년체제'라는 이름으로 그 소망을 피력했다.[1] 아울러 선거 승리에 집착한 나머지 큰 원(願)을 세우고 연마하기를 게을리하면 선거 승리마저 놓치기 십상임을 경계했는데(같은 책, 90쪽 등), 불행히도 2012년의 선거는 우려한 대로 되었고 2013년체제는 실현되지 못했다. 그 결과 87년체제의 말기 현상이 더욱 악화되었고, 정치의 난맥상과 공직자 및 사회 전반의 부패와 무능이 극에 달한 느낌이다. 그만큼 대전환에의 목마름이 심해졌는데, 바로 이런 현실이 또 한번 손쉬운 선거 승리를 꿈꾸는 얄팍한 기대를 부추겨 2012년의 실패를 되풀이할 염려가 없지 않다. 문명의 전환은 차치하고 한국사회의 소생을 위해서도 대전환의 기획을 제대로 설정할 필요가 절실하다.

하지만 본고의 주제어는 어디까지나 '문명의 대전환'이다. 과제가 거창할수록 자신이 발 딛고 있는 현실에서 출발하는 게 바람직하다는 의미에서 한국에 대한 언급으로 시작한 것뿐이다. 따라서 한국사회의 구체적인 현안을 여기서 논할 계제는 아니다. 다만 한국의 현실 자체를 깊이 들여다볼수록 한국사회에 국한된 분석만으로는 미흡하고 결국은 인류 문명의 대전환 문제로 까지 연결됨을 실감하게 된다.

예컨대 오늘의 한국인을 짓누르는 전쟁의 위험을 보자. 이는 곧바로 한반 도가 남북으로 분단된 현실을 부각시키고 분단 구조가 장기간 지속되면서 한반도 전역에 걸친 일종의 '체제'가 형성되었다는 논지를 가능케 한다.[2] 이 런 분단 체제론의 관점에서 보면 전쟁 재발의 위험 자체가 문제의 핵심은 아 니다. 실제로 한반도에서의 전쟁은 워낙 엄청난 참극일 것이기 때문에 일어 날 확률은 오히려 낮은 셈이다. 더 중요한 문제는, 전쟁까지 안 가면서도 60 년 넘게 불안한 휴전 상태를 지속시키면서 남북 모두의 민주주의와 민생을 옥죄어 온 분단 체제의 존재인 것이다. 그것은 한국사회가 1987년의 6월항 쟁을 통해 군사독재를 종식시키고 민주주의가 진일보하는 사회를 건설하는 그나름의 전환을 이룩하고도 그 산물인 '87년체제'가 어째서 오늘과 같은 혼 란에 빠져서 대중의 절망 또는 분노를 낳게 되었는지를 해명하는 열쇠이기 도 하다. 87년체제는 한반도 분단 체제를 흔들어 놓았을 뿐 허물지는 못한 채 군사독재가 끝난 시기에도 그것이 독재 체제와 공유하는 기반으로 남아 있었기 때문에, 분단 체제 극복을 본격화하는 다음 단계로 도약하지 못할 때 단순한 정체가 아닌 퇴행과 역진의 혼란상이 불가피해진 것이다.

물론 분단 체제는 그 자체로 완결된 체제가 아니고 근대 세계 체제가 한반 도를 중심으로 작동하는 하나의 국지적 양상이다. 따라서 한반도의 온전한 이해가 근대 세계 전체의 분석으로 나아가야 마땅하며, 세계 도처에서 분단 체제의 매개 작용 없이도 벌어지는 민중 생활의 참상과 '대전환'의 필요성을 대면해야 한다. 이 또한 여기서 본격적으로 다룰 수는 없다. 단지 '종교의 역 할'이라는 본고의 또 다른 주제에 직결되는 만큼만 언급하고자 하며, 주로 대 전환을 어떤 차원에서 고찰할지에 관한 원론적인 이야기가 될 것이다.

생산적인 논의를 위해서는 무엇보다 대전환이 요구되는 현 시기가 단지 최근 시대라는 의미의 '근대=현대'가 아니라 자본주의 이전과 구별되는 세계사적 시간대로서의 '근대'이며 이 자본주의적 근대는 오늘날 전 지구적 현실로 지속 중이라는 인식이 긴요하다. 물론 근대의 말뜻은 사람마다 달리 매길 수 있고, 더구나 근대의 특성이라는 의미의 '근대성'에 이르면 그 해석과 정의가 더욱 다양해진다.[3] 그러나 근대 세계의 지배적 원리로서의 자본주의를 외면한 근대 논의는 구체성에서 큰 결함을 보이게 될 것만은 분명하다. 어떤 식으로든 자본주의에 관한 과학적 분석을 포괄해야 하는데, 이때 자본이 어떻게 작동하는지를 치밀하고 치열하게 탐구한 마르크스(K. Marx)의 작업은—그의 결론에 얼마나 동의하느냐를 떠나서—비켜 갈 수 없을 것이다.

실제로 자본주의의 전 지구화가 거의 완성 단계에 이르고 그에 따른 빈부격차와 대중의 삶의 질 악화가 두드러지면서 『자본론』을 비롯한 마르크스의 고전적 저서들이 다시금 논의의 중심으로 돌아오는 느낌이다.[4] 여기에 마르크스 자신도 언급은 했지만 당시에는 지구적 심각성을 느낄 정도가 아니었던 생태계의 위기가 부각되면서 마르크스의 자본주의 분석은 새로운 논란의 초점이 되었다. 곧, 한편으로는 자본의 끝없는 축적을 기본 원리로 삼는 체제는 생명 지속적인 사회와 장기적으로 양립할 수 없기 때문에 자본주의 자체가 대전환의 주된 표적이 되어야 한다는 논지가 더욱 힘을 얻는가 하면, 다른 한편으로는 오늘날의 생태계 위기가 마르크스주의와는 다른 차원의 해법을 요구한다는 주장도 나온다. 두 입장을 대표하는 수많은 논의를 여기서 검토할 수는 없으나(나의 능력이 태부족임은 더 말할 나위 없다), 다만 마르크스의 분석에 설혹 일정한 한계가 있더라도 그것을 거치지 않고 생태 친화적인 '자본주의 이후'를 말하는 것은 다분히 공허한 담론에 머물 우려가 크다고 생각된다.

'종교의 역할'과 관련해서는 마르크스로부터 기성 종교들에 대한 비판 이상의 공헌을 기대하기는 힘들 듯하다. 그는 교회 및 성직자 계급과 치열하게 싸워야 했던 프랑스대혁명의 전통을 계승한 데다 19세기에 와서도 여전히 반동 세력의 보루로 남은 후진국 독일의 종교계를 대면하고 있었던 만큼 서구 진보주의 특유의 세속주의가 마르크스 사상의 중요한 일부를 이룬다. 또한 그의 유물론적 변증법이 철학적 사유의 새로운 지평을 열기는 했지만, 전통적 형이상학의 한계를 넘어 가령 동아시아 사상에서 보는 전혀 다른 차원을 포용했다고 보기는 어렵다. 그렇다고 종교인의 입장에서, 또는 동아시아인의 입장에서, 그의 세속주의와 서구적인 한계를 지적하는 것만으로는 큰 의미를 갖지도 못할 것이다.

그런 맥락에서 서양철학의 전통을 내부자로서 관통한 끝에 형이상학을 넘어선 새로운 사유와 영성(靈性)의 가능성을 탐구한 독일의 사상가 마르틴 하이데거(Martin Heidegger, 1889-1976)에게서 얻을 바가 많다.[5] 그는 자본주의 근대의 극복을 주장하면서도 자본주의 자체를 '기술의 본질'이 전면적으로 구현되는 '기술 시대'의 일환으로 파악하는데, 기술(die Technik)의 본질 내지 참뜻은 기술적인 것도 인간적인 것도 아니라는 독특한 주장이다. 기술은 원래 예술과 마찬가지로 만듦의 과정을 통해 '존재(das Sein)'—또는 불교 및 원불교의 진여(眞如)나 진리—를 드러나는 한 방식인데,[6] 그 드러냄이 삼라만상을 일종의 재고품(der Bestand)으로 설정하여 강제로 불러내는 방식을 취하는 단계가 근대라는 것이다. 이로써 근대 세계의 엄청난 과학기술적 성취가 가능해지는 한편, 기술의 참뜻을 망각하고 인간이 기술을 임의로 사용하고 통제할 수 있는 도구 내지 수단으로 간주함으로써 제대로 생각하는 능력을 잃고 기술 문명의 노예로 전락할 위험에 놓인다는 것이다.[7]

하이데거의 이러한 기술시대론은 곧잘 근대의 과학기술에 대한 전면적인 부정으로 이해되곤 한다. 그래서 급진적 생태주의자들의 지지를 받기도 하지만, 낭만적이며 배타적인 공동체주의로 전락할 수 있다는 비판에 직면하기도 한다. 데이비드 하비(David Harvey, 1935-)만 해도 현대 북아메리카 '생태

지역주의(bioregionalism)' 운동들의 문제점을 지적하면서 그와 상통점을 지닌 하이데거 사상을 우회적으로 비판하는데, 하이데거의 '존재의 형이상학(metaphysics of Being)'[8]이라는 표현에서도 그가 하이데거의 사유 영역과는 다른 차원에 머물고 있음이 드러난다. 하이데거는 기술 자체를 적대시하기보다 기술의 '참뜻'이 망각되는 시대를 넘어 기술과 사람의 관계가 본질적으로 바뀌는 대전환을 추구하고 있으며, 이는 곧 사람과 사람의 관계, 사람과 기술이 생산한 세계와의 관계를 바꾸는 '유물론적' 작업을 포함하는 것이다.[9]

하이데거에 관한 짧은 지식으로 그의 사상을 제대로 소개할 수는 없다. 다만 문명의 대전환에 값하는 사유의 일대 전환을 요구한 사상가가 하이데거인데, 근대인들이 그런 의미로 '아직 사유하지 않는' 상태에 있다는 것이 그의 거듭된 주장이다. 『사유란 무엇인가』라는 강의 서두에서 그는 "걱정스러운 생각을 하지 않을 수 없는 우리 시대에서 가장 걱정스러운 생각을 일으키는 것은 우리가 아직 생각하지 않는다는 사실이다."[10]라고 한다. 이는 매우 오만하고 독단적인 주장으로 들릴 수 있다. 그러나 하이데거는 철학과 여타 학문 분야의 지적 작업이 활발하게 진행되고 있는 현실을 결코 무시하지 않는다(같은 책, 2-3쪽). 다만 학문보다 한층 근원적인 사유를 하고 의문을 제기할 능력이 근대에 이르러 거의 사라졌고 학문의 발달이 오히려 그 진실을 은폐하고 있다는 것이다. 어찌 보면 알음알이[知解, 分別智]가 깨달음을 방해하며 깨달음이 낳는 지혜를 가로막는다는 불교의 가르침과도 통하는 말이다.

만년의 글 『철학의 종말과 사유의 과제』에서는 새로운 사유에 관한 주장이 자신의 사유를 철학자들의 위대성보다 높은 곳에 두고자 하는 교만(Überheblichkeit)과 정반대로, 그 사유가 철학의 위대성보다 겸손한 것일 수밖에 없다고 언명한다. 무엇보다도 그것이 떠안은 과업이 창시적(創始的)이기보다 예비적인 성격이기 때문이라는 것인데,[11] 이는 '문명의 대전환'과 '종교의 역할'을 탐구하는 본고의 자세이기도 하다.

III. 웅거의 '미래의 종교'론

호베르뚜 만가베이라 웅거는 브라질의 사상가요 정치가이면서 미국에서 하버드대 법학전문대학원 교수로 재직하며 철학·사회 이론 등의 분야에서 활발한 저술 활동을 벌여 왔다. 그런 그가 최근에 『미래의 종교』라는 방대한 새 저서를 내놓았는데,[12] 문명의 대전환을 위한 종교의 역할을 조금 더 상세히 탐구하는데 여러모로 도움이 되는 것 같다. 나는 웅거의 논의에 일면 공감하면서 결코 동의할 수 없는 점도 적지 않지만, 그럴수록 탐구의 방편으로는 더 유용할 수도 있다고 본다.

그는 통상적인 의미의 종교인이 아니고 오히려 세속적 사상가인데, 다른 한편 기존의 세계종교들이 인류 문명에 공헌한 점을 높이 평가한다. 나아가 미래의 새로운 문명 역시 종교가 아니고서는 이룩할 수 없다고 주장한다. 다만 기성 종교의 단순한 '개혁'이 아닌 '혁명'을 통해서만 '미래의 종교'를 창출할 수 있다는 입장인 바, 이는 19세기 중엽 이래 한반도에서 연이어 출생한 동학·증산교·원불교가 모두 '후천개벽'이라는 우주적 대전환을 표방하는 점과 상통하는 바가 있다. 실제로 기존의 세계종교에도 개벽사상에 견줄 흐름이 없지는 않다. 비근한 예로 불교의 미륵 신앙은 현세에 극락세계가 도래하는 대전환을 꿈꾸었고, 그리스도교의 역사에 다양한 형태로 나타난 천년왕국 사상 및 운동들도 비슷한 성격이다. 또한 오늘의 종교들도 개인의 구원에 머물지 않고 사회 현실을 근본적으로 변혁하는데 동참하고자 하는 움직임을 얼마든지 보여준다. 하지만 이들 '선천 시대' 종교의 역할만으로 대전환이 가능하다면 군이 후천개벽을 논할 까닭이 없을 터이다. 웅거식으로 말해서 종교**혁명**을 통한 미래 종교가 필요한 시점인 것이다.

먼저 기성 종교들에 대한 그의 평가와 비판을 살펴보자. 웅거가 기성 종교들에 공통된 문제점으로 지적하는 것은 인간 실존의 엄혹한 진실을 끝까지 직시하기보다 일종의 '안심용 형이상학(feel-good metaphysics)'을 통한 위로를 제공하곤 했다는 점이다. 책의 첫 단락은 이렇게 시작한다.

> 우리 실존의 모든 것은 그 너머를 가리킨다. 그런데도 우리는 죽어야 한다. 우리는 우리 존재의 근거를 파악할 수 없다. 우리의 욕망은 만족을 모른다. 우리의 삶은 우리의 본성을 원만히 표현하지 못하며, 우리의 환경은 번번이 우리가 하찮은 취급(belittlement)을 받게 만든다.
>
> 종교는 인간 조건의 이러한 불치의 결함들의 의미를 해석하려는 노력인 동시에 그들 결함에 대응하는 방안의 하나였다. 종교는 만사가 궁극적으로는 괜찮다고 우리에게 말해 왔다.
>
> 그러나 만사는 괜찮지 않다. 인류의 종교적 의식의 전환은 이러한 결함을 부인하려는 충동을 포기하는 접근법으로 시작할 수 있다. 종교는 이런 무서운 사실들에 대해 우리를 위로하기를 중단할 것이다. 우리의 희망은 변형된 상태로 살아남을 수 있을 것이다(1쪽).

이는 얼핏 보아 세속적인 종교 비판, 특히 무신론적 실존주의와 비슷한 주장이다. 그러나 웅거는 이런 의식의 전환을 거친 종교가 예술이나 철학 또는 단순한 정치 운동이 아닌 '종교'로 살아남는 것이 중요함을 거듭 강조한다. 그가 제시하는 미래 종교의 정치·경제·교육·윤리 기획들은 너무나 포괄적이면서 근본적인 대전환에 해당하는 것이라, 첫째, 기존의 종교체험에서 보여준 믿음과 헌신의 자세를 요하며, 둘째, 인간행동과 사회조직의 모든 분야에 간여하고 경험의 어느 한 분야에 격리될 수 없기 때문이다(51쪽). 따라서 철학·예술·정치에서는 답을 찾을 수 없는데, "인생을 걸 충분한 근거가 얼핏 안 보임에도 불구하고 일정한 방향으로 자신의 실존을 거는 결단을 내리고 그리하여 이런 결단에 수반되는 비전이 개인의 삶과 사회조직 전체를 꿰뚫을 것을 고집하는 의지야말로 종교의 고유한 특징인 것이다(55쪽)."

웅거의 입장을 검토하기 위해 기성 종교들에 대한 그의 평가를 좀 더 자세히 살펴보기로 하자. 그는 현존하는 세계종교를 크게 세 가지 흐름으로 분류한다. 곧, 베다(Veda) 사상과 불교가 대표하는 '세상을 극복(=초월)하는(overcoming the world)' 흐름, 공자(孔子)와 유교가 대표하는 '세상의 인간화(humanizing the world)' 경향, 그리고 유대교·그리스도교·이슬람교 등 유일신교 전통의 '세상과의 투쟁(struggling with the world)'이다. 그중 '세상을 극복하는' 흐름은 세계와 역사의 허구성을 깨닫고 개별적 자아와 사회 현실의 시간성을 초월한 어떤 본체에 귀의함으로써 마음의 평화를 찾는 것이다. 그리하여 세상을 아예 등지거나 아니면 관여하더라도 무차별적인 박애주의로 가는데, 박애주의는 자비를 베푸는 자와 받는 자 사이에 평등성이나 어떤 상호작용 가능성을 인정하지 않으며 결국 세상을 등짐으로써 얻는 평정(serenity)과 동일한 '형이상학'에 입각한 것이라고 한다(75-76쪽).

이것이 세상을 초월하려는 종교들의 어느 일면을 정확히 짚어 낸 것은 분명하다. 그러나 베다 사상에 근거한 힌두교와 불교의 진실을 정당하게 평가하고 있는지는 의문이다. 물론 저자 스스로 밝히듯이 이 책은 종교사 또는 비교종교학 연구서가 아니기에(446쪽) 특정 종교, 그중에서도 비교적 생소할 수밖에 없는 인도나 동아시아의 종교들에 대한 웅거의 이런저런 부정확한 진술에 과도한 비중을 둘 일은 아니다. 그러나 그의 논지에 차질을 빚을 정도의 사실관계 오류나 웅거 자신의 철학적 전제는 짚어 볼 필요가 있다. 학술 논의의 엄격성을 넘어 미래 종교 구상의 실현 가능성과도 직결되기 때문이다.

사실은 베다 경전의 사상과 불교를 한데 묶은 것부터가 문제다. 이는 불교가 고대 브라만교의 본체론—현대 용어로 하면 본질주의(essentialism)가 되겠는데—을 부정함으로써 출발한 사실을 간과할 뿐 아니라, 힌두교에 관해서도 그것이 한편으로 탈속적인 수도자의 삶을 높이 사 주면서도 (동아시아에서 유교가 그렇듯이) 사람들의 일상생활 구석구석에 침투하여 세속의 삶에 의미를 부여하는 현세주의적 특성을 지닌 종교임을 간과하고 있다. 불교의 탈세간 사상도 대승불교에 오면 중생과 부처가 둘이 아님을 설파하며 중생의 세속적인 삶을 개선하는데 적극 나서게 된다. 이때의 중생제도 원리는 일방적인 이타주의가 아닌 '자리이타(自利利他)'로서, 그때그때의 구체적 상황에 어울리는 보살행을 요구하는 것이다. 웅거의 잘못된 이해는 불교도 입장에서 억울하고 말고의 문제가 아니다. 그런 불교관이라면 미래 종교에 불교가 일조할 가능성을 원천적으로 배제하는 결과가 된다는 점이 중요한데, 실제로 웅거가 불교를 쇼펜하우어(A. Schopenhauer, 1788-1860)의 철학과 동질시하는 것만 봐도 그의 불교 이해가 철저히 서양 형이상학의 틀 안에 머물러 있음이 드러난다.[13]

'세상을 인간화'하려는 유교의 경우, 웅거는 자신이 구상하는 미래 종교와의 친화성을 분명히 인정한다. 대다수의 기성 종교들과 달리 초월신 등 불합리한 형이상학적 가정을 내세워 인간의 유한성을 부정하지 않으면서도 세상을 등지고 물러남이 없이 사회 현실의 개혁과 자신을 바꾸는 수양을 강조한다는 것이다. 그러나 공자의 사상을 한마디로 기존 사회질서 속에서 가능한 개인의 인격 완성과 사회 개량에 국한하는 것은 유교와 공자 역시 서구식 교양주의 또는 개량주의의 틀로 인식하는 것이다. 유교는 서구식 개량주의라기보다 요(堯)와 순(舜)의 이상적 통치를 복원하려는 상고주의(尙古主義)이기 때문에 현실의 부분적 개량에 만족 못 하는 혁명적 잠재력이 있으며, 그 수양론도 '천명지위성(天命之謂性) 솔성지위도(率性之謂道) 수도지위교(修道之謂敎)'라는 『중용(中庸)』의 첫 대목이 보여주듯이 '하늘'에 근거하고 '본성'에 근거한 '도 닦기'로서 근대적 세속주의와 전혀 다른 차원이다. 물론 제도화된 유교 사회에서는 유학의 혁명적 측면이나 『주역』을 노장(老莊)과 공유하는 사상적 폭이 제한되기 일쑤였지만 미래 종교가 공자와 유교로부터 얻을 수 있는 자양분을 서구적 개념을 일방적으로 적용함으로써 외면해 버리는 것은 학문적으로 부당할뿐더러 현실적으로도 무모한 일이라 하지 않을 수 없다.[14]

웅거가 확실하게 선호하는 것은 유대교 · 그리스도교 · 이슬람교 등 유일신교가 대표하는 '세상과의 투쟁' 흐름이다. 물론 절대자인 인격신이 우주를 주재하며 인간을 돌봐 주고 죽음의 불가피성이나 존재의 근거 부재 같은 냉엄한 현실을 은폐하는 '안심용 형이상학'이라는 측면에서는 그 폐단이 가장 두드러지는 유형임을 시인한다. 그러나 세상을 등지고 '초월'하거나 세계의 부분적 개선에 만족하지 않고 스스로 자신의 한계를 넘어서는 '초월적 존재' 내지 '육화된 정신(embodied spirit)'으로서의 인간에 걸맞은 역사를 만들기 위해 끊임없이 싸우는 종교들이다. 특히 '인간과 세계의 동시적 변화'를 추구한다는 점에서 세 흐름 중 미래 종교에 가장 부합하는 성격이라는 것이다. 게다가 이들 종교의 세속적 후예인 각종 사회 변혁 및 자아 변혁 운동도 미래 종교에 긴요한 유산인데, 다만 세속주의가 종교 자체를 부인하는데는 동의하지 않는다. 또한 종교적 유산을 세속적인 언어로 재해석하여 휴머니즘과의 절충을 시도하는 온건한 세속주의도 웅거는 '신앙과 불신 사이의 어중치기(the half-way house between belief and disbelief)'라 하여 결연히 거부한다(123-124쪽, 261-263쪽). 미래의 종교는 기성 종교의 미신적 요소들을 철저하게 청산하면서 '세상과의 싸움'이라는 기본 정신을 살리는 종교라야 한다는 것이다.

그런데 이들 종교의 교리에서도 무엇이 '미신'인지는 쉽게 식별되지 않는다. 물론 전지전능한 인격신의 구체적이고 다분히 자의적인 역사 개입은 웅거의 지적대로 오늘날 골수 신도를 빼고는 그대로 수용하기가 힘들어졌고, 특히 그런 믿음에 따른 독단주의 · 호전적 배타주의 · 반지성주의 등은 미래 종교 실현에 큰 장애가 되는 것이 사실이다. 하지만 현대 과학이 입증하지 못하는 모든 초자연적 존재나 에너지 작용을 한마디로 미신 또는 '안심용 형이상학'이라고 단정하는 태도 자체도 일종의 독단이요 형이상학적 전제가 아닐까? 유독 자기 종교의 인격신만 고집하는 것은 차라리 우상숭배라고 비판받을 수 있지만,[15] 신이 없다는 과학적 증거 또한 없는 것 아닌가. 사후(死後)의 삶 문제도 그렇다. 인간의 상상력으로 채색된 천당과 지옥을 들먹이며 대중을 위협하거나 유혹하는 행위는 지지하기 어렵지만, 사후 세계에 대한 —나아가 영계(靈界) 일반에 대한—갖가지 경험적 증언을 모두 증언자의 주관적 환상으로 치부하는 것도 과학 본연의 자세에 어긋난다. 환상인지 아닌지 더 많은 검증과 추가 자료를 기다리는 것이 과학의 진행 방식일 터이다. 더구나 불교의 윤회설은 대중에게 위로를 제공하기도 하지만 금생의 종말이 고통의 끝장을 의미하지 않는다는 그야말로 '엄혹한 인간 조건'을 제기하기도 한다. 오히려 육신이 한 번 죽으면 매사가 끝이라는 현대 과학의 허무주의야말로 경우에 따라서는 '안심용 형이상학'으로 복무할 수 있는 것이다.

교리의 내역을 얼마나 공정하게 평가하느냐를 떠나 웅거식 종교 이해의 한층 근본적인 문제점은 그가 너무 신조(信條) 위주로 기존 종교들에 접근한다는 것이다. 이 점과 관련해서 인도인의 후예인 스페인의 가톨릭 사제요 신학자이며 '종교 내 대화'의 제창자로 특히 『힌두교의 알려지지 않은 그리스도(The Unknown Christ of Hinduism)』 같은 저서를 통해 힌두교와 그리스도교의 회통에 주력했던 라이몬 빤니까르(영어권에서는 라이몬 파니카, Raimon Panikkar, 1918-2010)의 주장을 따라 신조(belief)와 신앙(faith)을 구별해 봄직하다. 신앙생활 곧 종교적인 삶에서 언어로 정리된 신조 내지 교의(creed)는 물론 필요하다. 그러나 그 어떤 언표화된 내용도 신앙체험의 전부일 수는 없으며, 주로 신조의 차원에 머무는 '변증법(dialectic)'으로는 진정한 대화(dialogue)에 이르지 못하듯이, 이른바 종교 간 대화(interreligious dialogue)라는 것도 인간의 본질적 자기실현에 해당하는 종교 내 대화(intrareligious dialogue)에 미

달한다는 것이 빤니까르의 논지다.[16] 이처럼 우리가 교리의 철학적 내용보다 종교적인 경험 자체를 주목한다면, 심지어 일반 상식과 동떨어지고 웅거가 그리스도교의 가장 비합리적 주장의 하나로 일축하는(272쪽) '삼위일체(Trinity)'설도 '신앙'의 과정에서 그 명제적 진실을 고집하기보다 (불교식으로 말해) 하나의 화두(話頭) 내지 공안(公案)으로 붙잡고 씨름하며 종교 생활에 정진하는 길잡이로 삼는다면 그 의의가 달라질 수 있다. 초월적 절대자인 하나님 아버지 말고도 인간으로 태어난 예수도 신이요 모든 인간의 마음속에 강림할 수 있는 성령도 신이며 그 셋이 하나이기도 하다는 믿음은 곧 웅거가 말하는 '인간의 신 되기(divinization of man)'로 이끌어 줄 수 있는 것이다. 더구나 하나님을 '없이 계시는 분'으로 이해하는 태도는 그리스도교 내부에도 없지 않다. 한국에서도 다석(多夕) 유영모(柳永模, 1890-1981)가 그런 말을 했지만,[17] 마이스터 에크하르트(J. Eckhart, 1260경-1327) 같은 서양의 그리스도교 사상가도 그러한 예로 널리 알려져 있다. 이런 태도라면 불교와의 회통도 가능해질 뿐더러 유(有)냐 무(無)냐를 따지는 차원을 넘어서는 사유의 길이 열릴 수 있다.

그렇게 볼 때 웅거의 미래종교론은 자기 나름의 형이상학적 전제에서 출발하는데다 본질적으로 근대 과학의 세계관에 입각해 있다는 점에서 앞서 하이데거가 촉구한 사유의 대전환 이전의 단계에 머물렀다고 하겠다.[18]

게다가 사실관계의 차원에서도 현존 고등 종교들의 세계사적 업적이 종전의 다신교나 물활론 같은 신비적이고 이교적인 우주관을 청산했다는 웅거의 주장 역시 재고의 여지가 있다. 웅거는 기원전 8세기 예언자 유대교의 성립으로부터 이슬람교까지의 세계종교들을 크게 세 흐름으로 나누지만, 그 중 불교와 함께 분류된 베다 경전의 일부는 시기적으로 기원전 1700년경까지 올라가거니와, 오늘의 힌두교에서 보듯이 '우주를 탈신비화하는 종교 혁명'과는 거리가 있다. 탈신비화는 대체로 유일신교 전통에 집중된 현상이고

―물론 인격신의 존재가 남았지만 신이 주로 자연보다 역사를 무대로 활약한다는 점에서 우주의 탈신비화에 결정적으로 기여했다―그중에서도 이슬람에서 철저히 수행되었다고 할 수 있으며, 근대 과학의 세계관에 이르러서야 인격신마저 제외되는 수준으로 완성된다. 그에 반해 브라만교·힌두교·도교 등은 물론이고, 상당 부분 유교에서도 우주와 인간의 일체감은 살아 있다. 아니, 유대교 경전인 구약성서 자체가 다신(多神)의 세계로서, 야훼가 여타 신들을 제압하고 절대자의 위치를 확립해 가는 역사를 보여주며, 그리스도교 역시 앞서 지적했듯이 삼위일체라든가 가톨릭의 성모 숭배 등을 통해 우주의 일정한 재신비화를 수행했다. 불교의 공(空)사상은 가장 철저한 탈신비화를 관철하는 동시에 대대적인 재신비화를 수용하기도 한다고 볼 수 있다. 한편 근대 과학의 '탈주술화(막스 베버의 Entzauberung, disenchantment)'된 우주관을 극복할 필요성은 20세기 이래로 점점 널리 공유되고 있다. 월러스틴이 프리고진(I. Prigogine) 같은 과학자를 원용하며 제기하는 '재주술화(re-enchantment)' 요구도 그런 것이며, 인류학자이자 과학사회학자인 라뚜르는 최근의 지구적 현실을 점검하며 다음과 같이 단언한다. "서양 역사의 수수께끼 중 하나는 '아직도 애니미즘(物活論)을 믿는 사람들이 있다.'는 사실이 아니라, 활력이 제거된 세계(deanimated world)나 단순한 물질의 세계에 대한 순진한 믿음을 지닌 사람들이 여전히 많다는 사실이다."[19]

웅거의 종교 이해에서 드러나는 온갖 한계에도 불구하고 그가 미래 종교의 일환으로 제시하는 정치·경제·교육·윤리 기획들은 문명적 대전환의 내용으로 공감되는 바가 많다. 예컨대 6장의 제목이기도 한 '심화된 자유(deep freedom)'는 주어진 제도적 틀 안에서의 자유와 평등으로서, 자유냐 평등이냐 같은 소모적 논쟁을 낳는 '얕팍한 자유(shallow freedom)'와 '얕팍한 평등(shallow equality)'에 대비되는 개념인데, 현실의 틀 자체를 바꾸면서 실현되는 더 높은 차원의 자유 및 평등을 지향해야 하고 이때 '심화된 자유' 속에 '심화된 평등'을 수렴하는 것이 그 역(逆)보다 적절하다고 한다(314-320쪽). 사실 웅거의 현실 변혁 프로그램은 상당 부분 그의 종전 저서에 이미 제시된 것들 인데, 일찍이 페리 앤더슨(Perry Anderson, 1938-)은 이를 '힘을 가진 주체 만들 기의 정치학'으로 명명한 바 있다.[20] 기존의 사회체제나 사고방식에 갇힌 상 태에서 노선 투쟁을 벌이고 있는 자유주의·사회주의·사민주의 등을 모두 넘어설 한층 래디컬한 '강화된 민주주의'(empowered democracy)[21]는 앤더슨도 깊이 공감하는 목표인데 다만 웅거의 구상에 '이행(移行, transitions)의 이론'(같 은 책, 148쪽)이 빠져 있음을 꼬집었다. 그 점은 『미래의 종교』에서도 여전히 문제로 남은 것 같다. 특히 이행을 요하는 현 시대가 자본주의적 근대이며 그 작업에는 자본에 대한 마르크스적 탐구가—충분조건은 아니라도—필요 조건이라면, '시장경제의 제도적 재조직(the institutional reorganization of market economies)'이라는 웅거의 해답(340쪽)이 다분히 공허하게 들리지 않을 수 없 다.

IV. 원불교의 정신개벽운동

웅거의 미래종교론이 아직은 한 지식인의 담론에 머물고 있는 데 비해 한 반도에서 미래의 종교를 표방하며 태어난 원불교는 이미 100년의 역사를 쌓 았다. 그러나 동아시아 한구석에 처해 있고 기성 종교들에 비해 극히 미미한 교세를 지닌 신생 종교로서, 현존 세계 체제 중심부의 고명한 지식인이 중심 부의 언어로 전개하는 개인 담론만큼의 현실적 파급력을 못 가지는 면도 있 다. 본고에서는 그러한 사정이나 교단의 지리적·역사적 연고에 대한 어떤 편견이나 특별한 배려 없이 웅거의 미래종교론을 검토해 온 일관된 자세로 '문명의 대전환'에 관한 원불교의 입장 및 역할을 논하고자 한다.

먼저, 예의 대전환을 위해서는 서구 형이상학의 틀을 넘어서는 사유가 필요하다는 관점에서는 원불교의 창시자 소태산(少太山) 박중빈(朴重彬) 대종사가 불교를 '무상대도(無上大道)'로 인정하고(『정전』 총서편 제2장 '교법의 총설') "불법으로 주체를 삼아 완전무결한 큰 회상을 이 세상에 건설하리라.(『대종경』 서품 2장)"는 포부로 출발함으로써 미래 종교의 기본 조건 하나를 갖추었다고 볼 수 있다. 물론 하이데거가 제기한 '사유의 과제'를 아시아에서는 내내 수행해 왔다는 식의 생각은 금물이다. 불교 또는 노장사상에 친숙하다 보면 '유'도 아니고 '무'도 아닌 '존재'에 대한 하이데거의 사유가 단순한 신비주의라거나 또 다른 형이상학에 불과하다는 속단을 피할 수 있으며, 역으로 하이데거의 작업에 익숙한 서양인이라면 동양적 사고의 이해가 한층 쉬워지는 기본적 친화성이 생길 수 있다. 그 이상의 회통은 양쪽 모두의 각별한 연마를 요하는 작업이다.[22] 당장에 하이데거적 '사유의 과제'만 해도 그것은 서양 철학의 '위대성'을 발판으로 딛고 제기된 것이므로 형이상학의 연마가 빠진 하이데거와의 회통이 멀리 나가기를 기대하기 어렵다.

그런데 웅거의 불교 이해가 비록 부실하다 하더라도, 유대교·그리스도교·이슬람교 등 유일신교가 대표하는 흐름과 이를 계승한 세속적 운동들에 견줄 때 불교가 역사의 중요성에 대한 인식이 미흡하고 사회 변혁의 의지가 덜 뚜렷하다는 그의 지적은 경청할 만한 것이다. 그런 점에서 원불교가 '불법으로 주체'를 삼았을 뿐 아니라 조선 시대 말기 이래의 '후천개벽' 사상을 계승했다는 사실이 중요하다. 사회혁명 사상에 다름 아닌 동학(東學) 등의 후천개벽론을 이어받음으로써 '세상과 맞서 싸우는' 종교의 성격도 아울러 갖추게 되었기 때문이다.[23] 전통 불교와의 차이는 본고 첫머리에 인용한 개교표어에서도 드러난다. 곧, 원불교가 제창하는 '정신개벽'은 전통 불교의 깨달음과 달리 시국에 대한 진단을 전제한다. 『정전』의 본문 첫 단어도 '현하(現下)'이다. "현하 과학의 문명이 발달됨에 따라 물질을 사용하여야 할 사람의 정신은 점점 쇠약하고, 사람이 사용하여야 할 물질의 세력은 날로 융성하여, 쇠약한 그 정신을 항복받아 물질의 지배를 받게 하므로, 모든 사람이 도리어 저 물질의 노예 생활을 면하지 못하게 되었으니…"(총서편 1장 '개교의 동기')라는 현실 진단을 앞세우고 있는 것이다. 다시 말해 "물질이 개벽되니 정신을 개벽하자."는 표어는 '물질개벽이라는 시대현실의 도전에 부응하는' 정신의 개벽을 이룩하자는 것이다.

그러한 도전에 부응하고자 할 때 유념할 것은 '물질 대 정신'에 대한 우리의 사고가 어느새 서양철학의 이분법에 물들어 있다는 점이다. 정신을 이해하는 서양인들의 방식도 물론 다양하지만, 서양철학에서의 그 다양성은 정신을 '있는 것(有)'으로 설정하고 이리저리 해석을 달리하는 것이지 '유무초월'의 경지를 사유하지는 않는다. 반면에 원불교에서의 '정신'은 유와 무 어느 쪽에도 집착하지 않은 채 근원적 진리를 묻는 능력이며 경지를 말한다. 『정전』 '정신 수양의 요지' 조목에서도 "정신이라 함은 마음이 두렷하고 고요하여 분별성과 주착심이 없는 경지를 이름이요(교의편 4장 1절, '정신 수양")라고 했다. 이 점을 간과하고 '물질 대 정신'이라는 현대적인 통념에 따라 『정전』 첫머리의 '개교의 동기'나 『대종경』 서품 5장의 "사람은 만물의 주인이요 만물은 사람의 사용할 바"라는 말씀을 해석한다면, 물질생활의 향상과 더불어 윤리와 문화 교육도 강화하자는 진부한 제안이거나, 하이데거가 비판하는 도구적·인간학적 기술관의 표현이 될 것이다.

따라서 물질개벽에 대해 각별한 연마가 필요하다. 지난해 원불교 100주년 기념행사의 하나인 '전환 콜로키움' 토론(2015.12.12)에서도 말했거니와, "물질개벽이 궁극적으로는 정신의 쇠약을 초래하긴 했지만 물질의 융성 자체가 서양인들의 엄청난 정신적 공력이 거둔 성과임을 놓쳐서는 안됩니다." 곧 "고대 그리스 이래의 형이상학과 중세 신학의 면면한 성취를 모태로 삼아 탄생한 것이 과학이며, 오늘날 서양의 과학기술뿐 아니라 서양의 사상과 학문 전체가 누리는 세계적 권위는 그렇게 해서 가능해진 것입니다."[24] 다시 말해 물질개벽을 단지 과학기술의 발달이나 물질생활의 풍요로 이해해서는 안 되며 이 시대가 계속 산출하고 있는 수많은 '새로운' 사상·이념·이론도 모두 그 일부로 보아야 한다는 것이다.[25] 그러므로 이런 성취가 그 나름의 '정신문명'에 해당함을 인정하고 존중하되 또한 그것이 아무리 대단한 지적 권위를 누리고 현대인의 문명 생활에 기여하고 있다 할지라도 정신개벽 그 자체는 아니라는 것을 잊지 말아야 한다. 아무튼 물질개벽의 실상의 철저한 인식이 없이 그에 부응하는 정신개벽운동에서 큰 성과를 거두기 힘들다. 그 점에서 앞서 하이데거와 더불어 마르크스를 '대전환' 작업의 한 평가 기준으로 제시했던 취지대로, 물질개벽 시대가 곧 자본주의 시대이기도 하다는 인식을 갖고 연마할 필요가 있겠다. 그럴 때 정신개벽운동은 자본주의 근대에의 적응과 자본주의 이후로의 이행(移行) 곧 근대의 극복을 동시에 추구하는 '이중 과제'를 완수할 수 있는데, 마르크스는 그 표현을 안 썼을 뿐 이중과제론을 앞질러 제기한 사상가이기도 하다.[26]

원불교가 실제로 그러한 과업을 얼마나 충실히 수행하고 있는지는 별개 문제다. 개교 이래 원불교가 한국 종교계의 근대화에 크게 이바지했고 서양에서 전래한 종교들에 비해서도 오히려 선진적인 면모를 보였다는 것은 한국의 종교사 및 문화사 연구자인 돈 베이커 교수가 명쾌하게 정리해 준 바 있다.[27] 그런데 이중과제론의 시각에서는 원불교의 정신개벽운동이 근대 적응과 근대극복을 동시적으로 추구하는 성격이었기 때문에 '적응(=근대화)'의 관점에서도 그만한 성공을 거둔 것이다. 물질개벽 시대 이후를 내다보는 근대극복의 경륜과 의지가 실종된다면 근대적 종교공동체 형성 과정에서의 선구적 역할도 사라질 가능성이 크다고 말할 수 있다.

정작 원불교 교단과 원불교 학계 일각에서는 개교표어의 의의를 축소하려는 경향이 없지 않은 듯하다. 그런데 개교표어가 『보경육대요령』(1932)에 와서야 뒤늦게 활자화된다는 등의 이유로 그 의의를 축소한다면 이는 후천개벽 종교로서의 정체성을 약화함은 물론, '이중 과제'의 효과적 수행과도 멀어지는 일이다.[28] 물론 『보경육대요령』 전에 나온 『수양연구요론』(1927)의 권두표어는 개교표어가 아닌 '통만법 명일심(通萬法 明一心)'이었고, 『대종경』 서품에서도 개교표어는 1-3장을 지나 4장에 이르러서야 등장하는 것이 사실이다. 제4장의 발언이 실제로 어느 시기에 나왔는지 알지 못하지만, 설혹 늦게 내놓았다면 늦게 새삼 내놓은 만큼의 각별한 뜻이 있을 것이다. 아무튼 개교표어에 대한 관심 부족이 전통 불교와 구별되는 원불교 고유의 특성을 경시하고 불교의 주류에 편입되고자 하는 태도의 표현이라면 이것이야말로 소태산이 경계했던 '외학(外學)'을 더 숭상하는(『대종경』 부촉품 8장)' 행태가 될 것이다.[29] 소태산의 이 경고가 결코 원불교 외부의 학문 일체를 멀리하라는 뜻이 아닌 것은 '최초법어'의 첫 조목으로 "시대를 따라 학업에 종사하여 모든 학문을 준비할 것이요(『정전』 수행편 13장 최초법어 1. 수신의 요법)"라고 주문한 것만 보아도 명백하다.[30] 요는 원불교인으로서의 줏대를 세우는 문제이며, 비록 원불교가 불법을 주체로 삼은 종교라 해도 동시에 후천개벽 종교라는 특성을 망각한 불교 연구라면 그 자체가 '외학'이 될 수 있다는 것이다.

외학과 관련해서 특히 주목할 점은 원불교 『정전』이 수신의 요법에 이어 '지도인으로서 준비할 요법'에서도 '지도받을 사람 이상의 지식을 가질 것'을 요구했을 뿐 아니라, 출가위 등급의 요건 중 하나로 '현재 모든 종교의 교리를 정통하며(수행품 17장 5항)'라고 한 사실이다. 대각여래위에 버금가는 경지에 오르려면 종교학의 석학을 겸해야 한다는 말인가? 그렇다면 설득력도 현실성도 희박한 주문이기 쉬운데, '현재' 모든 종교라 말한 것은 동서고금의 모든 교리에 대한 해박한 지식을 요구하는 게 아님을 짐작케 한다. 오히려 앞서 빤니까르가 말한 '종교 내 대화'를 상기시킨다. '종교 내 대화'는 타 종교에 대한 단순한 식견이나 여러 종교들과의 적당한 교류 및 연대가 아니라 그 자체로 '하나의 종교 행위'[31]인 바, 나와 똑같은 인간이요 이웃인 사람들이 나와 전혀 다른 교리를 신봉하며 종교 생활을 수행하는 현실을 어떻게 수용하고 그들과 어떻게 함께 갈지에 큰 의심을 걸고 큰 공부를 해내는 일인 것이다. 정산(鼎山) 송규(宋奎) 종사의 '삼동윤리'도 그런 공부의 결과로 나온 것일 터이며, 웅거의 미래 종교가 기성 종교들을 이런저런 이유로 쳐냄으로써 그 기획의 실현 가능성이 의심스러워지는 데 비해, 원불교는 '유·불·도 삼교합일'이라는 수운(水雲)과 해월(海月)의 '종교 내 대화'를 계승·발전시킨 점에서 한층 큰 잠재력을 지녔다 할 수 있다.

정신개벽을 이룩하는 수행에 대해 소태산은 촘촘한 공부법을 남겼다. 그 공부가 법신불(法身佛) 일원상(一圓相)에 근거한다는 점에서는 불교를 닮았지만, 세속의 삶에 적극 개입하는 실천을 중시한다는 점에서는 유교라든가 정치신학·민중신학 계열의 그리스도교와 상통한다. 아무튼 교도의 공부법에 관해서는 국외자가 길게 말할 일이 아니다. 다만 문학평론가로서 한마디 곁들인다면, 진정한 예술 작품이 하나 탄생할 때마다—아니 그런 작품을 후래 대중이 반가이 수용할 때마다—크고 작은 정신개벽이 이루어진다고 생각한다. 이때도 개벽의 진정성과 위력은 그것이 물질개벽의 현실에 얼마나 부응하는 정신개벽인가 하는 잣대로 대중 잡아야 할 것이다.

정신개벽운동의 성패와 직결되는 것은 이 운동의 주체 내지 지도인으로서 교단이 어떤 역할을 하느냐는 문제이다. 정신개벽은 누구에게나 주어진 과제이고 예술 작품의 예를 들었듯이 곳곳에서 다양한 형태로 이루어지긴 하지만, 소태산은 그 실현을 위한 최대의 도구로 새로운 교단을 창립하고 이를 유지 발전시키는 데 필생의 노력을 기울였다. 이 점이 후천개벽을 선포하면서 승과 속의 구분마저 없애고 전문 교역자를 두지 않은 동학 및 천도교와 대비되는 점인데, 한때 번창했던 천도교보다 오늘의 원불교 교단이 훨씬 힘을 갖게 된 데에는 '전무출신(專務出身)' 곧 출가자 제도의 존재도 한몫했을 것이다. 동시에 원불교는 전통 불교가 승가 집단을 재가 신도와 엄격히 구별하여 삼보(三寶)의 하나로 떠받드는 것과는 다른 길을 택했다. 교도들 중에서도 '정신과 육신을 오로지 공중에 바친(『대종경』 교단품 7장)' 전무출신들을 정신개벽운동의 핵심 주체로 간주하지만, 동시에 소태산은 "우리는 재가와 출가에 대하여 주객의 차별이 없이 공부와 사업의 등위만 따를 것이며, 불제자의 계통에서도 재가·출가의 차별이 없이 할 것(『대종경』 서품 18장)'이라고 선언했다.

교단에 대한 소태산의 절대적 헌신과 타 종교를 포함한 외부 단체 및 인사들에 대한 그의 개방성이라는 양면을 계승하면서 이를 한층 뚜렷하게 강령화한 것이 정산 종사의 '삼동윤리(三同倫理)'이다. 그중 첫 번째 강령인 '동원도리(同源道理)'는 모든 종교인들의 대동 화합을 표방하고, 두 번째 '동기연계(同氣連契)'는 모든 인류와 생령이 동포로 화합할 것을 요구하는데, 세 번째 '동척사업(同拓事業)'은 종교들뿐 아니라 온갖 세속적 운동들과의 동업마저 주장하기에 이른다. 그렇다면 원불교 교단의 독특한 역할은 어디서 찾으며 전무출신의 특별한 위상은 무엇이란 말인가. 사실 이렇게 출가 집단을 두면서 재가·출가의 차별을 없애고 심지어 교도·비교도의 차이마저 상대화하는 방침은 원불교 특유의 창안이라 볼 수 있는데, 전문 교역자들에게는 곤혹스러운 점도 많을 듯싶다. 입교를 하고 출가까지 한 인사들에게—게다가 전무출신이 중생심을 내면 보통 사람 몇 배의 죄업을 짓는다고 다그치면서도(『대종경』 교단품 7장)—전무출신이라 해서 아무런 특권적 지위가 부여되는 것이 아니기 때문이다. 오로지 재가와 비교도들까지 함께하는 공동의 사업에 앞장서는 능력과 실적에 따라 저들과 똑같은 잣대로 평가받아야 하는 것이다.[32]

이런 곤혹스러운 상황을 교단이나 전무출신들이 감당하지 못할 때 곧잘 발생하는 문제가 이른바 교단주의요 그에 따른 후과들이다. 나는 일찍이 월간 『원광』지 편집인과 대담하면서 '교단주의'에 관한 의견을 요청받고, "종교주의의 폐단을 극복 못 하면 교단주의가 오게 되고 교단주의의 폐해에는 사제주의(司祭主義)라는 게 따르게 마련이며, 사제주의가 일단 성립하고 나면 사제들 간의 권력 암투가 시작되기 마련"이라는 일반론[33]으로 답한 바 있다. 100주년을 맞은 원불교에 그 말이 얼마나 해당할지는 알지 못한다. 물론 교단주의가 소태산 대종사와 정산 종사를 비롯한 수많은 전무출신들이 보여준 지극한 교단 사랑과는 무관하고, 종교주의라는 것도 제도화된 종교들끼리만 —그러니까 결과적으로 후천 종교가 선천 종교들과— 연대하겠다는 안일하고 고식적인 태도를 지적한 것일 뿐이다. "우리는 모든 종교의 근원이 되는 일원대도의 정신을 투철히 체득하여, 우리의 마음 가운데 모든 종교를 하나로 보는 큰 정신을 확립하며, 나아가 이 정신으로써 세계의 모든 종교를 일원으로 통일하는데 앞장서야 할 것(『정산 종사법어』 도운편 35장)"이라는 '동원도리' 강령은 모든 종교를 원불교로 통합하자는 말도 아니려니와 고식적인 '종교 간 대화'를 통한 종교인들의 화합(내지 결탁)을 지지한 것도 아니다. 오히려 타 종교뿐 아니라 세속의 동업자들과도 빤니까르가 말하는 '종교 내 대화'를 수행하고 그러한 대화에 가장 헌신적이고 유능한 집단으로서 원불교가 선도적 역할을 한다는 뜻일 것이다.

지금은 대전환에의 욕구가 나라 안팎에서 날로 높아가는 가운데 세속의 사상가조차 '미래의 종교'를 발의하는 형국이다. 나의 잠정적 결론은 한반도 고유의 후천개벽 사상과 불교의 깨달음을 융합한 원불교가 대전환과 대적공을 주도할 남다른 잠재력을 지녔다는 것이다. 다만 원불교 교단과 원불교인들이 일원대도와 삼동윤리의 가르침을 얼마나 절실히 깨닫고 충실히 이행하는지에 따라 그들의 실제 역할이 판가름날 것이다.

V. 맺음말: 대전환을 위한 의제 두 개

끝으로 원불교가 제기한 문제로서 교단 내부에 국한되지 않는 세계적 의제 한두 개를 검토해 보고자 한다. 이는 원불교가 단지 한국 종교계의 근대화를 선도했을 뿐 아니라 '근대 적응과 근대 극복의 이중 과제'의 수행에 어떤 기여를 했고 어떤 선도 역할이 가능할지를 점검하는 작업도 된다.

1. 남녀평등과 자력양성

원불교의 선구성 중 하나는 교리나 교단 조직에서 처음부터 남녀평등을 표방했다는 것이다. 초기 교서인 『보경육대요령』에서 인생의 요도(要道)의 첫 항목을 '남녀권리동일'로 규정했고, 여성 교역자를 대량으로 발탁했으며, 교단의 최고 결정기구인 수위단회(首位團會)를 남녀 동수로 구성하였다. 세월이 흐르면서 사회 환경의 영향을 받아 실질적인 남성 우위 현상이 나타나기도 하고 여성 전무출신 지망자들에 대한 정녀선서(貞女宣誓) 강요 등이 교단 내에서도 문제시되고 있으나, 지금도 교리와 조직 양면에서 모두 천주교나 대부분의 개신교·유교·불교에 비해 뚜렷한 차이를 보여주는 게 사실이다.

흔히 한반도에 남녀평등 사상을 전해 준 것은 서양 종교, 특히 개신교라 믿는 경향이 있다. 실제로 서구의 남녀평등 사상과 제도가 이들 외래 종교와 더불어 상당 부분 묻어 들어왔기 때문에 그에 따른 공헌을 무시할 수 없다. 하지만 그리스도교의 교리가 양성평등을 명시한 바 없고 오히려 정반대의 해석을 유도하는 면이 눈에 띄며, 교회의 실천도 서구 일반 사회에 비해 차별적인 면이 적지 않다. 그보다 훨씬 근본적이고 실천적인 남녀평등 사상을 보여준 것은 최수운·최해월·강증산(姜甑山) 등 이 땅의 토착 종교인들이었

다.[34]

원불교가 한반도 후천개벽 사상의 후계자라는 가장 확실한 증거가 되는 것이 그 '남녀권리동일' 조항인 것이다.

그런데 이 조항은 『불교정전』(1943)에서 '자력양성(自力養成)'으로 바뀌어 오늘에 이르고 있다. 물론 남녀권리동일 주장이 사라진 것은 아니고, '2. 과거의 타력 생활 조목' 중에는 "여자는 어려서는 부모에게, 결혼 후에는 남편에게, 늙어서는 자녀에게 의지하였으며, 또는 권리가 동일하지 못하여 남자와 같이 교육도 받지 못하였으며, 또는 사교(社交)의 권리도 얻지 못하였으며, 또는 재산에 대한 상속권도 얻지 못하였으며, 또는 자기의 심신이지마는 일동 일정에 구속을 면하지 못하게 되었음이라." 하여 성차별에 대한 반대를 조목조목 제기하고 있다. 또한 '3. 자력자로서 타력자에게 권장할 조목'과 '4. 자력양성의 조목'에서도 남녀권리동일의 사상을 거듭 피력한다(『정전』 교의 편 3장 1절).

하지만 '남녀권리동일'이 사요(四要)의 하나에서 '자력양성'의 내역으로 이동한 것은 양성평등 사상이나 그 실천 의지의 후퇴가 아닌가? 나는 그렇지 않다고 본다. 물론 교단에서 실천 의지가 현실적으로 후퇴하는데에 결과적으로 일조했을지는 모르고, 이른바 성인지(性認知)적 관점을 얼버무리는 구실로 쓰일 가능성은 항시 경계해야 한다. 그러한 경각심이 살아 있는 한에는 '자력양성'이야말로 오히려 더 포괄적이고 원만한 개념이다.[35] 이에 대해 내가 한 대담에서 했던 말을 좀 길지만 인용해 본다.

애초에 남녀권리동일 조목을 내세운 것은 당시 남녀불평등이 우리 사회에서 워낙 심각한 문제였고 남녀를 불문하고 자력양성에 심각한 장애가 되는 것이었기 때문이었지만, 세계종교로 발돋움하는 교단의 앞날을 위해 교전을 재정비하는 시점에서는 그 기본 취지인 자력양성을 내세운 것이 적당했다고 생각합니다.

사실 남녀평등을 주장하는 오늘날의 여러가지 이론 가운데서 아마 가장 힘을 쓰는 이론이 근대 서구에서 나온 개인의 권리 개념인데, 그것이 일면 타당성이 있지만 그에 따른 부작용도 만만치 않아요. 인간 개개인을 하나의 원자화된 알갱이로 설정하고 그 개체마다 이런저런 것을 할 수 있는 동일한 권리가 있다고 규정하는 것이 과연 올바른 인간관인지 의문이지요. 적어도 불교적인 인간 인식과는 거리가 있습니다.

남녀의 권리가 부동(不同)한 것이 나쁜 것은 결국 사람은 누구나 자력을 길러서 평등 사회의 주인 노릇을 해야 마땅한데 남녀 차별이 그에 장애가 되기 때문이지, 무조건 매사에 누구나 동일 권리를 행사해야 된다면 지자본위(智者本位)의 원칙에도 어긋날뿐더러 평등 사회가 이루어질 리도 없는 것입니다.[36]

사실 자력양성은 웅거의 표현을 빌리면 임파워먼트(empowerment), 곧 힘을 지닌 주체 만들기이다.[37] 교전 영문판에는 '자력'이 self-power로 번역되어 있다. 이는 empowerment처럼 친숙한 영어 표현은 아니지만 '타력(other-power)'과 대치되는 간명한 직역이며, 문맥을 따라 읽으면 empowerment와 흡사한 그 의미가 쉽게 전달된다.

그에 비해 근대적 이념으로서의 양성평등은 웅거의 '얄팍한 평등'에 가깝다. 물론 그 수준의 평등을 위한 싸움도 절실하며 처절하기조차 한 것이 오늘날 한국 및 세계의 현실이지만, 예컨대 월러스틴(Immanuel Maurice Wallerstein, 1930-)은 자본주의 아래서는 성차별 철폐가 불가능하다는 주장을 펼치고 있다.[38]

'근대적' 목표를 관철하기 위해서도 '근대 이후'로의 대전환이 필요하고 이를 감당할 '심화된 자유'의 사상이 필요함을 짐작할 수 있다. 원불교의 '자력양성'은 웅거의 '심화된 자유'보다 한결 든든한 종교관·진리관에 기초하고 있는데다 '자·타력 병진'의 지혜와 '지자본위'라는 균등 사회 실현의 방법론까지 갖추고 있어, 대전환의 사상적 자산으로 손색이 없어 보인다.

2. 종교의 정치 참여와 '정교동심'

웅거의 미래 종교 기획에서도 정치가 큰 비중을 차지하지만, 종교의 정치 참여 문제는 오늘날 세계적인 쟁점을 이루고 있다.[39] 원불교가 불교를 무상대도로 수용하면서도 한반도의 후천개벽 사상을 계승함으로써 웅거의 '세상과 맞서 싸우는 종교'의 일면을 갖게 되었음을 앞서 지적했다. 그런데 오늘의 원불교 교단이나 상당수 교도들은 정치 현실에 소극적인 자세를 취하는 경향을 보인다. 그 근거로 소태산이 일제에 대한 공개적 저항을 자제했던 역사를 들기도 하고, 심지어 '최초법어'의 '제가(齊家)의 요법' 중 "내면으로 심리 밝혀 주는 도덕의 사우(師友)가 있으며, 외면으로 규칙 밝혀 주는 정치에 복종하여야 할 것이요"(『정전』 수행편 13장 2절 4항)라고 한 대목을 정치권력에 대한 순응주의를 촉구한 가르침으로 오해하기도 한다. 사은(四恩)의 하나로 꼽히는 '법률은'에 관해서도 "대범, 법률이라 하는 것은 인도 정의의 공정한 법칙을 이름이니"(『정전』 교의편 제2장 4절 1. 법률 피은의 강령)라고 경전에 명백히 밝혔음에도 불구하고 인도 정의의 실현을 위한 '세상과의 싸움'을 남의 일 보듯 하기 일쑤이다. 나는 '법률은'의 개념이 원불교가 유교와 통하는 일면임을 말한 적이 있지만,[40] 유교의 현실 참여 정신뿐 아니라 후천개벽 종교들의 사회 변혁 의지를 계승한 면도 강조해야 옳을 듯하다.

동학농민혁명의 엄청난 살상을 겪은 뒤에 강증산이 더 긴 호흡의 천지공사(天地公事)를 선택했듯이 일제의 강압 통치가 이미 시작된 후에 교단을 창설한 소태산이 공개적인 항일운동을 자제한 것은 사실이다. 그러나 일제하에서 조선의 새 종교를 창시하고 조직한 것 자체가 당시로서는 더없이 불온

한 행위였으며, 그럼에도 '정의어든 기어이 취하고 불의어든 기어이 버리는 실행 공부(『정전』 교의편 4장 3절 2항 작업 취사의 목적)'가 삼학 중에서도 그 열매에 해당하는 취사(取捨) 공부의 본질로 제시되었음을 잊어서는 안 될 것이다.[41] 실천에 대한 원불교의 이러한 강조야말로 전통 불교의 계(戒)·정(定)·혜(慧) 삼학과 원불교의 삼학 곧 정신 수양·사리연구·작업취사를 구별해주는 가장 두드러진 특징인 바,[42] '분별성과 주착심이 없는 경지'를 전제하면서도 정의와 불의를 식별하고 정의로운 취사에 사생결단의 헌신을 해야 하는 것이 원불교 공부의 어려운 점인 동시에 불법과 생활의 일치를 가능케 하는 요체일 것이다.

정치와 종교의 관계에 대한 원불교의 독창적 기여는 정산 종사의 정교동심(政敎同心) 사상이다(『정산 종사법어』 도운편 9장, 30장, 유촉편 36장 등). 물론 원리 자체는 소태산이 종교와 정치를 한 가정의 자모(慈母)와 엄부(嚴父)에, 또는 수레의 두 바퀴에 비유한 데서 비롯한다(『대종경』 교의품 36장 및 38장). 그러나 엄부·자모 관계를 가부장제와 남존여비의 구습에 따라 해석하는 폐단이 없지 않음에 비추어, '정교동심'은 두 개의 대등한 수레바퀴라는 비유를 비유가 아닌 개념으로 정립하는 성과를 이룩했다.

실제로 기존의 제도와 학설들은 '정교일치' 대 '정교분리'의 이분법에서 시원하게 벗어나지 못하고 있다. 예컨대 오늘날 그리스도교에서 한편에서는 영혼의 구제를 본업으로 삼는 종교가 어째서 정치 현실에 간섭하느냐는 '보수적' 논리와 다른 한편에서는 종교는 영혼 구제를 위해서도 구조화된 사회악을 제거하는 참여 행위가 필요하다는 '진보적' 입장 사이의 논란이 끊이지 않는 것도 그 때문이다. 이런 논란은 정치와 종교가 서로 나 몰라라 하는 '정교분리'를 벗어나되 그 둘이 '동체(同體)'가 아닌 '동심(同心)'이라고 본다면 적어도 이론상으로는 명쾌하게 정리된다.[43]

물론 개념이 아닌 현실로서 정교동심에 근접한 사례들이 없었던 것은 아니다. 유교 사회만 해도 군주가 국가의 제주(祭主)라는 점에서 형식상 정교일치요 일종의 신정체제(神政體制)라 말할 수 있으나 왕에 대한 유생 신하들과 사림(士林)의 견제력이 남달랐던 조선왕조만 해도 정교동심에 방불한 면이 없지 않았다. 불교 국가이던 고려의 경우는 호국 불교에 치우쳐 종교가 대등한 수레바퀴 역할을 못 하기는 했지만 승가에 의한 직접 통치가 아니라 통치자에 대한 국사(國師)나 왕사(王師)의 지도를 좋은 정치의 요건으로 삼았다는 점에서 정교동심의 이념을 선취했다고 할 수 있다.

표현은 다르지만 정교동심론에 가장 근접한 것은 간디(M. Gandhi, 1869-1948)의 '세속주의(secularism)'가 아닐까 한다. 이는 통상적인 의미의 세속주의, 곧 국가는 정교분리 원칙에 따라 종교와 무관한 세속의 원리로 운영되어야 한다는 근대적 이념이 아니라, 정치와 정치인은 당연히 종교적 신앙과 원칙을 갖고 복무하되 타 종교를 차별하지 말아야 한다는 독특한 의미이다.[44] 정교분리에 대해 간디는 "종교로부터 분리된 정치는 타락을 불러온다."고 했고, 난디(A. Nandy, 1937-)는 이를 부연하여 "종교와 정치의 분리는 치명적이고 양자의 동일화는 자살행위다."라는 빤니까르의 발언을 인용하기도 한다.[45] 난디의 이런 정교관계론은 독립 이후 세속적인 국민국가 건설 시도가 종교분쟁을 포함한 갖가지 혼란을 낳고 있는 인도의 현실에 비추어 상당한 설득력을 지닌다.

대한민국헌법도 근대국가의 일반적인 관례에 따라 '정교분리'를 채택하고 있다. 그러나 이로써 정치와 종교의 관계를 원만하게 정리하지는 못한다. 정교분리 원리는 간디가 우려한 정치의 타락을 야기하고 있으며, 인도 같은 대규모 유혈 사태는 아직 없으나 종교와 '분리'된 정치권력을 점령하기 위한 종교 세력들 간의 갈등과 쟁투가 날로 심해지는 느낌이다. 간디의 '올바른 종류의 종교와 올바른 종류의 정치를 결합시키는'[46] 작업이 세계적으로나 한국 현실에서나 절실한 시점이다. 이럴 때 '정교동심'처럼 한마디로 핵심을 짚어 주는 개념의 쓸모도 남다르다. 정산의 정교동심론은 정치가 당연히 종교의 도덕적 지도를 받아야 함을 강조하면서, 그러자면 종교 또한 미신이 아닌 (원불교식으로 말해) '진리적 종교의 신앙'과 '사실적 도덕의 훈련'을 제공하는 종교라야 한다는 주장을 내포하는데, 이는 말은 쉬워도 실로 사회의 대전환과 종교의 일대 혁명을 통해서나 이룩될 큰 과제인 것이다.

20세기 한국 종교의
전환을 이끈 원불교

돈 베이커(Donald L.Baker)*

* 브리티시 컬럼비아 대학교 교수

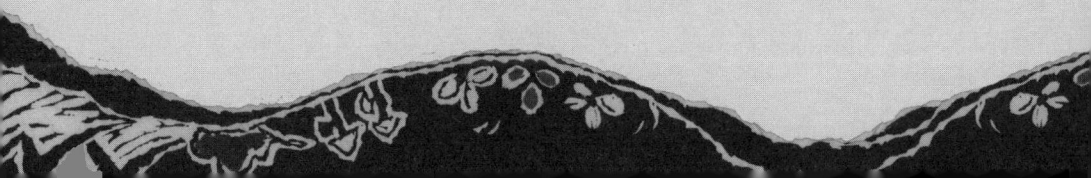

Ⅰ. 머리말

100년 전, 소태산은 종교적 깨달음을 통해 오늘 우리가 경축하고 있는 역동적 종교운동인 원불교를 탄생시켰다. 한국사가로서 나는 소태산과 원불교에 매료되었다. 소태산은 현대에 보다 적합한 새로운 불교적 실천의 방향을 제시했다는 점에서 분명히 시대를 앞서갔다. 나는 역사학 분야 가운데 특별히 문화와 종교 역사에 관심을 갖기 때문에 그가 초래했던 변화와 그의 제안들이 이후 한국에 끼쳤던 영향에 깊은 인상을 받았다. 그러나 동시에 불교적 각성에 부합하는 새로운 방식의 삶에 대한 그의 제안이 그의 정신적 지혜의 산물일 뿐만 아니라 그의 각성을 초래했던 수십 년 동안의 종교적 환경의 변화에 대한 응답이라는 점에서 그는 그의 시대에 속한다. 어떻게 소태산이 그러한 영향력을 가질 수 있게 되었는지 이해하기 위해서는, 그가 중요한 종교 지도자로서 나타났던 특수한 시대적 상황을 이해할 필요가 있다. 나는 오늘 내게 할당할 수 있는 제한된 시간 내에서 근대 한국사에서 그의 중요성을 이해하는데 도움이 될 것으로 기대되는 역사적 배경에 집중할 것이다.

Ⅱ. 한국 불교의 전환

1916년 한국 종교, 특별히 한국 불교는 충격적인 전환기의 한복판에 있었다. 불교는 한국의 모든 부분이 직면했던 같은 문제, 일본으로의 주권 상실 그리고 이에 따른 한반도에서의 일상적 삶에 대한 일본의 침투에 대응하고자 부심하였다. 게다가 불교는 엄격하게 성리학을 신봉했던 조선왕조 아래서 500년 동안 주변화되면서 남겨진 유산을 처리해야 했다. 흔히 불교가 조선 조정에게 박해를 당했다고 하는데, 이는 거친 표현이다.[1] 조선 시대에 살았던 천주교인들이 진정한 박해가 무엇인지 말해 줄 수 있을 것이다. 그것은 종교적 신념 때문에 사람이 수천 조각으로 찢겨 죽임을 당하는 것이다. 조선 시대 불교에 이런 것은 발생하지 않았다. 반면 불교는 신라 시대와 고려 시대에 누렸던 국가적 지원의 대부분을 잃어버렸다. 게다가 한국 종교 문화의 변두리로 밀려나게 되었다.

조선 시대에 승복을 입은 승려들은 도성 안 출입이 금지되었을 뿐만 아니라, 어디에 있든지 사회적 서열의 맨 아래 칸으로 밀려나 있는 무당이나 노비와 같은 이들처럼 경시되었다. 승려들을 세상에서 물러나 들어가 있게 했던 산에서 사대부들이 여흥을 갖고자 할 때 종종 이들에게 머물 거처와 식사를 요구하였고 심지어 스스로 산을 오르는 수고를 덜고자 자신들의 가마를 나르도록 했다.[2] 불교는 인간 삶의 중요한 전환기에 공식적 의례를 제공하는 역할을 잃어버리게 되면서 더욱 주변화되었다. 출생·혼인·죽음과 같은 삶의 중요한 단계들이 불교가 아니라 유교 의례를 통해서 기념되었다.[3] 대부분의 마을공동체 의례는 무속적 요소들과 유교적 요소들을 함께 포함시켰지만, 통상 불교를 제외시켰으며 승려들에게 어떤 역할도 주지 않았다.[4] 게다가 조상에 대한 공경도 불교식이 아닌 유교식 의례를 통해서 이루어졌다. 조선 시대의 한국인들은 그들의 삶에서 예상치 못했던 역경을 견뎌 내기 위해 초자연적인 도움이 필요하다고 느낄 때 승려나 사찰에 여전히 의지하였다. 그러나 이와 유사한 상황에서 무당에게 도움을 요청하기도 하면서, 민간의 상상 가운데서 불교와 무속의 구별이 모호해졌다.

조선 시대 불교의 상황이 완전히 절망적인 것은 아니었다. 불교가 변두리로 밀려나게 되면서 민속 종교와 섞이기 시작하였고 이에 따라 전에 얻지 못했던 약간의 대중적 지지를 획득했다. 이에 대한 증거는 조선 후기 '사찰계'에 나타난다. 이것은 사찰에 재정적 지원과 노동력을 제공하는 평민들로 구성된 후원 단체였다.[5] 또한 16세기 상류층이 불교계의 출판 사업에 지원을 중단한 이후 불경의 출판을 후원하는 평민들을 볼 수 있다.[6] 심지어 조선 시대 후기에 이르러 정토종식 독경 단체를 만든 평민들을 볼 수 있다.[7] 게다가 전통적으로 참선에 집중하는 수도공동체의 부활도 있었다.[8]

그렇지만 1910년 한국이 일본의 통치 아래에 처하게 된 이후 불교에 대한 일본의 공인에도 불구하고, 불교는 20세기 후반까지 사회의 주변에 머물렀다.[9] 20세기 전반 대부분의 한국인들에게 불교는 제대로 교육받지 못한 승려들이 지배하고, 지나치게 농경적이며, 지나치게 전통 경전이나 수행에 집중한 나머지 근대 한국을 형성하는데 크게 기여하기 힘들 뿐만 아니라 일반 한국인들의 삶을 증진시키는 데에도 도움을 줄 수 없는 것으로 비춰졌다. 한국이 근대적인 세계로 나아가도록 하는데 좀 더 기여할 것으로 보였던 종교 집단은 외래 종교인 그리스도교(특히 개신교 전통)와 한국의 자생적 신종교 운동이었다.

III. 전환기 한국 불교의 문제

최초로 조직화된 한국의 자생 종교는 지금 천도교로 알려진 동학이었다. 동학은 여러 가지 이유로 중요한데, 특히 원불교의 출현과 관련해서 두 가지 주요한 특징을 보여준다. 먼저 동학은 과거 황금시대에 주목하는 유교적 경향과 단절되어 보다 좋은 시대가 미래에 있다고 가르쳤다. 동학도들은 개벽, 즉 자연 세계와 인간 사회 모두의 극적인 전환을 고대하였다. 또한 동학은 조직에서도 특별했다. 동학은 불교가 보여주는 것처럼 성직자와 평신도 사이의 전통적 분리를 폐기하였다. 대신 동학공동체는 지도자들뿐만 아니라 함께 의례에 참여하고 공동체의 유지와 발전을 위한 주요한 역할을 맡는 평신도들로 구성되었다. 이후 이 두 가지 특징이 원불교 안에서도 발견된다. 마찬가지로 대전환, 즉 개벽의 개념이 원불교에서 더욱 정교해지는 것을 발견하게 될 것이다.

원불교가 출현한 환경에 일정한 영향을 끼친 또 다른 자생 신종교 운동은 20세기 초 소태산이 살았던 동일한 한국 남서 지방에서 활동한 강증산(1871-1909)을 중심으로 한 것이 있다. 증산은 개벽의 개념을 그의 사상의 핵심적 특징으로 만들었을 뿐만 아니라, 근대 인간 사회에 증가하는 냉혹성으로 인하여 구 세계가 막을 내리고 대전환이 시작된다고 설명했다. 특별히 그는 부당한 취급을 당해 생기는 분노를 사람들이 극복하도록 도와야 할 필요(그는 그러한 도움을 '해원'으로 지칭했다) 그리고 극단적으로 경쟁하는 현대의 '상극'세계를 서로가 협력하는 '상생'의 세계로 바꾸려는 노력의 필요에 집중했다. 우리는 소태산도 당시 그가 살았던 사회에서 목도했던 불의에 대해 고민했었다는 것을 곧 보게 될 것이다. 그러나 개벽의 도래를 앞당기기 위해 의례를 강조했던 증산과 달리 소태산은 불의와 극단적인 경쟁을 극복하기 위하여 그를 둘러싼 사람들의 삶을 개선시키기 위해 특별히 집단적인 기획을 추구였다.

이것이 소태산이 인간의 전반적 고통과 특별히 그가 살았던 당시 한국에서 보았던 특별한 문제들의 해결을 추구하기 시작했던 환경이다. 그는 대각 이후 자신의 깨달음이 2000년 넘어 이전에 석가모니가 가졌던 깨달음과 일치한다는 것을 알게 되었다. 그러나 그는 곧장 수행공동체에 들어가지는 않았다. 그가 승려가 되지 않은 데에는 대략 두 가지 이유가 있다. 그는 무엇보다도 주변에서 보았던 고통을 경감시키기 위해 특별히 실제적인 활동에 참여하기를 원했는데, 그러한 실천을 하는 승려들을 많이 보지 못했다. 이보다 더욱 중요한 이유는 그 당시 제도 불교는 빠르게 변화하는 주변의 환경 속에서 어떤 정체성을 가져야 하는지에 대한 혼란으로 무력했을 뿐 아니라 수행공동체에 대한 사회 일반의 무관심과 심지어 경멸로 인해 활동을 해 나가기가 어려운 상태에 있었다.

당시 불교의 혼돈스런 상황은 한반도로 일본 불교가 유입되면서 만들어진 결과였다. 앞에서 진술한 바대로 일제강점기에는 불교를 다시 공적 존경을 받는 위치로 복원시켰다. 그러나 많은 일본 승려들은 한국 승려들을 그들의 종단으로 흡수시키고자 하였다. 일본의 협조를 받아 한국 승려들은 독특한 한국 불교의 정체성을 포기시키려는 일본 불교의 압박에 저항할 수 있었다. 그러나 한국 불교가 수세기 동안 직면에 왔던 한 가지 문제가 여전히 남아 있었다. 불교는 근본적으로 보편 종교인가 아니면 한국 종교인가? 한국에 있는 불교가 독특하게 한국적인 종교라면, 무엇이 한국적인 것이란 말인가?[10]

일제강점기 불교가 혼돈스러웠던 두 번째 원인은 그리스도교, 특히 개신교의 적극적인 선교 활동 때문이었다. 한국 불교는 수백 년 동안 포교에 참여하지 않았으며, 어떻게 시작해야 하는지도 몰랐다. 포교를 하려면 산중 사찰의 성역을 떠나 도시로 나아가야 했기 때문이다. 몇몇은 그렇게 했지만 많은 숫자는 아니었다. 1937년까지도 불교 포교에 전념하는 한국의 불교인은 겨우 279명이 있었으니, 이는 일본 불교 포교사 767명, 그리스도교 선교사 약 4,000명과 비교된다.[11] 이것은 한국 불교의 주류가 직면했던 보다 커다란 문제의 일부였다. 어떻게 수백 년의 역사를 가진 전통적 방식을 숭상하는 제도 종교가 급속히 변화하는 세계에 적응할 수 있었겠는가?

게다가 불교가 전체 한국인들에게 어떻게 보였냐는 문제도 있었다. 당시 많은 한국인들, 특히 한국을 근대 세계로 나아가게 하는데 관심을 가졌던 한국인들은 불교를 상관없는 것으로 보았는데, 그것은 불교가 서구로부터의 최신 지식보다는 고대의 경전에 집중했기 때문이었다. 이러한 문제는 당시 승려들이 받은 편협한 교육에 의해서 혼동되었다. 그들 중 개혁가 만해 한용운(1879-1944)은 다음과 같이 언급하였다.

> 학문은 산만하고 비체계적인 지식의 파편으로 쇠퇴하고 있으며, 의견은 완강한 편견으로 바뀌고 있고, 심지어 가장 내밀한 생각마저도 퇴락되고 있다. 바로 이것이 배웠다는 승려들이 세상을 그들의 이상하고 부조리한 발언으로 종종 놀라게 만들고, 궁극적으로는 모든 사람들로부터 인간쓰레기 취급을 받는 이유다.[12]

설상가상으로 보통 무당들은 스스로를 불자로 불렀다. 이러한 행위는 불교와 학식 있는 엘리트들이 무지한 촌부의 원시적이며 미신적인 행위로 간주하는 것을 연결시킴으로써 불교의 이미지를 더욱 손상시켰다.

결국 비구와 비구니를 제외하고는 20세기 초반 스스로를 불교도로 부르고자 하는 한국인들은 거의 없었다. 1916년 일본인들이 한국인들에게 종교적 성향에 대해서 질문했을 때 오직 63,571명만이 불교인이라고 답했다.[13] 24년 이후 1940년까지 이 숫자는 약 2,500만 명의 인구에서 오직 194,820명으로 증가하는데 그쳤다.[14]

IV. 원불교의 근대적 실천

20세기의 첫 수십 년 동안 불교인들뿐만 아니라 모든 한국인들은 그들을 둘러싼 세계가 매우 빠르게 바뀌고 있다는 것을 알게 되었고, 그중 다수는 의지할 수 있는 견고한 정신적 기반을 발견하기 어려웠다. 엎친 데 덮친 격으로 물질 세계의 변화는 도덕 세계와 정신 세계의 변화를 앞질러 갔다. 사람들은 자본주의의 힘에 의해 촌락에서 나와 도시공동체로 들어갔으며, 종전의 개인적 상호 관계는 시장이 지배하는 비인격적 관계로 대체되었다. 이는 촌락 사회에 내포되어 사람들의 삶의 방식의 지침을 제공했었던 옛날의 가치들이 흐트러지기 시작했다는 것을 의미한다. 한국인들은 전통적 지표들을 잃어버리게 되면서, 그들을 둘러싼 세계에서 길을 찾는 방법을 알려 주는 새로운 조언의 원천을 발견해야 했다. 유행병·기근·조기 사망과 같은 비교적 오래된 인간 고통의 원인들은 뒷전으로 물러났지만, 비인격적이고 빠르게 변화하는 세계에서의 삶에 대한 불안이 초래하는 새로운 형태의 인간 고통이 나타나면서, 새로운 이정표에 대한 탐색은 더욱 시급한 것이 되었다. 이러한 변화들은 인간 고통의 경감이라는 오래된 문제에 대한 새로운 접근법을 요청했다. 이러한 불확실성의 한가운데서 만해 한용운과 소태산 박중빈이라는 두 명의 대범한 개혁가가 나타났다. 이들 중 한 명은 그의 개혁안을 수행하는데 성공했고, 다른 한 명은 아니었다.

성공하지 못한 경우는 만해였지만, 그럼에도 불구하고 그는 1920년대와 1930년대 소태산보다 훨씬 더 많은 관심을 받았을 뿐만 아니라, 그의 제안은 훨씬 온건했다.

1913년 만해는 『조선불교유신론』을 출판했다. 그는 이 글의 도입부에서 "불교의 유신은 먼저 파괴부터 해야 한다."고 주장했다.[15] 그러나 그의 제안은 과거로부터 내려온 제도들과의 급진적 단절보다는 이미 존재하는 수행공동체 내에서의 변화를 요청하는 것이었다. 개혁을 위한 그의 요구에서 가장 두드러진 보수적 특징은 그가 보다 큰 불교공동체보다는 승려에 집중했다는 것이다.

예컨대 그는 종단에 승려들을 위한 보다 실용적인 교육을 제공하도록 요청하였다. 그것에는 해외 유학이 포함되었지만, 근대 서구로의 유학을 강조하지는 않았다. 대신 그는 학생승려들을 중국과 일본에 보내 고대 불경을 더 많이 공부시킬 것을 제안했다.[16] 그는 또한 승려를 위한 더 낳은 명상 훈련을 제안했다. 이를 위해 그는 소규모의 분리된 명상 기관들을 대형 사찰의 대형 명상 기관들로 통합할 것을 제안했다.[17] 대형 사찰들은 일반 대중으로부터 분리된 채 계속 산중에 있게 되었다. 그러나 그는 이 사찰들이 도시와 마을에 소규모의 포교소들을 세우도록 요청했다.[18] 이것은 그가 근대 세계에서 불교가 번창하는데 필수적인 것이라고 주장한 포교를 보다 쉽게 할 수 있도록 만드는 것이었다.[19]

또한 만해는 불교가 수백 년 동안 받아들인 불필요하고 혼란스런 실천들을 없애고 불교의 근본적인 원리와 수행으로 되돌아가야 한다고 믿었다. 예컨대 그는 아미타불의 염송수행의 중단을 요구했다.[20] 그는 사찰에서 단 하나의 석가모니 불상만 제외하고 다양한 보살상과 불상을 제거하여 그가 "이미지 숭배(image-worship)'라고 부르는 것을 중단하자고 제안했다.[21] 그는 사찰에서의 의례는 수를 줄이고 간소화시키고,[22] 경전을 한글로 번역하여 사람들이 그것을 이해할 수 있도록 해야 한다고 주장했다.[23] 마지막으로 그는 승려들이 혼인을 하고 일반 대중의 지원에 의존하기보다는 노동을 통해 스스로 생계를 유지하도록 하여, 사회의 보다 생산적인 구성원이 되어야 한다고 강조했다.[24]

만해 열반 이후 70년 동안 그의 제안 가운데 오직 일부가 주류 종단에 의해서 실천된 것을 볼 수 있다. 지금 승려들은 근대 교육을 받고 있으며, 도시에 많은 사찰들이 생겼고, 일부 종단은 승려들의 혼인을 허가한다. 그러나 이와 다른 불교계의 주류는 그가 중대한 변화가 있어야 한다고 요구했던 그 당시와 크게 다르지 않다. 불교를 근대 세계와 보다 더 양립하도록 만들기 위한 그의 불교개혁론은 그가 이루어지기 희망했던 것만큼 철저히 실행되지 않았다. 만해는 동료 승려들에게 그의 제안을 설파하였지만, 그들은 전통 불교의 추정(assumption)들과 승려 제도에 전념하면서 한계에 봉착했고, 결과적으로 그가 제안한 개혁을 수행할 수 없었다.

소태산이 『조선불교혁신론』에서 주장한 개혁안은 일견 만해의 그것과 유사해 보인다. 소태산은 만해의 『조선불교유신론』이 나온 후 10년이 지난 1920년대에 그의 개혁안을 썼지만,[25] 그의 생각이 만해의 영향을 받았다는 증거는 없다. 게다가 그의 글과 새로운 불교공동체를 만들기 위해 소태산이 취했던 실제적인 조치를 자세히 보게 되면, 불교에 대한 그의 접근은 만해의 것과는 상당히 다르다는 것을 알 수 있다.

소태산은 대각을 얻었을 때, 우리가 스스로의 운명에 책임이 있으며 만물은 다른 만물과 연결되어 있다는 것과 같은 불교의 근본 진리가 여전히 타당하다는 것을 깨달았다. 그러나 그는 전통 불교가 그러한 진리를 근대 세계에서 타당하도록 유지하는데 실패했고, 이는 불교가 읽기 어려운 경전과 반복적인 의례 그리고 수도원적 고립에 지나치게 집중했기 때문이었다고 판단했다.

달리 표현하자면 그의 관점에서 보았을 때, 고귀한 불경들과 다양한 불상들, 수행공동체에 대한 '숭배' 때문에, 전통 불교는 인간존재가 고통을 극복하도록 돕는다는 불교의 목표를 더 이상 효과적으로 수행할 수 없었다. 그는 이러한 실천들이 원래는 불교의 목표를 달성하기 위한 방편들이었지만 그 자체로서 목표가 되었고, 따라서 특별히 더 이상 유용하지 않다고 결론을 내렸다. 결국 그는 전통적인 승려 중심의 불교 밖에서 현실 세계에 참여하는 능동적이며 교양 있는 평범한 실천가들의 세계를 위한 새로운 불교를 창안하기 위해 노력해 나가기로 결심하였다.

새로운 불교는 이를 이끌어 나갈 새로운 경전이 필요했다. 전통 불경은 그것이 함유한 통찰들로 여전히 가치 있지만, 그러한 통찰들은 알기 힘든 외국의 장소들을 참조하는 외국어 경전 속에 묻혀 있었다. 그는 불교의 핵심 원리들을 알려 주는 근대적인 한글 경전을 보급하는 것이 보다 더 효율적인 것으로 판단했다. 게다가 이러한 새로운 불교는 도시와 마을에 교당을 짓게 될 것이며, 따라서 외딴 산중 마을에 틀어박혀 있는 대신에 보통 한국인들의 일상적 삶의 일부가 될 수 있을 것이다. 그리고 이러한 새로운 불교는 연달아 몇 주 혹은 몇 달씩 홀로 수행에 전념하기 위해 사회적 의무를 포기할 수 없는 바쁜 남성과 여성들을 위해 보다 적절한 새로운 실천들과 계율들을 보유해야 할 것이다.

소태산의 개벽에 대한 이해가 전통적인 승려 중심의 불교 밖에서 현실 세계에 참여하는 능동적이며 교양 있는 평범한 실천가들을 위해 새로운 불교를 창안하기 위한 그의 결정에 영향을 끼쳤다. 그는 과학과 기술의 발달로 인해서 물질 세계의 개벽(대변혁)은 이미 진행 중이라고 가르쳤다. 그러나 그는 동학과 강증산의 개벽에 대한 가르침을 발전시켜 물질개벽과 정신개벽을 구분하였다. 또한 그는 의례만으로도 대변혁의 도래를 앞당기게 된다는 동학과 강증산의 가정에서 출발하였다. 그러나 그는 인간존재가 그들을 둘러싼 물질 세계에서 발생하는 빠른 변화에 보조를 맞추어 스스로를 정신적으로 변화시켜야 한다는 것을 자각할 필요가 있다고 지적하였다. 소태산이 처음 불법연구회로 불렀던 단체를 창립한 것은 이러한 정신개벽을 달성하도록 돕기 위한 것이다.

『조선불교혁신론』에서 소태산의 구체적인 개혁안은 그가 바꾼 불교 수행법의 전부는 아니지만 그 가운데 몇 가지를 우리에게 알려 준다. 예컨대 그는 한국이 외래 불교를 한국 불교로 바꿔야 한다고 주장하기 위해 경전을 한글로 번역하자는 만해의 주장을 넘어섰다. 그는 불교가 승려를 위한 종교에서 일반 사회에서 세속적인 삶을 사는 대중을 위한 종교로 바뀌어야 한다고 말했다. 그리고 그는 모든 상들을 일원상으로 교체하자고 제안했으며, 이에 따라 수행자들이 다양한 부처와 보살의 상들보다는 불성에 집중할 수 있게 된다.[26]

그의 모든 제안들은 1920년대부터 그가 익산에서 창립한 새로운 공동체 속에서 실천되었다. 그가 당시 인식하지 않았을 수도 있지만, 소태산은 근대 불교가 가져야 하는 모습에 대한 그의 비전에 따라 공동체를 형성하면서, 과거 수세기의 한국 종교공동체들과는 매우 다르고 그 대신 오늘날 현대 종교공동체가 보여주는 많은 특징을 가진 종교 조직을 탄생시켰다. 예컨대 그는 불교가 승려가 아닌 대중을 위한 종교가 되어야 한다고 가르치면서 전통 불교에서 나타내는 출가와 재가 사이의 전통적인 구별을 제거하였다. 이것은 공동체가 조직의 유지를 위해 지속적으로 만나 함께 일하는 출가와 재가로 이루어진 신도공동체가 되도록 만들었다. 또한 이것은 의례가 전통적인 불교 의례보다 훨씬 더 참여적이 되는 것을 의미했다. 재가 신도들이 의례를 행하는 승려를 지켜보는 대신에, 원불교의 교도들은 의례 모임에서 성가를 부르는 것을 포함하여 능동적인 역할을 한다. 전근대 한국에서 출가와 재가 신도 모두가 능동적으로 역할 하는 의례에 참여하기 위해서 정기적으로 만나는 종교공동체는 없었다. 이는 근대 종교의 특징이며, 소태산이 살았던 시대 이후 원불교의 특징이다.

불교가 신자 대중을 위한 종교가 되어야 한다는 소태산의 주장으로부터 발생된 또 하나의 날카로운 과거로부터의 단절은 그가 여성에게 부여했던 능동적 역할이다. 원불교는 오늘 한국에서 여성 성직자가 남성 성직자보다 더 많은 유일한 주요 종교 단체다. 이것은 아직도 한국의 나머지 영역과 세계의 나머지 영역이 따라잡고자 하는 여성의 평등성의 인정인 것이다.

소태산이 한국에서 개척하였던 근대 종교공동체의 또 다른 특징은 실천성 (practicality)이다. 20세기 한국인들은 종교공동체가 정신적인 것과 물질적인 것이 서로 얽혀 있다는 것을 인식하고, 이에 따라 종교공동체가 구성원들의 물질적 삶을 향상시키는 데 현실적인 도움을 제공할 뿐 아니라 동시에 이들이 정신적인 진전을 이루도록 돕는 것을 점점 더 기대하였다. 한 세기 전 소태산이 대각을 이룬 이후 맨 처음 했던 일 중에 하나는 저축조합을 설립하여 사용할 수 없는 갯벌을 농토로 바꾸기 위해 제방을 쌓는 데 모은 자금을 사용했던 것이다.[27] 당시 개신교 선교사들 외에 종교 지도자가 그 같은 실천적 기획을 실행하는 것은 매우 드문 일이었다.

원불교의 근대적 실천성은 윤리적 처방에서도 나타난다. 주류 불교는 만물의 상호의존성, 즉 모든 것은 오직 모든 것에 연결되어 있기 때문에 존재한다고 가르친다. 이것은 일상의 삶에 적용하기 어려운 상당히 추상적인 주장이다. 그런데 소태산은 이를 어떻게 실천할 수 있는지를 우리에게 말해 준다. 그는 이 철학적 주장을 사은의 가르침으로 재구성하였다.

사은(四恩)은 소태산이 어떻게 고대의 불교적 통찰을 취하여 현대인들의 일상생활에서 이해할 수 있고 실행할 수 있는 언어로 재구성했는지를 보여 주는 한 가지 예이다. 기본적으로 사은이란 우리가 모두 상호의존적인 존재들이며 우리의 생존은 우리를 둘러싼 모든 사람들과 모든 것들의 생존과 깊게 연결되어 있다는 인식에 근거하여 현실 세계에서 윤리적인 행동을 하도록 마련된 구체적인 처방이다. 그것은 소태산이 우리에게 천지·부모·동포 그리고 법률에 의해서 지탱되는 정리된 사회에 대해 감사의 자세를 함양할 것을 요청하는 이유이다. 인간존재로서 우리의 생존을 가능케 해 주는 사람들과 사물들에 감사의 마음을 가질 때에, 우리는 모든 존재가 연결되어 있다는 고대 경전에 담긴 불교 철학의 사변적 주장이 우리의 천지·부모·동포 그리고 평화와 안전과 안정을 보장하는 법률 덕택에 우리가 존재한다는 것을 말해 주는 것에 불과하다는 것을 깨달았음을 드러낸다. 소태산은 우리 대부분이 어떻게 행동해야 하는지에 대한 구체적인 방법이 제시되지 않는다면 존재의 본질에 대한 불교의 통찰을 진정으로 이해하고 실천할 수 없다는 것을 깨달았다. 사은이란 바로 그 구체적인 방법으로서, 복잡한 현대를 살아가는 사람들에게 좀 더 적합한 불교의 가르침이다.

V. 맺음말

　나는 소태산과 그가 창시한 원불교공동체가 한국의 근대 종교공동체 형성의 선구자였던 다른 경우들을 더 열거하고, 초기 원불교의 여러 특징들이 지금 다른 종교들에 의해서 채택되고 있음을 더 밝힐 수 있다. 예를 들어 나는 어떻게 소태산이 그가 살았던 시대에 다른 종교들에 대해 보기 드물게 개방적이었는지 논할 수 있다.[28] 한국에서 다른 종교 단체가 소태산이 그랬던 것처럼 종교적 신념을 공유하지 않는 사람들과의 대화에 기꺼이 참여하려고 한 것은 오직 최근의 수십 년밖에 되지 않았다.

　더욱이 이 글에서 나는 소태산이 관용적이고 현실적이며 출가와 재가, 남성과 여성 모두에게 의미 있는 역할을 제공하는 불교, 즉 모두를 위한 불교의 비전을 견지함으로써 그의 시대를 얼마나 앞서갔는지 더 자세히 탐색하지는 않을 것이다. 또한 나는 한국의 종교 지형이 지난 100여 년에 걸쳐 변화해 온 많은 방식들을 상세히 열거하고 어떻게 원불교가 이러한 종교적 변동의 선구자가 되어 왔는지를 보여줄 수 있는 지면을 갖고 있지 않다.[29] 대신 소태산과 그가 창시한 원불교가 한국의 인상적인 종교적 대전환의 선구자였음을 말하는 것으로 간략히 요약하고자 한다. 역사가로서 나는 한국의 동료 역사가들에게 소태산과 원불교를 주의 깊게 살펴볼 것을 촉구하며, 그렇게 한다면 그들은 어떻게 한국이 20세기에 근대화되었는지, 어떻게 한국이 오늘 보이는 방식으로 나타나게 되었는지 보다 더 잘 이해할 수 있게 될 것이라 생각한다.

각자위심(各自爲心)에서
일원일심(一圓一心)으로

- '두렷하고 고요한 마음'의 회복을 통한 '정신개벽'의 길

한자경 *

* 이화여자대학교 교수

I. 머리말

'각자위심(各自爲心)'은 각자 자기만을 생각하고 자기만을 위하는 마음, 개인주의의 이기적 마음을 말한다. 1860년 동학을 창시한 수운 최제우는 당시 사회를 5만 년 이어져 온 선천(先天) 시대의 끝자락, 혼란이 극에 달한 선천 종말기로 진단하고, 곧 후천개벽(後天開闢)의 시대가 도래할 거라고 여겼다. 선천 말기에 서양 세력이 강성해짐에 따라 서구적 개인주의에 힘입어 각자위심이 더욱 증폭되다가, 동양의 도(동학)와 더불어 열리는 후천개벽의 시대에는 모두가 평등하게 하나의 바탕으로 돌아가는 '동귀일체(同歸一體)'가 실현되리라고 본 것이다.

그로부터 50여 년 지난 1916년 대각을 이룬 소태산 박중빈 대종사(少太山 朴重彬 大宗師, 1891-1943)는 "물질이 개벽되니 정신을 개벽하자."[1]라는 표어 아래 원불교를 개교하였다. 정신과 물질이 나란히 발전하지 못하고 물질문명의 힘은 나날이 융성해지는데 정신은 오히려 쇠약해짐으로써 인간이 결국 물질의 노예 생활을 하게 될까 염려하여 정신개벽을 일으키고자 함이 개교의 동기였다.[2]

그로부터 다시 100년이 지났다. 그 사이 후천개벽의 시대는 도래하였는가? 물질개벽은 완성되고, 정신개벽은 시작되었는가? 아니면 우리 사회는 아직도 물질개벽만 진행 중이며 정신개벽은 시작도 못하였는가? 여기서 물질개벽의 의미는 그런대로 분명해 보인다. 과학기술 문명의 발달과 그로 인한 물질적 풍요로움을 뜻할 것이다. 그렇다면 정신개벽은 무엇을 의미하는가? 『원불교전서』(이하, 『전서』)는 정신개벽의 관건이 되는 정신 수양을 이렇게 설명한다.

> 정신이라 함은 마음이 두렷하고 고요하여 분별성과 주착심이 없는 경지를 이름이요, 수양이라 함은 안으로 분별성과 주착심을 없이 하며 밖으로 산란하게 하는 경계에 끌리지 아니하여 두렷하고 고요한 정신을 양성함을 이름이다.[3]

정신 수양은 한마디로 '두렷하고 고요한 정신의 양성'이라고 할 수 있다. '두렷하고 고요한 정신'이 과연 무엇이기에 그것을 양성하는 것이 정신 수양 내지 정신개벽의 길이 되는 것일까? 우리 사회는 어떤 사회이기에 정신개벽이 필요하며, 그 정신개벽이 어떻게 '두렷하고 고요한 정신'의 양성을 통해 달성될 수 있는 것일까?

II. '각자위심'의 현대사회

1. 분별에 입각한 경쟁 사회

현대사회는 철두철미하게 분별 지향적 사회다. 우리는 늘 분별하면서 산다. 나와 너를 분별하고, 인간과 자연을 분별하며, 맞는 것과 틀린 것을 분별하고, 좋은 것과 나쁜 것을 분별한다. 분별은 가르고 나누는 것이다. 우리나라와 너희 나라를 분별하고, 내 종교와 네 종교를 분별하면서 우리는 서로 나뉘어 둘 중 어느 한편에 서서 그 한편을 위하고 다른 한편을 등진다.

분별은 같음을 배제하고 다름에 주목하는 것이다. 나와 너를 분별하면서 나와 너가 같은 인간이라는 것을 망각하고, 인간과 자연을 분별하면서 우리가 같은 생명체라는 것을 망각한다. 그러나 분별에서 배제되는 같음은 분별되는 둘이 함께하는 공통점이며, 둘은 바로 그 기반 위에서 서로 다른 것으로 분별된 것이다. 예를 들어 사과와 배의 분별은 과일이라는 공통점 위에서 가능하다. 같음의 기반 위에서 다름의 분별이 성립하는 것이다. 따라서 분별에서 같음을 배제하는 것은 분별을 성립시키는 기반을 배제하는 것, 자기기반을 부정하는 자기모순적 행위이다. 사과가 자신을 배와 분별하기 시작하면 사과는 자신이 배와 마찬가지로 과일이라는 사실을 망각하고, 배와의 차이에서 자기 정체성을 찾으려고 할 것이다. 그러나 배와의 공통점이 배제되고 배와의 차이만이 드러난 사과가 과연 사과이겠는가?

　현대사회는 분별 사회다. 분별 이전의 공통의 기반은 부정되고 잊혀진 지 오래다. 인간은 자연으로부터 멀리, 우리는 저들로부터 멀리, 나는 타인으로부터 멀리, 너무 멀리 떨어져 나왔다. 분별을 통해 전진하는 것은 마치 한 계단씩 올라가면서 그 기반이 되는 바로 아래 계단을 치워 버리는 것과 같다. 그렇게 우리는 허공 중에 떠 있고, 공통의 기반으로 바닥으로 내려갈 길을 잃어버리고 말았다. 오로지 위만 보고 그다음 분별을 향해 나아갈 뿐이다. 분별은 승패를 가르기 위한 노력이며, 그래서 분별 사회는 결국 경쟁 사회다. 우리는 끊임없이 경쟁하기 위해, 승리하기 위해 전력 질주하고 있을 뿐이다. 나뉘어 싸워 이기고, 승자끼리 다시 또 나뉘어 싸워 이기면서 그렇게 끝없이 상승해 나간다. 허공에서 추는 춤, 그 어지러움 속에서 우리는 모두 끝없는 분별을 통해 각각 서로 분리된 하나의 점으로 깎여 나가고 있다.

2. 허망분별의 표층의식: 이원성의 의식

우리가 이렇게 공통의 기반을 부정해 가면서 나와 너를 가르고 나누는 분별에 몰두하는 이유는 무엇일까? 그것은 의식이 기본적으로 분별을 통해 성립하는 이원성의 의식이기 때문이다. 의식은 a를 의식하기 위해 a가 아닌 -a를 필요로 한다. 밝음을 의식하기 위해서는 밝음 아닌 어둠을 알아야 하고, 즐거움을 의식하기 위해서는 즐거움 아닌 고통을 알아야 한다. 만약 밝음이 있는데 그 밝음에 대비되는 어둠이 없다면, 그래서 밝음에 끝이 없고 전체가 오직 밝음뿐이라면, 의식은 그 밝음을 의식하지 못한다. 불행을 경험한 자는 행복을 의식하지만, 언제나 행복한 자는 그 행복을 의식하지 못한다. 이처럼 의식은 a를 의식하기 위해 그것의 부정인 -a를 필요로 하며, 그 a와 -a의 분별 위에서 a를 a가 아닌 것(-a)이 아닌 것으로 아는 식이다. 의식은 a와 -a의 분별 위에서 성립하는 분별식이며, 이원성의 의식이다.

분별적 의식이 알아차리는 것은 서로 대대(待對)가 되는 것의 차이이지 공통점이 아니다. 사과와 배를 대면한 의식은 사과와 배가 서로 다르므로 사과를 배 아닌 사과로, 배를 사과 아닌 배로 의식할 뿐, 그 둘의 공통점인 과일은 의식하지는 못한다. 과일(a)을 의식할 수 있기 위해서는 채소나 꽃 등 과일 아닌 것(-a)이 과일의 대대로 주어져야 한다. 그래야 과일(a)을 그것 아닌 것(-a)이 아닌 것(a)으로 의식하게 된다. 이렇게 의식은 분별을 통해 같음을 배제하고 차이만을 알아차리는 식이다.

이러한 의식의 근본 분별은 '의식하는 자(주관)'와 '의식되는 것(객관)'의 분별, 즉 주객의 분별, 능소(能所)의 분별이다. 의식은 의식된 것을 나 아닌 객관 대상으로 의식하며, 따라서 의식은 기본적으로 대상 의식이다.[4]

의식에서는 나와 세계·근(根)과 경(境)·명(名)과 색(色)·심(心)과 신(身)·정신과 물질이 서로 다른 것으로 의식된다.[5] 의식이 분별되는 둘의 공통점이나 다름을 넘어선 같음을 의식하지 못하는 것은 의식에게 자신의 분별의 근거가 가려져 있기 때문이다. 분별을 성립시키는 공통의 기반이나 서로 다른 것을 포괄하는 전체가 가려져 있기 때문이며, 결국 의식(주)과 의식 대상(객)을 포괄하는 전체가 가려져 있기 때문이다. 의식이 의식된 것만 알고 의식 자체를 알지 못하는 것, 이것이 의식의 근본 한계이다. 의식은 결국 자기 활동의 근거를 모르는 식, 허망분별식이다. 오늘날 우리가 같음을 배제하고 차이에만 주목하는 것, 전체를 망각하고 이원적 대대의 세계와 분별의 세계에만 빠져 있는 것은 우리가 의식 차원에만 머무르기 때문이다.

3. 표층의식의 환상: 〈깨어 있음=대상 의식〉, 〈마음=의식〉

우리는 왜 분별적 이원성의 의식에만 사로잡혀 있는가? 다름 이전의 같음이나 분별 이전의 전체를 아는 마음을 우리는 왜 깨닫지 못하는가? 우리는 흔히 마음을 의식으로 생각하는데, 이 '의식'이란 개념에는 두 가지 서로 다른 의미를 가진다. ① 의식은 한편으로는 마음의 '깨어 있음'을 뜻한다. 깨어 있는 자를 '의식이 있다'고 말하고 깊이 잠들어 있거나 기절한 자를 '의식이 없다'고 말할 때의 '의식'이 그것이다. ② 의식은 또 다른 한편으로 '의식하는 자'와 '의식되는 것'의 구분 위에서, 의식 바깥의 그 무엇을 대상으로 지향하여 아는 '대상 의식'을 뜻한다. '무엇을 의식하다'라고 말할 때의 의식이 그것이다.[6]

| ① '깨어 있음'으로서의 의식: | '의식이 있다' 'have consciousness' |
| ② '대상 의식'으로서의 의식: | '무엇을 의식하다' 'be conscious of x' |

깨어 있음의 의식과 대상 의식의 의식은 서로 다른 의미이다. 그런데도 둘

을 '의식'이라는 동일 단어로 부름으로써 우리는 쉽게 둘의 외연을 동일시하여, 〈깨어 있음=대상 의식〉이라고 생각한다. 즉 마음의 깨어 있음을 그 자체로 대상 의식이라고 여기면서 대상 의식이 아닌 방식의 깨어 있음, 대상 의식이 아닌 마음 활동은 없다고 여긴다. 결국 마음의 깨어 있음은 오직 주객 분별의 대상 의식으로서만 가능하다고 여기며, 대상이 없으면 의식도 잠들고 마음 활동도 멈춘다고 여긴다. 〈마음=깨어 있음=대상 의식=의식〉으로부터 〈마음=의식〉이라고 결론 내린다.

이에 반해 불교는 ① 깨어 있음과 ② 대상 의식을 개념적으로 구분한다. 불교는 ① 마음의 깨어 있음은 그냥 식(識) 내지 각(覺)이라고 부르고, ② 아는 자(능연식)와 알려지는 것(소연경)이 주와 객, 능과 소로 구분되는 대상 의식만을 의식(意識) 내지 제6의식이라고 부른다.

① 깨어 있음	= 식(識) · 각(覺) · 심(心)
② 대상 의식	= 의식(제6의식)

불교가 깨어 있음과 대상 의식을 개념적으로 구분하는 것은 대상 의식이 아닌 깨어 있음, 의식이 아닌 마음 활동(①+②)을 알기 때문이다. 의식은 주객 분별, 자타 분별의 이원성의 식이며, 의식에서는 나와 세계, 나와 나 아닌 것, a와 b가 서로 다른 것으로서 알려질 뿐이다. 의식이 아닌 방식의 마음의 깨어 있음이 있다는 것은 의식의 분별적 이원성을 넘어선 마음, 모든 차이 너머 같음과 전체를 아는 마음, 표층의식보다 더 깊은 심층마음이 있다는 말이다.[7] 분별의식과 분별 사회를 넘어설 수 있는 길이 있다는 말이다. 그러므로 이 심층마음을 밝히는 것이 분별적 '각자위심(各自爲心)'을 넘어서는 정신개벽의 길이 된다. 『전서』가 정신개벽의 핵심으로 제시하는 '두렷하고 고요한 마음'이 바로 이 심층마음이다. 이 마음은 어떤 마음인가?

Ⅲ. 심층마음의 발견: '두렷하고 고요한 마음'

1. 성성적적의 마음

『전서』는 정신개벽의 길을 '두렷하고 고요한 정신'의 회복으로 보았다. 두렷하다는 것은 마음이 잠들지 않고 깨어 있다는 것이며, 고요하다는 것은 마음이 대상을 좇아 분주히 움직이지 않는다는 것을 의미한다. 불교는 마음의 깨어 있음을 '성성(惺惺)'이라고 하고, 대상을 좇아 분주하지 않은 고요함을 '적적(寂寂)'이라고 한다. 성성은 잠들어 있는 혼침 내지 무기(無記)의 반대이고, 적적은 대상을 좇아 산만한 대상 의식의 반대이다. '두렷하고 고요한 마음'은 성성하게 깨어 있되 대상을 좇지 않는 적적한 마음, 한마디로 성성적적의 마음(①+②)이다.

① 두렷함	= 깨어 있음	= 성성(惺惺)	↔ ① 혼침	= 무기
② 고요함	= 대상 없음	= 적적(寂寂)	↔ ② 산만	= 대상 의식

의식 차원에서만 보면 〈깨어 있음=대상 의식〉(성성=부적적)이므로 마음은 대상 의식으로 깨어 있거나(성성+부적적) 아니면 의식 없이 잠들어 있거나(불성성+적적) 둘 중 하나일 뿐이고 〈성성+적적〉은 불가능하다. 즉 일상의 표층의식에서 보면 성성적적의 마음, '두렷하고 고요한 마음'은 없는 마음이다. 이에 반해 『전서』는 "적적한 가운데 성성함은 옳고 적적한 가운데 무기는 그르며, 또는 성성한 가운데 적적함은 옳고 성성한 가운데 망상은 그르다"[8]고 말한다. 〈적적+불성성〉은 잠들어 있는 무기로서 그르고, 〈성성+부적적〉은 대상을 좇는 망상으로서 그르다는 말이다. 혼침의 〈적적+불성성〉은 말할 것도 없고 '깨어 있는 대상 의식'인 〈성성+부적적〉의 마음 또한 대상을 따라 일

어났다가 대상이 사라지면 함께 멸하는 허망한 생각인 망념(妄念)이기에 그르다는 것이다. 의식의 분별로는 알아차리지 못하는 〈성성+적적〉의 마음, '두렷하고 고요한 마음'만이 옳은 마음이라고 말한다.

	성성	불성성
적적	〈성성적적〉	적적+불성성 = 의식없음 = 무기
부적적	성성+부적적 = 대상 의식 = 망념	x

　이는 곧 성성하게 깨어 있는 마음에는 대상을 좇는 부적적의 대상 의식(의식)만 있는 것이 아니라, 대상이 없이도 깨어 있는 마음이 있다는 말이다. '의식의 깨어 있음'이 '의(意)의 식'이라는 의미에서 '의식(意識)'이므로, 그러한 대상 의식과 구분되는 '마음의 깨어 있음'은 '심(心)의 식'이라는 의미에서 '심식(心識)'이라고 할 수 있다.[9] 의식은 주객 분별의 의(意)가 일으키는 식이고, 심식은 주객 무분별의 심(心)이 일으키는 식이다.

성성	부적적	표층의식	의(意)의식(깨어 있음)	= 의식(意識)
	적적	심층마음	심(心)의식(깨어 있음)	= 심식(心識)

　'두렷하고 고요한 마음'은 대상이 없이도 깨어 있는 마음, 의식보다 더 깊은 심층마음이다. 의식보다 더 깊은 성성적적의 마음은 과연 어떤 마음인가?

2. 공적영지의 마음: 불이(不二)의 마음

　성성부적적의 표층의식이 a와 b의 차이와 다름만을 알아보는 식, 분별적 이원성의 식이라면, 성성적적의 심층마음은 그러한 이원성을 넘어선 마음, 대대의 다름만을 분별하지 않고 그 다름의 기반인 같음을 알아차리는 마음,

상으로 나뉜 a와 -a(b)의 공통의 바탕과 분별되지 않는 전체 A를 알아차리는 마음이다. 의식의 허망 분별을 넘어선 불이(不二)의 마음이다. 이 마음을 어떻게 나의 마음으로 확증할 수 있을까?

빛이 새어 들어오지 않는 깜깜한 방에서 문득 눈을 떴다고 해 보자. 전체가 암흑이니 눈을 떠도 보이는 것은 없다. 눈을 뜬 것과 감은 것이 차이가 없으므로, 우리는 아무것도 보고 있지 않다고 생각할 것이다. 우리는 보이는 대상이 있어야 비로소 보는 활동이 있고, 대상이 없으면 보는 마음 활동도 없다고 생각한다. 그렇게 대상을 반연하는 대상 의식 이외의 마음 활동은 없다고 여긴다. 그러나 보이는 대상이 없는 깜깜한 암실이라고 해서 우리가 아무것도 보지 않는 것은 아니다. 보이는 대상이 없어도 우리는 본다. 빛이 없는 암실에서도 우리는 본다. 무엇을 보는가? 비어 있음을 본다. 비어 있음을 보기에, 그 안에 보이는 대상이 없다는 것을 아는 것이다. 소리 없는 적막을 듣기에, 그 안에 들리는 소리가 없다는 것을 아는 것이다. 이처럼 우리는 비어 있음(공)과 적막(적)을 보고 듣는다. 공적을 아는 마음 활동이 있는 것이다. 이것이 바로 대상이 없어도 깨어 있는 마음, 성성적적의 마음이다.

공적을 아는 마음이 성성적적의 마음인 것은 공적에 들어선 순간, 공적을 깨닫는 순간, 아는 마음(주)과 알려지는 공적(객)이 둘이 아니기 때문이다. 공적은 의식의 분별 대상이 아니다. 공적은 감각 내상도 아니고 사유 대상도 아니다. 공(空)은 그 안에 어둠과 밝음이 교차하는 바탕이고, 적(寂)은 그 안에 분주함과 고요가 교차하는 바탕이다. 현상 a와 -a의 바탕 A는 일체 현상의 상(相)을 여읜 공적, 한마디로 공(空)이다. 이 공이 곧 마음이기에, 현상의 바탕 A가 그대로 마음 바탕인 것이다.[10] 공인 마음이 스스로를 공으로 아는 마음을 '공적의 신령한 앎'이기에 '공적영지(空寂靈知)'라고 하며, 또 일체의 상(相)을 여읜 '성(性)이 스스로를 신령하게 아는 앎'이기에 '성자신해(性自神解)'라고 한다. 공적영지의 마음은 의식의 주객 분별과 자타 분별을 넘어선 불이

(不二)의 마음이다. 이 성성적적의 공적영지를 마음의 본래적 깨어 있음, 본래적 각성, 본래적 자각이란 의미에서 '본각(本覺)'이라고 한다.[11]

『전서』는 "망념을 쉬고 진성을 길러서 오직 공적영지가 앞에 나타나게 하자는 것이 선(禪)"[12]이라고 말한다. 이는 곧 대상을 좇는 〈성성+부적적〉의 의식(망념)에 머무르지 않고 마음을 비워 스스로 공적이 되는 것, 분별의 표층의식으로부터 〈성성+적적〉의 심층마음으로 나아가는 것, 마음의 본각을 알아차리는 시각(始覺)을 얻는 것을 뜻한다. 『전서』에 실려 있는 『수심결』에서 지눌은 공적영지의 마음이 곧 중생의 '본래면목'이며 모든 부처와 조사(祖師)가 전하는 법인(法印)이라고 논한다.

〈문〉 다시 방편을 들어 미(迷)한 이로 하여금 깨쳐 들어가게 하옵소서.
〈답〉 … 모든 법이 다 공한 곳에 '영령하게 아는 것(영지)'이 매하지 아니하나니 이 공적한 가운데 영지하는 마음이 곧 네 본래면목이며 또한 이 삼세 제불과 역대 조사와 천하 선지식의 밀밀히 서로 전하시는 법인이니라. …
〈문〉 어떠한 것이 공적영지의 마음이오니까?
〈답〉 네가 지금 나에게 묻는 것이 이 너의 공적영지의 마음이니, 어찌 반조해 보지 못하고 오히려 밖으로 찾는가?[13]

두렷하고 고요한 성성적적의 마음, 공적영지의 마음은 중생 누구나가 이미 가지고 있는 본래 마음이며, 이 마음을 깨달아 아는 것이 수행의 궁극 지점이라는 것을 강조한 말이다.

3. 심층마음의 작용: 일원상의 진리

분별의 의식보다 더 깊은 심층마음은 일체 분별적 이원성을 넘어선 마음이다. 일체의 분별을 넘어서는 것은 곧 상(相)을 넘어서는 것이다. 분별은 상으로 성립한다. 아상(我相)에 따라 나와 너가 분별되고, 인상(人相)에 따라 인간과 비인간이 분별되며, 중생상(衆生相)에 따라 생명체와 비생명체가 분별되고, 수자상(壽者相)에 따라 목숨 있는 것과 없는 것이 분별된다. 일체 상을 넘어서야 불이(不二)의 바탕을 보게 된다. a와 b를 보되 a와 b 각각의 상에 매이지 않아야 a와 b의 차이와 다름을 넘어선 같음과 a와 b의 공통의 바탕 A를 보게 된다. a와 b의 차이가 바로 의식이 주목하는 a와 b 각각의 상이기 때문이다. a 중에서 b가 아닌 부분이 a의 상이고, b 중에서 a가 아닌 부분이 b의 상이다. 의식이 a와 b를 보되 그 둘의 차이만을 본다는 것은 곧 각각의 상만을 본다는 말이다. 의식으로 분별하지 않고 심층마음으로 보는 것은 a와 b를 보되 거기에서 a와 b의 차이만을 보지 않고 그 차이 너머의 공통의 바탕 A를 보는 것을 말한다. 즉 a를 보되 a의 상에 머무르지 않고 a의 바탕 A를 보고, b를 보되 b의 상에 머무르지 않고 b의 바탕 A를 보며, 그래서 결국 a와 b가 근본에 있어서는 서로 다르지 않다는 불이(不二)를 아는 것이다. 일체 상을 여읜 공통의 바탕 A는 곧 상이 없는 빈 바탕, 공(空)이다. 바탕은 곧 공이고, 스스로를 공으로 아는 심층마음이다. 의식은 a를 의식하기 위해 그 대가 되는 -a(b)를 필요로 하는 분별의식이지만, 심층마음은 스스로를 한계가 없는 무한·상대가 없는 절대로 자각하는 마음·스스로를 무변의 공(공무변처)·무변의 마음(식무변처)으로 깨닫는 마음이다.

이 무변의 마음을 『전서』는 비어 있는 하나의 원, '일원(一圓)'이라고 부른다. 일체 현상 〈a+b〉에서 그 바탕 A로 나아가는 것이 '색즉시공'이고, 그 바탕 A에서 그 안에 나타나는 일체 현상 〈a+b〉로 나아가는 것이 '공즉시색'이다. 『전서』는 '진공묘유'를 이루는 이 두 과정을 '일원상의 진리'로 설명한다.

일원(一圓)은 우주 만유의 본원이며, 제불 제성의 심인이며, 일체 중생의 본성이며, 대소 유무에 분별이 없는 자리이며 생멸 거래에 변함이 없는 자리이며, 선악 업보가 끊어진 자리이며, 언어 명상이 돈공한 자리로서(색즉시공), 공적 영지의 광명을 따라 대소 유무에 분별이 나타나서 선악 업보에 차별이 생겨 나며 언어 명상이 완연하여 시방 삼계가 장중에 한 구슬 같이 드러나고(공즉 시색) 진공묘유의 조화는 우주 만유를 통하여 무시광겁에 은현자재(隱顯自在) 하는 것이 곧 일원상의 진리이다.[14]

일원은 곧 현상 세계 우주 만물의 본원인 무변의 마음, 공적영지의 마음이 다. 일체 분별과 생멸거래가 끊어진 공적의 바탕 A(심층마음)로부터 거기에 서 발하는 공적영지의 빛을 따라 대소 유무의 분별(a+b)이 나타나는 것이 진 공묘유이다. 바탕 A는 〈a+b〉의 상 너머 공(空)으로 드러났다가 다시 감추어 지므로 '은현자재'라고 한다. 공의 심층마음이 은밀해진 자리에 우주 만물 〈a+b〉가 등장한다. 『전서』는 이와 같은 '진공묘유'의 진리, '일체유심조'의 진리는 심층마음의 본각을 증득하는 구경(究竟)의 자리에서 스스로 깨쳐 아 는 것이라고 말한다.

원래 불교는 일체유심조(一切唯心造) 되는 이치를 스스로 깨쳐 알게 하는 교이 다.[15]

구경의 자리에서 보면 공적영지의 심층마음은 일체 중생의 본래 마음이 며, 모든 중생은 결국 한마음, 일원일심(一圓一心)의 존재다. 이 일원일심으로 부터 현상 세계 우주 만물이 형성된다. 표층의식은 나와 세계, 아와 법을 실 유(實有)로 여기며 집착하지만, 아와 법은 본래 공(空)이며, 심층마음이 형성 한 가아(假我)와 가법(假法)에 지나지 않는다. 표층의식에서 우리는 서로 분리 된 각각의 각자위심으로 살아가지만, 심층마음에서 우리는 서로 다르지 않은 무변의 한마음, 일원일심으로 살아간다. 각자위심을 넘어 지공무사(至公無私)의 일원일심으로 나아가는 것이 바로 정신개벽의 길인 것이다.[16]

IV. 정신개벽을 위한 수행: 단전주(丹田住) 또는 간화선(看話禪)

심층마음으로 나아가기 위해 요구되는 공과 무아의 깨달음은 주객 분별, 자타 분별의 의식 차원에서 얻어질 수 있는 것이 아니다. 의식에게는 의식 자체의 근원·바탕 A가 가려져 있기 때문이다. 공의 깨달음은 오히려 표층의식의 분별이 끝난 자리, 분별의식이 깨어져 일체가 공(空)으로 화한 자리에서 불현듯 일어나는 사건이다. 그러므로 깨달음은 의식의 분별적 이해가 아니라 실참 수행을 통해 성취되는 것이다. 일체 상을 여읜 공을 마음의 본래 성품으로 깨달아야 상의 분별로부터 자유로워진다. 심층마음의 자각·본래 성품의 깨달음·견성(見性)은 곧 집착과 번뇌의 상(相)을 벗어나는 해탈공부로 한마디로 선(禪)이라고 할 수 있다.

> 선이라 함은 원래에 분별 주착이 없는 각자의 성품을 오득하여 마음의 자유를 얻게 하는 공부이다.[17]

마음을 경계에 따라 요동하지 않고 고요하게 지키면서 성성하게 깨어 있는 것은 곧 〈성성+부적적〉의 표층의식으로부터 〈성성+적적〉의 심층마음으로 나아가는 것이다. 심층마음을 자각하기 위한 수행의 한 방식으로 『전서』는 몸의 화기(火氣)를 아래로 내리고 차가운 수기(水氣)를 위로 올리는 도교 수행법인 '단전주'를 제시한다.

> 좌선이라 함은 마음에 있어 망념을 쉬고 진성을 나타내는 공부이며, 몸에 있

어 화기를 내리게 하고 수기를 올리게 하는 방법이니, 망념이 쉰즉 수기가 오르고 수기가 오른즉 망념이 쉬어서 몸과 마음이 한결같으며 정신과 기운이 상쾌하리라.[18]

『전서』가 말하듯 '육근의 기관이 모두 머리에 있으므로'[19] 의식의 분별은 두뇌 신경망을 따라 진행된다. 분별적 사유로써 망념을 일으키면 육근인 두뇌 신경망이 활성화되어 화기가 상승하고, 대신 몸 아래로 수기가 내려갈 것이다. 두뇌로 화기가 몰린다는 것은 우리가 끊임없이 망념을 일으키며 〈성성+부적적〉의 대상 의식에 머무른다는 것을 뜻한다. 망념을 쉼으로써 화기를 내리고 수기를 오르게 할 수 있지만, 망념을 쉬겠다는 의도를 갖고 망념을 쉬게 하는 것은 불가능하다. 생각을 멈추려는 생각 자체가 생각이기 때문이다. 그러므로 단전주는 수기를 오르게 함으로써 망념을 쉬게 한다. 몸의 기운에 주목하여 수승화강을 꾀함으로써 수기를 올려서 두뇌의 망상을 가라앉히는 것이다. 화강수승의 방식으로 〈성성+부적적〉의 망념이 가라앉으면 〈성성+적적〉의 빈 마음이 되어 공적영지의 본각을 깨달을 수 있게 된다. 이와 같이 '마음을 단전에 주한즉 생각이 잘 동하지 아니하고 기운도 잘 내리게 되어'[20] 불이의 마음을 깨닫게 되는 것이 단전주이다.

마음이 표층 분별의식의 한계를 벗어나 심층 불이의 마음으로 나아가게 되는 또 다른 방식은 간화선이다. 간화선이 벗어나고자 하는 분별적 의식 세계는 논리적 사유 틀을 따라 진행되는 개념적 사유 세계다. 의식은 'a는 -a가 아니고 a이다.'의 방식으로 일체를 분별하는데, 이때 의식은 'a는 a이다.'라는 동일률, 'a는 -a가 아니다.'라는 모순율, '모든 것은 a와 -a 중 하나이다.'라는 배중률의 논리를 따른다. 의식은 형식논리의 틀 · 사유의 틀 · 개념의 틀에 따라 진행된다. 표층의식의 한계 밖으로 나간다는 것은 곧 형식논리를 따르는 사유의 틀이나 습관화된 사유 체계 내지 굳어진 두뇌 신경망의 회로 바

깥으로 나가는 것을 뜻한다. 의식의 사유 체계 바깥, 이미 굳어진 두뇌 신경
망 회로 바깥으로 나가자면, 더 이상 사유가 진행되지 않는 사유의 한계에 부
딪쳐 그 사유의 벽을 뚫고 나가야 한다. 이것을 가장 단도직입적으로 빠르고
확실하게 해내는 방법이 바로 화두(話頭)로써 일으켜진 의심을 붙잡고 의식
의 벽, 사유의 벽을 돌파하는 간화선이다. '누구나 불성이 있다.'고 하다가 '개
에게도 불성이 있는가?'라는 질문에 '무(無).'라고 답하면, 이 '무'는 분별적 사
유를 한계로 몰고 가는 화두가 된다. 화두가 일으킨 의심이 의식으로 하여금
분별적 사유를 따라가지 못하게 해서 의식에 오로지 의심만이 남겨지면 그
의심의 힘이 의단으로 뭉쳐져서, 결국은 그동안 우리를 묶어 놓았던 의식적
사유의 벽·논리적 개념의 벽·망념의 벽인 은산철벽(銀山鐵壁)을 부수고 마
음을 무한의 공으로, 심층 한마음으로 바꿔 놓는다.

『전서』는 단전주가 무기(無記)의 사선(死禪)에 빠질 수 있는 위험 그리고 간
화선이 주화입마에 빠질 수 있는 위험을 함께 언급한다.[21] 간화선은 의심에
걸릴 마음의 준비가 되어 있는 사람에게는 적절하지만, 의심이 제대로 걸리
지 않으면 성공하기 어려우므로 수행자 모두에게 일반화하기는 어렵다고 논
한다. 『전서』는 단전주와 간화선을 함께 운용하기를 권하되, 보다 일반적 방
법으로는 단전주를 권한다. 이 점에서 당시 간화선 중심의 선불교와 궤를 달
리한 것이 아닌가 생각된다.

V. 맺음말

오늘날 우리는 대개 물질의 발전, 과학기술 문명의 발전과 물질의 융성함
이 곧 정신의 발전을 뜻한다고 보며, 따라서 물질개벽 이외에 따로 정신개벽
이 필요하다고 생각하지 않는다. 우리가 서양 물질문명을 받아들일 때 우리
는 그 물질문명을 서양 정신의 힘이라고 생각하였다. '동도서기'는 빈 구호일

뿐 서양 물질문명의 수용은 그대로 서양 정신의 수용으로 이어졌으며, 오늘날은 전 세계가 그런 방식으로 세계화의 물결 속에서 현대 물질문명을 주도하는 미국의 정신, 신자유주의를 받아들이고 있다. 이런 입장에서 보면 물질개벽이 곧 정신개벽이다. 사람들은 더 이상 물질문명의 발달로 인해 정신이 쇠약해진다거나 정신이 물질의 노예가 된다고 생각하지 않는다. 오히려 반대로 과학기술 문명의 발달 덕분에 정신이 비로소 자립과 자유를 얻고 자기 정체성을 확인받는다고 여긴다. 전자과학기술의 발달로 전 세계가 하나의 인터넷으로 연결되는 것을 연기적 인드라망의 실현 · 정신의 승리라고 여기고, 생명공학과 뇌과학의 발달로 인간의 유전자와 뇌신경 구조가 밝혀지는 것을 인간의 본래면목의 해명 · 정신의 자기 정체성의 확인이라고 여긴다. 그러나 정말 그러한가?[22]

본고에서는 물질의 발전을 이끌어 가는 것은 표층의 분별의식일 뿐이고, 그 분별의식을 따라 우리는 모두 같은 인간 · 같은 생명체라는 사실을 망각하고서, 서로 차이 나는 상(相)만 좇아 비교하고 경쟁하며 서로 뺏고 빼앗기는 고통의 삶을 영위하고 있다는 것을 논하였다. 이러한 이원적 분별의식 너머 존재하는 인간의 참다운 본성, 인간의 본래 마음을 밝히고 실현하는 것이 정신개벽의 길임을 보이고자 하였다. 물질-정신의 이원성 · 주객 분별적 이원성의 의식을 넘어선 마음을 두렷하고 고요한 마음 · 성성적적의 공적영지의 마음으로 밝혀 보았다. 물질개벽의 찬란함 속에서 잊혀져 가는 공적영지의 심층마음을 다시 일깨워 그것을 우리 각자의 정신으로, '일원상과 같이 원만구족하고 지공무사한 각자의 마음'[23]으로 드러내는 것이 정신개벽의 핵심이라고 생각한다.

『전서』는 그렇게 밝혀지는 우주의 본원 · 일체 중생의 심체 · 공적영지의 일원일심을 하나의 원, 일원상(一圓相)으로 나타낸다. 그리고 불상을 모시는 가장 높은 자리에다 일원상을 모신다. 이는 곧 일원의 빈자리에 천하 만물

일체를 모두 모시기 위해서이다.

> 불상 숭배는 부처님의 인격에 국한하여 후래 제자로서 그 부처님을 추모 존
> 숭하는데에 뜻이 있을 뿐이나, 일원상 숭배는 그 뜻이 실로 넓고 크나니, 부
> 처님의 인격만 신앙의 대상으로 모시는 것보다 우주 만유 전체를 다 부처님
> 으로 모시고 신앙하여 모든 죄복과 고락의 근본을 우주 만유 전체 가운데서
> 구하게 되며, 또 이를 직접 수행의 표본으로 하여 일원상과 같이 원만한 인격
> 을 양성하자는 것이다.[24]

일원상으로서 우주 만물 일체를 모신다는 것은 만유를 차별적 상(相)에 매
이지 않고 하나의 성(性)으로 받아들인다는 것이다. a를 보되 그 안에서 a 아
닌 바탕 A를 보고, b를 보되 그 안에서 b 아닌 바탕 A를 보며, 결국 a와 b가
하나라는 것을 아는 것이다. 이것이 곧 동학의 '인내천(人乃天)'에 이은 '사인
여천(事人如天)'의 정신이며, 이를 통해 비로소 '동귀일체'가 실현되고 '정신개
벽'이 완성된다고 본다. 일원상은 일체 상을 넘어섬으로써 다시 그 안에 모
든 상을 포용할 수 있다. 그렇게 빈 일원상 안에는 전 세계 모든 종교의 다양
함이 하나로 수용될 수 있고, 인간 누구나가 종교와 인종과 국적과 성별의 차
이를 넘어 하나로 포용될 수 있을 것이다. 분별적 표층의식에 가려 잊혀져
가는 '두렷하고 고요한 정신'을 우리의 본래 마음으로 회복하는 것, 고립적인
'각자위심'에서 벗어나 모두가 하나로 연결된 '일원일심'을 회복하는 것, 이것
만이 우리의 어두운 사혼을 밝은 생혼으로 되살리는 길이며, 분별의 정신을
화합의 정신으로 전환시키는 종교적 대전환의 초석이 되리라고 생각한다.

기독교영성과
수도원운동

김한중 *

* 무등산 솔성수도원장, 목사

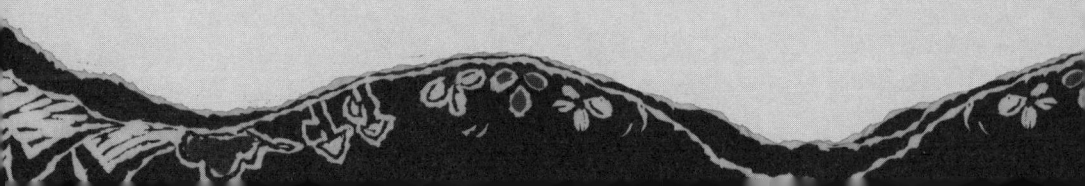

I. 서언: 기독교영성은 특별하지 않다

기독교는 예수의 가르침, 특히 사랑을 중심으로 한 실천적 삶을 공유하는 자들의 종교이다. 그들, 기독교인들은 스승인 예수의 인격에 집중하고 스승의 삶과 가르침을 모방하려 애쓰며, 그 가르침의 핵심이 하나님 사랑과 이웃 사랑이라는 것을 잘 알고 있다. 진리를 사랑하고 타 생명체들을 자신의 몸처럼 사랑하라는 위대한 가르침을 역사적 인물인 스승으로부터 내려받은 것에 그들은 감격한다.

그러나 지구 상 수십 억 인구의 기독교인들, 한국의 천만 기독교인들이 스승의 가르침을 진정한 마음으로 실천하고 있는가 하는 문제는 회의스럽다. 오히려 그들만의 독단적이고 폭력적이며 이기적인 행위들로 인해 세상의 비웃음이나 사고 있지 않은지 두려울 뿐이다. 어찌하여 사랑의 종교가 작금에 이르러 기피와 두려움의 종교로 인식되고 있을까? 또 이런 현상은 오직 기독교만의 문제일까?

사랑이라는 핵심 주제를 벗어나는 기독교의 일탈은 이데올로기인 신학과 그 신학의 실천 과정에서 드러난다. 가르침의 역사적 실천을 가로막고 면죄부를 쥐어 주는 것은 호도된 신학이며, 신학자와 기득권을 가진 성직자들에 의해 변색된 신학은 다시 가르침의 실천을 왜곡한다. 그러므로 2천 년 동안 무비판적으로, 아니 철저히 옹호되며 이어 내려온 독단적 기독론(오직 예수만

신의 독생자이며 그를 믿지 않고서는 구원에 이를 수 없다는 주장)은 이제 개혁되어야 한다. 스승 스스로가 그런 의미로 말하지 않았을 뿐만 아니라 경계하기까지 했다. 벌써 예전부터 일부 진보신학계에서는 종교적 다원주의나 신 중심주의(하나님은 한 분이지만 가르침을 전하는 예언자는 다수일 수 있다는 이론)가 제기되 왔었다는 것은 주지의 사실이다.

다행히도 지난 수십 년간 '영성'이라는 단어가 회자되어 왔다. 신학적 의미에서 기독교영성의 정의는 샌드라 슈나이더스(Sandra Schneiders, 1936-)가 말한 대로 '스스로 인식한 궁극적 가치를 삶의 목표로 보고 자기 초월을 통한 삶에 의식적으로 참여하는 경험(the experience of conscious involvement in the project of life-integration through self-transcendence toward the ultimate value one perceives)'이다. 한마디로 인간이 궁극적 가치인 하나님을 자신의 삶의 초월적 경험으로 받아들이고 그리스도의 삶을 살아가는 것이다. 이것은 모든 고등 종교에서 말하는 깨달음의 삶을 사는 것과 다르지 않다.

이 시대 기독교에 영성이 회자된다면 분명 무언가를 회복하려는 것이다. 신앙의 본질에 대한 회복이든 옛 영광에 대한 회복이든 모두 본질적 내용물의 회복을 꿈꾼다. 그러나 영성은 우러르는 신의 본질이면서 똑같이 신앙하는 자의 본질에 대한 언급이라고 할 수 있다. 그것은 인간 내의 신성이라고 말할 수도 있고 불성이라고 말할 수도 있는 존재의 궁극적 성품에 관한 언급일 것이다. 만약 그렇다면 기독교영성이라는 것도(인간의 본질과 연관되어 있다면) 사실 보편적인 영성이며 결코 특별한 것이 아니다. 말하자면 영성이라는 말에는 특정 종교적 색채가 옅어져 있다는 것이다. 본질에 천착할수록 종파주의가 극복된다는 것은 흥미로운 사실이다. 이것은 진리를 파고드는 자들이 모두 깊숙한 한 지점을 향하고 있다는 뜻이기도 하다.

(이 생각들은 엄정한 철학적 숙고를 거친 것이라기보다는 수행자의 직관에 의한 경험적 판단이라는 것을 염두에 두시기 바란다. 이하의 글들이 모두 그렇다.)

II. 종교에서 영성으로

세상에는 수많은 진리 체계와 가치 체계 그리고 종교들이 있다. 그것들의 내용과 이데올로기는 거의 비슷하면서도 서로 약간의 독특성들을 갖는다. 그 독특성은 그것을 신봉하는 자들에게 확실히 어떤 에너지를 공급하며 심지어 우월감마저 갖게 만든다. 과거 지구인들이 고립되어 있었고 소통이 원활하지 못했던 때에는 그 독특성이야말로 추종자를 진리의 본질로 인도하는 유일한 힘이었을 것이다. 그러나 이제 세상이 교류되고 모든 체계들이 드러나게 되었다. 독특성들의 충돌로 인한 인류의 고통이 수천 년 어어졌다면 이제는 그쳐야 한다. 영성의 자리에서 본다면 그것은 하나의 어리석음에 불과하기 때문이다. 나의 진리와 너의 진리가 부닥친다면 그것은 어리석은 일이다.

인류를 위해 종교는 수많은 긍정적 역할을 수행해 왔다. 그러나 이제 종교적 외피라는 것은 하나의 개성의 표출에 그쳐야 한다. 모든 종교들이 드러내는 '영성'이라는 주제가 있고 그것이 심도 있게 논의되어 실행되어야 함에도 불구하고 자신만의 외피를 강조하여 배타적인 모습을 취한다면 그것은 종교를 팔아 생존에 급급하는 자들의 시대착오적 이기심의 발로에 불과하다. 종교적 독특성은 특성에 맞게 어린 영혼들을 인도하면서도 영성의 공통분모 안에서 각자 다양하고 아름답게 꽃피는 정신문화가 되어야 한다. 그렇지만 이 세상은 각각 나뉘어 할 일보다는 서로 어울려 해야 할 일들이 훨씬 많은 것 같다.

종교를 통해 진리를 구현해 가는 사람들이 세상에서 만났을 때 그들의 공통적 관심은 무엇일까? 상생이라는 이름하에 서로의 정체성을 인정하고 존중하면서 문화 행사에 참석해 축사하는 것만으로는 이제 뭔가 부족하다. 상대의 신학과 철학을 공부하고 수행 전통에 참여해 경험하고 논찬하는 것으로도 오히려 부족하다. 이런 행위들은 모두 남 내지 이웃에 대한 경의에 그칠 뿐이다. 진리를 좇아 살아가는 자들은 좀 더 하나가 되어야 한다. 그렇다면 모두에게 이미 내재하면서도 가장 본질적인 그 무엇에 대한 접근이 이루어져야 한다. 그것을 영성 혹은 불성이라고 부르고 싶다.

이제는 수많은 종교를 꿰뚫고 흐르는 그 영성이라는 주제에 종교의 벽을 허물고 솔직하게 접근할 필요가 있다. 우리의 궁극을 이루는 그것은 대체 무엇이며, 어떻게 지금까지 언급되어 왔으며, 어떤 방법으로 접근하는가. 그것을 어떻게 경험하며 그 경험 후에 어떤 인격의 변화가 있는가? 그것은 인류를 해방으로 인도하는가? 해방된 사회를 위해 필수적인 경험인가? 영성의 체험과 나눔은 과거 불교나 힌두교의 해탈·깨달음과 어떻게 같고 어떻게 다른가? 기독교의 구원과는 어떠한가? 동서고금의 대사들과 해방철학자들은 이것을 어떻게 말해 왔으며 또 일반 민중들은 이것을 어떻게 믿고 있는가?

우리가 낡아빠진 도그마로 자신을 재무장시키는 시간에 영성의 협동적 연구와 실천에 몰입한다면 크나큰 동지애와 해방감으로 세계를 다시 볼 수 있지 않을까? 종교의 벽들은 허물어지고 같은 길을 걷는 도반들을 도처에서 만날 수 있지 않을까? 각각 선생이 달라 종교적 색채는 다르지만 이제 그것은 하나의 다양한 아름다움이 될 수 있지 않을까?

III. 개인적 영성과 사회적 영성

지배자들의 폭력과 억압이 일상이 되었었던 과거 역사에서는 종교에서 개인의 깨달음이나 해탈이 지고의 목표였던 때가 있었다. 하나님 나라의 구현이나 구원도 개인이나 소공동체의 숙제였다. 해방의 목표를 갖고 수행했던 수많은 개인들은 더러 성공하기도 하고 많이 실패하기도 했을 것이며, 해방에 성공한 이들은 인류의 스승이 되어 자신만의 가르침을 펼쳤다. 해탈이나 구원의 방법들을 언급하고 상가를 이루어 삶 속의 수행을 해 가기도 하였다. 당시에도 사회구조적 모순들이 많았겠지만 그들의 힘으로는 어찌할 수 없는 것들이었다. 그들의 개인적 영성은 점점 내면화되었고 신비화되었다. 제자들이 몰려들었겠지만 들판의 민중들에게는 단지 숭배의 대상에 지나지 않았던 것이다.

개인적 영성의 계발이 해방으로 인도하는 것은 틀림없지만 극소수의 수행자들만 누릴 수 있는 것이었다. 개인은 해탈되었어도 사회는 여전히 고통스러웠기에 세계를 보는 눈을 바꾸는 깨달음을 꿈꾸게 되었다. 그것은 진제의 측면에서는 참이었어도 세속의 경험으로서는 전혀 감이 오지 않는 뜬구름 같은 이야기였다. 결국 한층 진화된 해탈자들의 숙제는 거기에 있었으며 개인의 해방을 넘어 세상의 해방을 바라보게 되었다.

200년 안으로 소급해 본다면 세계의 해방을 꿈꾸던 행위들은 정치적 행위나 경제적 행위처럼 보이는 소위 사회적 영성이 대두되게 된다. 중국의 태평천국에서 시작된 이런 사회적 영성은 이 땅의 동학과 증산도, 그리고 소태산의 철학을 관통하고 있다. 사회적 영성가들은 개인의 수행에 큰 방점을 찍으면서도 민중과 함께하는 공동체적 해방과 정치 · 경제적 해방을, 그러니까 세속의 해방을 중요시하였다. 이것은 영성의 세속화(세속주의가 아니라)라고 할 수 있겠다. 해방의 영성이 세속으로 파고듦으로써 진속불이의 깨달음이 일어난다. 물질과 정신이 공히 개벽하는 것이다. 그것의 완성은 쉽게 오지 않겠지만 생명 가진 자들의 궁극적 자리인 것은 분명해 보인다. 그리고 그것은 당장 지금 여기의 우리의 숙제가 되어 가고 있다.

개인의 영성과 사회적 영성의 균형은 진리를 찾는 자들의 필수적이고 새로운 덕목이 된다. 예수와 수운과 소태산이 강조했던 좀 더 큰 영성, 그것은 개인과 사회의 균형 잡힌 영성이었다. 사회적 영성은 수행자들을 신비화하지 않는다. 그들을 티나게 하거나 종교적으로 보이지 않게 한다. 지난날 한국 기독교의 한 교파는 사회적 영성을 지나치게 강조한 나머지 개인적 영성의 추구를 소홀히 한 적도 있었다. 그것도 하나의 지나침이었다. 실천적 영성은 개인적·사회적 영성의 균형을 의미한다. 욕망과 어리석음이 제거된 영성적 균형 감각은 진리를 체험하고 실천하려는 모든 이들의 숙제가 된다.

우리가 이런 모든 것들을 알고 있다 하더라도 몸과 마음의 실천이 따르지 않는다면 공허한 염불일 뿐이다. 지금까지 실천은 대개 개인의 의지에 달려 있었다. 영성의 실천이 없거나 도중에 변질되는 신념에는 의지박약의 행위자가 있었고 모든 것이 그의 책임이었다. 그러나 환경과 구조가 열악한데도 영성의 상실을 오직 개인의 책임으로만 돌린다면 장차의 영성은 싹도 나지 않을지 모른다. 또한 모처럼 경계를 넘어 진실에 접근했다 하더라도 몸이 말을 듣지 않고 욕망과 진에(瞋恚) 휩싸인다면 열악한 환경과 의지만의 문제가 아닐 수 있다. 여기에 수련과 수행의 문제가 있다.

IV. 몸 만들기: 수행과 수도원운동

다행인지 불행인지 온 나라가 인문학이나 수련에 관심을 갖기 시작하는 것 같다. 이것이 반짝 유행에 그치지 않기를 바라며, 좀 더 영성적이고, 너무 실용성으로 접근하지 않았으면 좋겠다. 구미를 통해 역수입되는 동양의 여러 정신문화들이 그저 반가운 것만은 아니다. 그것은 자본의 분을 묻히고 있고 본질적으로 접근하기보다는 삶의 여유로 향유하려는 경향이 분명히 있다. 세계로 수출되는 한국산 사이비영성도 마찬가지다.

수련과 수행을 한다는 것은 영성이 머리로만 남지 않게 하기 위해 몸부림치는 것을 뜻한다. 아무리 좋은 뜻과 마음을 갖고 있다 하더라도 구호나 말장난으로 끝나는 것이 허약한 수행자들의 다반사다. 종교를 초월하여 동지애를 느끼는 것도, 사회적 영성을 부르짖으며 인간 해방을 위해 헌신하는 것도 말이나 의지력만으로 되는 것은 아니다. 거기에는 정밀한 수행의 차제가 마련되어야 하며 일일신하는 마음의 독려가 필요하고 사회적 피드백이 요청된다. 즉 몸을 만들어 가야 한다는 것이다. 그러므로 수행은 몸으로 하는 것이며 실천이 담보되어야 한다. 모든 종교가 영성에서 하나 되듯이 수행도 함께할 수 있으며 이 점은 생각보다 중요하다. 개인적 수행은 각자의 종교전통에 따라 하면 되겠지만 사회적 영성의 수행은 함께하면 더 아름다울 것이다. 아무도 도전하지 않는, 어둠 속에 있는 영성의 변두리를 향해 함께 걸을 수 있다면 우리는 도반이 된다. 그것이 정의로운 정치 행위든 사회적 경제의 실현이든 생태운동이든 우리는 개인 영성의 함양과 똑같은 방법으로 사회적 영성을 함양할 수 있다. 사회적 영성의 함양은 '운동'의 이미지를 갖는다.

지난 2천 년 동안 기독교는 계속되는 부패의 길을 걸어왔으며, 그때그때 수도원운동이 일어나 그 부패의 속도를 늦추었다. 수도원은 수도원 생활이 의미가 있다기보다는 수도원운동이 의미가 있다고 생각한다. 기독교 수도원운동은 개인적이면서도 사회적인 영성의 모습을 보여주었다. 초기 기독교의 영성은 사막의 수도원 같은 탈속적 신앙에 의해 유지되었다. 그들의 영성은 이미 귀족화한 로마의 기독교 문화에 계속 경종을 울렸으며 극심한 타락의 제동장치가 되어왔다. 중세에 들어서도 수많은 성자들이 때로는 정치적으로 때로는 신비적으로 수도원운동에 헌신하여 기독교의 세속주의를 막는 버팀목이 되어 주었다.

수도원운동은 청빈·순결·순명이라는 절대 계명하에 교회의 뒤틀어진 영성의 회복에 주력하였으며, 버림받은 민중과 함께하는 모습을 보여주었다. 많은 기술과 문화들이 수도원운동을 통해 이루어졌고, 대학이나 학문의 발전 또한 수도원에서 담당하였다. 그러므로 수도원의 타락은 시대의 타락이었고, 수도원의 회개는 시대의 회개로 이어졌다.

한국 기독교에도 이세종·이현필의 신앙운동이 있어서 수도원운동의 한국적 원형을 보여준다.

그들은 척박한 일제와 동란의 아픔을 겪으면서도 예수 영성의 회복에 헌신하였고 버려진 민중들과 함께 살아가며 새로운 수도원운동을 일으켰다. 특히 이현필은 철저한 개인 신앙을 갖고 있었음에도 유영모, 최흥종 등과 교류하며 사회적 영성에도 힘썼다. 교회는 그들을 이단시했지만 그들의 균형 잡힌 영성은 오늘날 한국 기독교영성을 대표한다. 다만 그들의 영성이 수도원운동 같은 '운동'으로 자리 잡지 못한 것은 오늘날에서 보면 안타까운 일이다.

그러나 지금부터의 수도원운동은 부패의 끈은 늦추는 정도로는 곤란하다. 기독교영성의 전면적 개혁으로서의 수도원운동이 필요하게 되었다. 그것은 개인 영성을 되찾는 근본적 개혁운동이며 동시에 사회적 영성으로서 다른 종교와의 영성적 융합(단순한 대화가 아닌)을 통해 세속을 바꾸며 섬기는 운동이 되어야 할 것이다. 또한 수도원운동이 꼭 기독교만의 문화일 필요는 없으며 오히려 모든 종교에서 그 본질을 되찾는 근본 운동으로서 각자 자리매김 되어야 한다. 종교와 사회의 해방의 끈으로서의 영성, 그 영성을 견고케하는 수행, 그 수행을 유지케 하는 운동 이렇게 방점이 이어지게 된다.

V. 결어: 해방과 깨달음 중심의 종교융합

이제 우리는 사실상 종교의 벽들이 필요치 않은 세상에서 살아가고 있다. 영성이라는 해방의 목표를 향해 가고 있는 수행자의 자세만 요청되는 것이다. 종교의 나머지는 모두 문화로 귀속될 수 있는 아름다운 외피들이다. 우리는 그동안 종교를 통한 해방과 깨달음을 추구해 왔으며, 평화와 자유로 구축된 세계를 꿈꾸어 왔다. 이제는 영성이라는 공동의 목표를 두고 서로 협력할 수 있는 유리한 시점을 지나고 있다. 그리고 깨달음과 해방이라는 자유로운 상태를 공유할 수 있게 되었다.

해방은 우리의 몸과 마음의 해방, 그리고 사회적 해방을 포함하는 포괄적 범위를 갖고 있다. 과거 해탈자들이 개인적으로 누렸던 정신적 지복들을 이제는 온 인류가 함께 향유해야 하는 것이다. 생리적 · 심리적 · 물질적 · 사회적 해방이 모두 다 이루어져야만 참다운 사람 · 참다운 세상이라 할 만할 것이다. 그러기 위한 쉽고 면밀한 방법들이 철학 · 과학 · 종교를 초월하여 제시되어야 하며 비판되어야 하며 교육되어져야 한다.

우리는 또 세계 인식의 전환으로서 깨달음을 얻어야 한다. 원래 있던 깨달음이든 획득된 깨달음이든 세계를 정확히 보고 올바르게 판단할 수 있는 세계 인식을 공유해야만 한다. 그것이 공이든 무아든 진아로 외쳐지든 상관없다. 진리의 드러냄이 서로 상충하지 않고 광범위하게 이해되는 큰 깨달음들이 인류의 일상으로 침입해야 한다. 그래서 결국 우리가 하나임을 알게 되고, 모두가 평등하며, 이 세상은 우리에게 주어진 소중한 진화적 숙제의 장(場)이라는 것을 이해하게 될 때까지 수행해 나가야 하며, 운동해 나가야 할 것이다.

다시 작금의 기독교를, 교회들을 보며 가슴이 답답하다. 자정의 능력을 상실하기 전에 열린 영성이 회복되어야 할 텐데 그런 기미가 보이지를 않는다. 시방의 다른 종교들이라도 깨어나서 잠든 한국 기독교영성을 자극해야 하는데 다른 종교들은 어떤지 잘 모르겠다. 한국 기독교는 효율적 시스템을 갖고 있어서 쉽게 와해되지는 않겠지만 영성(그들만의 배타적 영성이 아닌)이 빠진 기독교는 이미 종교가 아니다.

원불교나 소태산의 철학은 아직 신생의 단계이지만 고도로 진화된 해방철학의 얼개를 가지고 있는 것처럼 보인다. 깨달음과 해탈의 면에서 보다 간단하고 명확한 인식을 현대인에게 제공할 수 있으며 수행 방법 또한 균형 잡혀 있다. 사람들의 이기심에 호소하지 않고도 나아갈 수 있는 힘이 원불교에 있지만 3백 년 내지 5백 년이 지나야 그 종교가 역사적인 평가를 받을 수 있다고 본다.

다만 원불교(소태산의 철학과는 좀 다른 종교로서의 원불교)는 한국 기독교 성장의 전철을 피해 갔으면 한다. 신자들의 욕망에 부응하는, 시스템에 기초한 종교는 영성을 불편하게 생각하기 때문이다. 기독교 · 불교 · 원불교 · 천주교 등 이 땅의 모든 종교들이 원래 우리에게 있었으되 항시 망각되는 영성 혹은 불성에 귀의해 개인 해방의 영성으로 또 사회적 해방의 영성으로 하나 되고, 함께 일하는 신명나는 꿈을 이 험한 시대에 다시 한 번 꾸어 본다.

한국 불교의
새 길 찾기

금강 스님 *

* 해남 미황사 주지

Ⅰ. 들어가기

최근 원불교에서는 소태산 대종사의 대각을 기준으로 100년의 역사를 기념하고 있다. 이 기념사업들의 화두를 "물질이 개벽되니 정신을 개벽하자."로 제시하고 있다. 소태산 대종사가 대각했던 20세기 초는 서구와의 만남으로 근대 이전의 사회가 근대사회로 넘어가는 '전환'의 시대였다면 지금은 근대사회의 성과와 한계를 극복하고 탈근대 사회로 이행하고 있는 또 다른 '전환'의 시대이다.

'전환'은 불교와도 매우 밀접하다. 불교가 세상에 등장한 2,500여 년 전의 시기도 문명전환기였다. 당시는 철기 문화가 정착하고, 도시국가 체계에서 국가 체계로 전환하던 시기였으며, 상업이 발달하고 도시가 중심지로 등장한 시기였다. 이러한 시기에 새로운 문명의 방향을 제시하는 사상가와 종교가들이 등장하였다.[1] 이들은 사문(沙門)이라 불리는 수행자들로 고대 인도 권위의 원천이었던 베다와 브라만의 권위를 인정하지 않는 자유로운 사상가들이었다. 당시 석가모니 부처님과 그를 중심으로 형성된 집단도 그중 하나였다. 하지만 2,500여 년이 지난 현재에도 불교는 세계 주요 종교의 하나로 자리하고 있다.

이러한 불교의 역사적 성장과 지속은 '전환'을 위한 노력에 기인한다. 유식불교·대승불교·선불교·밀교 등은 이러한 노력의 결과이다. 한국 불교사에서도 이러한 예를 찾기는 쉽다. 대표적인 사례는 일제강점기의 용성 스님과 만해 스님이다. 두 스님은 일제강점기라는 시대의 아픔을 극복하기 위해서는 조선 후기의 낙후된 불교를 극복하고 새로운 시대에 적응할 수 있는 불교를 만들어야 한다고 생각하였다. 이를 위해 용성 스님은 선 전통의 회복을 최우선하였다. 선 전통의 회복에 기초하여 포교의 대중화·계율의 수호·선농 불교의 실천 등을 전환의 방향으로 제시하였다. 만해 스님은 이보다 더 급진적 전환을 추구하였다. 근대화·현대화를 전환의 방향으로 제시하고 이를 『조선불교유신론』에 구체화하였다. 스님은 염불당 폐지·사찰 도심 이주·무속적인 신앙 제거 등과 같이 기존의 틀을 과감하게 혁신하는 방안을 주장하였다.

이처럼 불교는 당대의 현실에 안주하지 않고, 중생들의 행복과 안락을 위해 새로운 문명을 준비하고 그에 조응하는 불교로의 전환을 추구하였다. 그리고 그 중심에는 부처님의 가르침을 따르는 사람들로 구성된 승가공동체가 있다. 공동체 연구자들은 당시 석가모니 부처님이 만든 승가공동체는 최초의 공동체이며 지금 현재에도 존재하는 가장 오래된 공동체라고 주장한다.[2] 시대와 장소에 따라 요구되는 시대정신을 반영한 다양한 불교공동체들이 존재하였고, 이 공동체들은 석가모니 부처님 당시의 승가공동체에 기초하여 구성되었다. 이는 당시의 승가공동체가 공동체의 이상에 가까운 공동체 모델을 구현하였기 때문이다.

실제 역사를 보면, 중국에서는 남방과 다른 북방의 문화를 반영하는 선원(禪院)을 기반으로 하는 수행공동체가 구성되었다. 우리 역사에서도 국가권력과 결탁하여 민중의 삶을 외면하는 불교를 벗어나기 위한 결사 성격의 수행공동체가 있었다. 최근에도 틱낫한 스님이 프랑스에 건설한 플럼빌리지(Plum Village)가 있다. 이러한 수행공동체들은 해당 시대를 비판하고 새로운 사회로의 전환을 준비하고 지향하고 있다. 이러한 사실들에 기초하여 필자는 이상적 수행공동체를 오늘날의 사회구조와 환경에 부합하도록 구성하는 것을 목표로 하고 있다.

현재도 부처님의 재세 시처럼 새로운 문명이 준비되고 있고, 어느 곳에서는 이미 실현되고 있다. 불과 몇 년 전만 해도 소수의 사람들만이 이야기하던 생명·평화·생태·화합 등과 같은 가치들이 대안 가치로 논의되고 있다. 다양한 곳에서 다양한 사람들이 '삶과 사회와 존재에 관한 수많은 물음표'들을 이야기하고 있다.[3] 대표적인 물음은 "국가"에 대한 질문이다. 가슴 아픈 세월호에서 시작된 이 질문은 '국가는 도대체 무엇이며, 무엇을 해야 하는가? 그리고 대한민국이란 국가는 어떠한가? 어떻게 바뀌어야 하는가?'라는 질문으로 이어지고 있다. 수많은 사람들이 직접 질문을 하고 답을 하고 있다. 아직은 눈에 띄는 그 무엇은 없지만, 생명·평화·생태·화해를 가치로 하는 사회적 흐름이 형성되고 있다.

이 사회적 흐름이 문명전환으로 이어지기 위해서는 기존 문명에 대한 성찰이 있어야 하고, 새로운 문명의 가치를 조망하고 공유하는 사람들이 등장해야 한다. 이를 위해서는 새로운 문명의 가치들이 사회 속에 확산되어야 한다. 그리고 새로운 삶과 생활양식도 사회 속에 전파되어야 한다. 이러한 관점에서 한국 불교가 할 수 있는 역할을 간략하게 이 글에서 정리하였다. 이는 한국 불교의 '새 길 찾기'이다. 문명전환의 관점에서 거시적 전환의 목표와 방향과 방안을 제시할 수도 있다. 하지만 이 글에서는 좀 더 소박한 관점에서 중생들의 삶 그 자체와 공동체, 그리고 한국 불교를 위해 우리가 할 수 있는 노력을 제언하는데에 만족하고자 한다. 새로운 문명전환에 동참하는 종교인으로서 전환의 노력이 지향해야 하는 방향성에 대한 소회이기도 하다. 그 때문에 이 글이 구체적이기보다는 추상적이고 원론적(原論的)인 글쓰기에 머물러 있다는 개인적인 아쉬움도 있다. 하지만 백낙청 선생이 '큰 전환을 이룩할 적공(積功)'이라는 표현을 통해 흐름을 이어 가는 노력의 중요성을 강조하고 있듯이,[4] 문명전환을 위한 다양한 영역·분야의 공덕들이 모여 사회는 전환한다. 이러한 전환에 조그만 공덕을 쌓았다는 사실에 만족한다.

II. 한국사회의 실상

우리가 직면하고 있는 한국사회의 '환경과 조건'은 낙관적이기보다는 부정적이다. 1990년대 후반 IMF 외환위기 이후 본격적으로 신자유주의적 제도와 정책이 도입되고 실행되면서, 무한 경쟁은 미덕이 되었고, 삶의 속도는 정신을 차릴 수 없을 정도로 빨라졌다.[5] 주위를 돌아볼 시간도 없어져 가족과 함께하는 삶과 이웃과 함께하는 삶이 사라졌다. 수많은 지역공동체가 사라졌고, 익명의 사람들이 모인 주거지만 남았다. 그 때문인지 마을이나 동네 사람들이 이웃으로 살아가던 시대를 그리고 있는 '응답하라 1988'이란 TV드라마가 큰 인기를 얻었다. 한국은 기적처럼 근대화에 성공한 나라이다. 식민지와 전쟁의 폐허를 딛고 일으킨 경제성장·민주화·정보의 초고속화의 기적을 이루었다. 그러나 '성장의 근대 문명'이 수명을 다했다. 문명 쇠퇴는 세계적인 현상이지만 한국사회는 급속 성장만큼 급격하게 근대화가 파괴되는 위험사회로 접어들고 있다. 그만큼 사회적·정신적 문제들이 많아졌다.

오늘날 중생의 삶은 매우 어렵다. 무한히 증가하는 듯한 삶의 속도와 경쟁 속에서 자신을 압박하는 스트레스를 견디지 못하고 많은 사람들이 현장을 떠나거나, 타인과 자신에게 분노를 표출하기도 한다. 좌절의 경험이나 억울함의 느낌이 쌓여 건전하게 분출되지 못하고 범죄로 이어지는 경향도 증가하고 있다. 불특정 다수를 대상으로 하는 소위 '묻지마 범죄', 특정 집단(주로 사회적 약자들)에게 이유 없는 증오심을 가지고 무차별적으로 행해지는 증오 범죄도 증가하고 있다.

그 때문인지 많은 한국인들이 자신의 일상을 포기하고 있다. 학생들은 학교를 떠나고, 청년들은 연애·결혼·취업·인간관계 등을 포기하고 있다. 힘겹게 결혼한 젊은 부부들은 출산을 기피한다. 통계청의 〈2015년 출생·사망통계〉에 따르면 지난해 우리나라의 합계 출산율(여자 1명이 평생 낳을 것으로 예상되는 출생아 수)은 1.24명으로 전년(1.21명)보다 0.03명 상승하는데 그쳤다. 일반적으로 합계 출산율이 1.3명 이하면 '초저출산 사회'로 분류된다. 우리나라는 2001년 합계 출산율이 1.3명 이하로 떨어진 뒤 15년째 초저출산 상태를 유지하고 있다.[6]

노인들은 스스로 목숨을 끊어 삶을 극단적으로 마무리하고 있다. 한국의 자살률은 2003년 이후 12년 동안 OECD 1위를 차지하고 있다. 자살사망률은 매년 증가해 2011년 인구 10만 명당 31.7명까지 증가하고서 다소 줄어들긴 했지만 2015년 기준으로 인구 10만 명당 27.3명이나 된다.[7] 65세 이상 노인 자살률도 OECD 회원국 중 1위이다. OECD(경제협력개발기구)에서 제시한 건강 통계 2015년 발표문에서 통계자료 년도인 2013년 기준으로 인구 10만 명당 한국인 자살률이 OECD 회원국 평균은 12명인데 한국은 무려 2배가 넘는 29.1명으로 자살률 1위를 지속하는 놀라운 수치를 보여주고 있다. 특히 노인 자살률만 보면 10만 명당 81.9명으로 단연 세계적으로 최고 수치를 보여주고 있다. 그 원인으로는 심각한 노인 빈곤이 꼽히고 있다. OECD 회원국 중 한국이 노인 빈곤률은 1위이며, '노인이 살기 좋은 나라' 순위는 하위권인 60위이다.[8] 청소년 자살률은 10만 명당 8-10명 정도로 세계 평균에 가깝지만, 자살률 증가 속도는 매우 높다. 그리고 여성가족부와 통계청의 〈2015 청소년 통계〉에 따르면 9-24세 청소년의 사망 원인 1위는 '고의적 자해(자살)'이다(2012년 기준).[9]

한국사회의 오늘은 사회 구성원들이 존재 그 자체를 고민하고 있는 심각한 위기 국면이다. 이러한 국면에서 한국 불교는 한국사회의 문명전환에 어떤 공덕을 쌓을 수 있을까? 이는 한국 불교 내부를 향한 "한국 불교는 어떤 방향으로 전환되어야 하는가?"라는 질문과 외부를 향한 "한국 불교는 한국 사회의 전환 과정에 어떤 역할을 해야 하는가?"라는 질문이 합해진 질문이다. 앞에서 제기한 문제들, 물질주의와 지나친 성과주의, 연대 의식 단절, 공동체 붕괴 등은 한국사회에서 종교가 제 역할을 하지 못했기 때문에 발생한 것들이기도 하다. 가치와 정서적 측면에서 삶의 방향을 제시하지 못했고, 한국인들이 겪는 삶의 고통을 제대로 껴안지도 못했다. 이러한 반성에 기초하여 전환기에 종교의 역할은 무엇인지에 대한 고민과 역할 설정이 필요하다.[10] 또한 한국 불교 그 자체도 전환의 요구를 받고 있다. 한국 불교도 위기라는 진단이 있으며, 정신적 가치보다는 물질적 가치를 더 추구하는 물질주의가 팽배해 있다고 비판받고 있다. 뒤늦게 수용한 성장 중심의 패러다임에서 벗어나지 못하고 있다. 아래에서는 한국사회에서 종교의 역할과 한국 불교의 방향 전환이라는 두 문제의식에서 한국 불교의 새 길을 정리하였다.

III. 한국 불교의 새 길 찾기

1. 실천과 참여의 불교로 의식 전환

한국 불교의 새 길은 불교의 존재 목적에 대한 냉철한 성찰에서 시작되어야 한다. 부처님의 탄생게에서 선언되었듯이 부처님이 이 땅에 오시고 전법을 시작한 이유는 중생의 행복과 안락 때문이다. 구세대비(救世大悲) · 대비원력(大悲願力) · 전법도생(傳法度生)이라는 명징(明澄)한 명제들은 자비심을 통해 어려움 · 고통 · 갈등의 사회와 그 속의 사람들을 구제(救濟)하는 것이 불교의 목적이며, 곧 한국 불교의 존재 이유임을 드러내고 있다.

하지만 중생의 행복과 안락을 위해 불교와 한국 불교가 존재한다는 설명은 조금은 낯설다. 그동안 한국 불교계와 사회에서 통용되는 다수 의견은 불교는 세속을 떠난 종교이며, 출가자는 세속을 떠난 존재라는 것이다. 대다수의 불자는 '깨달음'을 통해 마음의 평안·해탈·열반을 불교의 목적으로 설정하고 있다. 불교의 오랜 전통이자, 현대적 가치를 인정받고 있는 수행의 목적도 '깨달음'이라는 이해가 광범위하게 자리하고 있다. 일반 재가불자뿐만 아니라 다소간의 전문성과 대중성이 포함된 불교의 교양서적과 불교를 학술적으로 접근하는 학술 서적과 논문들에서도 불교의 목적은 대체로 '깨달음'이라고 정리되어 있다.

이러한 생각은 사회에 더욱 만연하다. 아직도 스님이 된다는 것은 출가(出家)가 전제된 행위이며, 이때 출가는 세속(世俗)의 초월(超越)을 지향하는 행위이다. 이러한 불교에 대한 일반의 인상(印象)은 조선 초 정도전의 불교 비판에서도 찾을 수 있는 오래된 이미지이다. 불교를 신봉(信奉)하는 사람은 구체적인 정치·사회 현실과 동떨어진 초역사적 과제·깨달음을 추구하는 사람으로 여겨진다. 불교의 오래되었지만 가장 핵심적인 '탐진치(貪瞋痴) 여의기'는 현실과 무관한 '마음'의 문제이며, 이는 마음공부·마음수행을 통해 무엇인가를 깨침으로 가능하다는 가르침도 이제까지의 통설(通說)을 강화하는 것이기도 하다.

하지만 최근 한국 불교에서는 이러한 오래된 이미지를 극복하려는 움직임이 있다. 일부 진보적이고 개혁적인 사회운동의 영향에서 기인한 것도 아니다. 교육원장을 역임한 무비 스님은 얼마 전 조계종단의 한 회의에서 '구세대비(救世大悲)'를 한국 불교가 나아갈 방향이라고 주장하였다. 해탈지상주의에서 벗어나 구세대비주의로 나가야 한다는 것이 이 시대가 요구하는 불교라며 구세대비정신을 실천하는 스님들이 많아져야 한다고 강조하였다.[11] 불교가 세상에 존재하는 이유는 깨달음 그 자체에 있는 것이 아니고, 깨달음과 함께 구세대비를 실천하는 것이라는 의미이다. 깨달음을 위한 깨달음에서 중생의 안락을 위한 깨달음으로, 깨달음과 구세대비의 동시적 실천으로의 전환을 뜻한다.

깨달음과 구세대비의 실천을 동시에 추구하는 불교는 오래전부터 존재하였다. 이미 1970년대부터 전 종정 서옹 스님은 사회문제의 불교적 해법으로 '참사람'을 제시하였다. 이때 참사람은 수행을 통해 욕망과 성냄과 어리석음을 극복하고 깨달음을 얻어 본래면목을 확인한 사람이다. 욕망으로 인한 위험사회를 극복하고, 참사람의 자유와 평화의 정신을 사회에 회향하여 세상의 고통과 모순을 해결하는데 함께 노력해야 한다고 주창하였다. 서옹 스님은 이러한 내용을 '참사람사상'으로 정립하였고, 1990년대에는 이를 '참사람 결사운동'으로 구체화하였다. 논자는 참사람결사운동을 계승하고 오늘날의 시각으로 재구성한 수행 프로그램 '참사람의 향기'를 진행하며 의식개혁에 동참하고 있다.

실천을 강조하는 이러한 불교 이해가 여래장(如來藏), 불성(佛性), 본래부처, 본래면목 등의 개념으로부터 이론적으로 가능하다. 하지만 여러 불교인들은 이를 실천적 관점에서 이해하는데에는 어려워하고 힘들어하였다. 깨달음은 최우선적으로 추구해야 하는 목적이자 최종 종착지였다. 여전히 깨달음을 증득하는 과정과 깨달음의 상태를 신비화하여 일반인은 쉽게 근접할 수 없는 상태로 세상과 현실로부터 격리되기를 희망하였다.

이러한 불교는 중생의 삶과 무관한 불교이며, 사회 변화와 무관한 불교이다. 고즈넉한 산사의 이미지 불교일 뿐이다. 일상을 벗어나 잠시 머무르다 가는 불교, 속세의 찌든 때를 잠시 내려놓은 그러한 불교일 뿐이다. 그동안 한국의 많은 스님들과 재가 신도들은 "내수행도 안 되어 있는 내가 어떻게…"라며 사회적 실천을 뒤로 미루는 경향이 있었다. 이는 선수행을 중시하던 풍토에 기인하기도 하지만, 수행과 실천·불교의 생명평화사상·연기법 등과 같은 불교적 가치를 관념적으로만 인식했기 때문이다.

다행스럽게도 근래 불교계에서는 깨달음과 함께 실천(사회적 실천)을 불교의 목적으로 설정한 여러 불교인들의 노력이 받아들여지고 있다. 조계종단도 사회참여에 대한 인식을 새롭게 하고, 보다 적극적으로 사회참여를 시도하고 있다. 총무원장도 2016년 신년 기자회견에서 불교의 사회적 역할을 강조하였다. 분명 이러한 변화는 긍정적 변화이다. 하지만 아직은 구체성이 부족한 선언에 머물고 있다.

이는 사회참여를 시도한 짧은 역사와 한국 불교의 역량 부족에서 기인하기도 하지만 불교와 사회의 관계, 곧 사회와 역사에 대한 불교의 태도를 명징하게 인식하지 못하고 있기 때문이다. 최근 『깨달음과 역사』를 통해 깨달음과 그 실천의 담지자로서 보살을 보다 적극적으로 사회화하여 이해하는 현 교육원장 현응 스님은 책에서 사회와의 관계에서 많은 불교인이 부딪치고 있음을 지적하고 그 이유를 적시하고 있다.

> 사회에 어떻게 참여하느냐 하는 방법상의 문제도 있지만, 그보다 더욱 큰 문제는 그에 앞선 단계로서 "사회라는 것을 어떻게 보아야 하는 것인가?" 하는 물음 앞에서 헤매고 있는 점이라고 본다. 곧 "사회의 역사란 우리의 노력과 정열을 기울일 만한 실질적인 가치가 없는 부질없는 것이 아닌가?", "부처님이 제시한 가르침은 이 사회나 역사에 대해서가 아닌 초월적인 다른 세계의 영역이 아닌가?" 하는 갈등을 껴안은 채로 불교와 사회를 본질적으로 다른 영역이라고 보는 이분법적 사고방식이 불교인의 머리에 자리 잡고 있다. 오늘의 불교와 사회에 대해서 말하려는 자는 이 점을 먼저 살펴야 한다(현응, 2009, 219-220쪽).

불교와 사회의 관계를 단절적으로 이해하는 관습적인 인식을 넘어서기 위한 인식의 전환이 필요하다. 인식의 전환은 불교의 근본 종지를 현대사회와 조응하도록 창조적으로 재해석하는데에서 시작한다. 다행스럽게도 부처님의 가르침은 산중과 경전을 벗어나 일반 사회에도 적용해야 한다는 의식이 일반의 동의를 얻고 있다. 나아가 깨달음 그 자체에 목적이 있는 것이 아니라, 나를 비롯한 중생과 사회의 행복을 위해 자비를 실천하는 보살정신이 새로운 전통으로 자리 잡아 가고 있다. 또한 이러한 불교의 모습이 공(空)·무아(無我)·무상(無常)·연기(緣起)·반야(般若)로 대표되는 불교의 근본 가르침에 부합하는 것이라는 이해도 대중에게 받아들여지고 있다. 불교가 세상을 어떻게 보아야 하는지에 대해서 일깨워 주는 것을 넘어, 이제는 세상을 어떻게 변화시키고 바꾸어 나가야 하는지, 어떤 세상을 만들어 가야 하는지에 대해서도 설명해야 한다는 것이다.[12]

이러한 전환에 대한 심리적 저항은 아직도 존재한다. 오래된 관습에 기초하고 있는 이 심리적 저항을 극복하는 노력이 곧 전환의 노력이다. 극복의 노력은 저항을 받아 안고 그들과 지속적으로 만나고 이야기를 나누는 노력이며, 동시에 구세대비의 실천행이다. 이러한 노력이 쌓여 한국 불교는 구체적이며 현실적인 중생제도의 종교, 이 시대와 사회를 이끌어 가는 종교로 전환될 수 있다.

철저한 역사적 반성과 미래를 꿰뚫는 안목, 그리고 부처님 가르침에 대한 대승적 재해석과 그에 따른 보살도의 실천을 사회는 요구하고 있다. 하지만 잠시 돌이켜 생각해 보면, 불교는 원래 실천과 참여의 종교였다. 부처님의 깨달음과 실천행은 사회의 구조적 모순을 해결하기 위한 실천과 참여를 지향하고 있었다. 그럼에도 이제까지 한국 불교는 그렇게 하지 못했다. 불교의 신행은 '상구보리 하화중생(上求菩提下化衆生)'으로 집약된다. 연기법의 이치에 따르면 상구보리와 하화중생은 분리될 수 없다. 그럼에도 선불교적 전통을 지닌 한국 불교의 현실에서 상구보리와 하화중생은 빈번하게 분리되었다. 이 둘을 유기적으로 융합하는 노력이 사회참여이며 구세대비의 실천이다.[13]

대표적인 사회참여의 예는 틱낫한(Thich Nhat Hanh, 1926-) 스님에게서 찾을 수 있다. 틱낫한 스님은 베트남전쟁을 계기로 사회적 사건이 종교적 삶에 깊은 영향을 끼칠 수 있다는 사실을 깨닫고, 사회참여를 본격화하였다. 이후 베트남의 정치적·사회적 투쟁에 적극 참여하였고 반전운동을 주도하였다. 반전운동을 이유로 사실상 베트남에서 1970년대에 추방되었고, 현재는 프랑스에 위치한 수행공동체 플럼빌리지(Plum Village)를 중심으로 평화·생명·환경·비핵 등 다양한 사회참여를 실천하고 있다. 또한 스님은 수행과 사회참여를 결합하고 있으며, 사회의 갈등 문제를 해결할 수 있는 원동력으로서 수행을 자리매김하고 있다.

틱낫한 스님은 사성제·공·보살도·자비·연기 등의 가르침을 현실의 문화와 조건에 어울리게 재해석하고 이를 참여불교의 토대로 삼았다.[14] 특히 여러 사회문제의 분석과 해결을 위해 '연기'를 강조하였다. 이 관점에서 첫째, 가능한 한 빨리 모든 참혹한 고통을 중지시키고, 그럴 수 없다면 고통을 줄이라는 것이다. 둘째, 분쟁에 연루된 모든 것에서 떨어져 있지 말라는 것이다. 이는 중도(中道)와 대승적 차원에서의 불이(不二)를 사회참여의 원칙으로 표방한 것이다. 분쟁의 두 당사자는 대립하고 있는 것이 아니라 똑같은 상황의 양면일 뿐이라는 점을 강조하였다. 그리고 이를 현실화시키는 방법으로서 수행의 필요성을 강조하였다.[15]

2. 시대정신에 부합하는 수행과 포교로 전환[16]

작금의 한국 불교의 현실은 참으로 안타깝고 답답하다. 사회는 문명전환을 준비하고 있지만, 한국 불교는 냉철하게 이야기하면 아직도 종단의 유지를 걱정하는 수준을 극복하지 못하고 있다. 출가자는 양적으로 점차 줄어들고 있을 뿐만 아니라 질적으로도 결코 우월성을 갖고 있지 않다. 지금 이 순간 분명한 것은 현재의 한국 불교가 반드시 그리고 철저하게 변화해야 한다는 것이다. 그렇지 않으면 한국 불교는 100년 전에 그러했던 것처럼 한국사회의 전환을 따라가지 못하는 구시대의 종교로 더없이 초라해지는 상황에 직면하게 될 것이다.

1) 선수행에 대하여

간화선은 한국 불교의 대표적인 수행으로 종단 차원에서 이를 사회화하기 위해 노력하고 있다. 하지만 많은 이들이 간화선을 걱정하고 있다. 수행으로 간화선이 지향해야 하는 내용보다는 간화선이라는 손가락에 집착하고 있다는 우려이다. 이는 부처님의 가르침이 구세의 가르침이요, 중생제도의 가르침임을 실천하지 않는다는 사실에서 야기된 것으로 이해한다.

100여 년 전 만해 스님도 당시의 선수행 풍토를 비판하였다. 당시 선실(禪室)이 없는 사찰이 거의 없을 정도였으며, 선실을 선을 일으키는 선불장으로 삼지 않고 절의 명예의 도구를 삼았고[寺利榮譽之具], 선실을 이익을 낚는 도구로 삼고 있다[射利之具]고 질타했다. 선객의 총수 10명 중 진정한 선객은 1명에 불과하다고 비판했다. 만해 스님은 참선을 새롭게 뜯어 고치는 방법으로 각 절의 선실 재산을 합쳐서 우선 한두 개의 큰 규모의 선학관(禪學館)을 마땅한 곳에 세우고, 선의 이치에 밝은 사람 몇 명을 초청하여 스승으로 삼으며, 참가하기를 원하는 사람은 승속(僧俗)을 가리지 않고 다 수용하되 모집할 때에 일정한 방법으로 시험을 거치도록 하자고 제안하였다. 그리고 선을 닦는 데 일정한 시간적 통제를 하여 산만에 흐르지 못하게 해야 하며, 다달이 청강을 하기도 하고 토론을 벌이기도 하여, 한편으로는 참선의 정도를 시험하고, 한편으로는 각자의 지식을 교환하자고 제안하였다. 그리하여 상당한 시일이 지나 크게 얻는 바가 있을 경우에는 마땅히 저서를 내어서 세상에 공표하도록 하자고 주창하였다. 선방에 들어갈 형편이 못 되면 각 사찰에 참선

모임을 만들어 수행 풍토를 조성하자고 하였다.

세부적인 내용에서 차이는 있지만, 만해 스님의 선수행 풍토 비판과 대안 제시는 오늘날에도 그대로 적용 가능하다. 첫째, 선방에는 정말로 공부하는 사람들이 모여서 공부할 수 있도록 공부 점검 등의 혁신적인 제도의 보완이 절실하다. 둘째, 선방에는 반드시 명안종사(明眼宗師)를 모셔 스승으로 삼아야 한다. 조실·방장·선원장을 모시는 데 문중이나 파벌의 개념이 적용되어서는 안 된다. 법에는 문중이 없다. 셋째, 사교입선(捨敎入禪)을 정확히 지켜야 한다. 무조건 책을 보지 말고 화두만 들라고 하는 것에서 벗어나 경전이나 조사어록을 공부하고, 그 바탕하에 참선으로 들어가는 선교겸수(선교학 후정진)의 수행차제를 제정해야 한다. 넷째, 수행을 해서 얻은 바가 있다면 반드시 그 득처를 대중들에게 회향하는 것을 의무화해야 한다. 일반인을 위한 선원·대중법문·강설·불교대학 강좌·저술 등 다양한 방법으로 공부한 것을 널리 중생을 위해 회향하는 시스템을 구축해야 한다.

2) 포교에 대하여

불교의 포교(布敎)는 교리를 널리 알린다는 측면에서는 서양 종교의 선교(宣敎)와 뜻이 같다. 하지만 얼마 전까지도 한국 불교는 포교에 그리 적극적이지 않았다. 종단 내부의 혼란으로 안정이 최우선의 과제였기 때문이기도 하였지만, 한국 불교는 교리적 측면에서 서구의 종교처럼 유일신 사상에 기초한 공격적이고 직접적인 선교를 지양하였다. 생명과 평화의 가치, 화해와 공존을 지향하는 교리적 내용은 공격적·직접적 선교 방식과 부합하지 않는다. 삶의 모범으로서, 삶의 안식처로서 일반 스님들이 언제나 필요한 곳에 존재하는 것으로 포교를 대체하기도 하였다. 전통 종교라는 불교의 위상과 특성도 이와 연관된다.

하지만 문명전환에 필요한 가치의 확산이라는 측면에서 포교를 새롭게 이해하고 포교에 임할 필요성도 제기된다. 오늘날의 시대정신에 부합하도록 포교의 원칙·정신·방법 등을 정립하고, 최근의 사회변동에 걸맞은 포교 전략을 수립해야 한다. 일례로 승려만이 포교를 한다는 생각은 완전히 버려야 한다. 일선에서 포교를 하고 있는 재가포교사 양성 시스템을 보완하고, 그들에게 승려에 버금가는 권위와 권한을 주어야 한다. 현재 포교사들은 그들의 신분과 활동의 거점을 보장받지도 못하고 있다. 출가자의 수가 해마다 줄어들고 있고, 고령의 출가자들이 늘어나는 현실에서 포교 현장을 승려에게만 맡기는 시스템은 시대착오적이다. 이처럼 새 길 찾기의 하나로서 포교를 위한 몇 가지 제안을 하고자 한다.

첫째, 인터넷·스마트폰 등 뉴미디어를 활용하는 포교에 종단이 나서야 한다. 기존의 신문이나 출판 등에 익숙한 인구보다 인터넷과 스마트폰에 익숙한 인구가 절대다수를 차지하고 있는 현실과 새로운 미디어를 활용하지 못하고 있는 불교의 현실에 대한 심각한 자각이 있어야 한다. 둘째, 정법(正法)을 중심으로 포교해야 한다. 방편이라는 이름으로 행해지는 온갖 비불교적인 행위들은 과감히 추방해야 한다. 오직 정법을 중심으로, 방편법은 가능한 최소한으로 하는 원칙의 수립이 절대적으로 필요하다. 차제에 정법과 사법을 가리는 종학적 기관도 만들어야 한다. 개신교의 경우 끊임없는 이단 논쟁을 벌이며 나름의 정통성을 찾는 노력을 기울이고 있는데, 한국 불교계에서는 부처님의 이름으로 무당짓을 해도 방편이라는 이름으로 넘겨 버리는 일이 비일비재하다. 셋째, 포교 잘하는 스님이 종단의 요직과 중요한 사찰을 맡아야 한다. 포교는 종교의 생명줄이다. 그 생명이 지금 가물가물해지고 있다. 생명을 지키고, 강하게 만들고, 확산시키기 위해 포교를 잘하는 스님을 책임 있는 자리에 모셔야 한다. 넷째, 문화재관람료로 사찰을 운영하는 것을 금해야 한다. 문화재관람료는 불교문화재와 자연환경을 보존하고 계승한다는 목적에 기초한 제도이다. 문화재와 자연환경 보존뿐만 아니라 방문자들을 위한 서비스 개발과 개선에 사용되도록 해야 한다. 일반 시민들에게 이익을 주는 복지와 포교 등의 재원으로 활용할 수도 있을 것이다.

3. 실천하는 생활 규범과 청규로 전환

물질적 사회 변화에 응답을 하는 의식의 전환과 한국 불교의 구조 전환(수행과 포교)을 다루었다. 의식 전환과 구조 전환은 거시적 수준에서 전환의 방향성을 규정한다. 진정한 전환은 해답의 제시에 머물지 않고, 제시된 해답을 사회에서 실현하는 것이다. 사회운동을 통해서도 가능하지만, 보다 근원적인 실현은 자신의 삶 속에서 불교의 세계관과 가치를 구체적인 생활로 실현하는 것이다.

1) 생활 규범에 대하여

앞에서 강조했듯이, 불교는 중생의 불행과 고통을 해결하려는 종교이다. 부처님은 이 문제의 답을 얻기 위해 출가하였고, 이 문제를 집중적으로 파악하려 하였다. 그래서 부처님이 45년 동안의 설법 기간에서도 그 해결점을 설명해 주었다. 이를 마음의 문제로 환원하여 설명하는 경향도 있다. 하지만 불교의 연기적 세계관에서 마음은 홀로 존재하지 않는다. 외부의 사건·대상과 만나고 경계를 맺으며 끊임없이 생성·변화한다.

이러한 만남·경계·생성·변화·소멸이 가장 빈번하게 가장 극적으로 (불교적 표현으로) '활발발(活潑潑)'한 곳은 생활의 영역이다. 생활(生活)은 사람이 살면서 생명을 유지하고 살기 위해서 행하는 필수적인 활동이다. 생활은 일상생활과 같은 의식주 활동 외에도 일과 여가를 취하고 상호작용에 적극적인 의미를 발견하는 행위·직업 생활과 사적 생활·사회 생활 등을 포괄한다.[17] 그리고 성별·연령대·정치적 신념·결혼 여부·가족형태·소득수준·학력·직업·취업 형태·거주 지역과 형태·건강·종교 등에 의해 생활의 방식은 사람마다 다르다. 물론 사람들의 천차만별인 생활의 모습도 일정한 경향으로 즉, 생활양식으로 구분된다.

여하튼 한 개인과 사회와 세계가 만나 삶을 만들어 가는 '생활'은 고통[苦]의 현장이다. 중생들이 겪는 고통을 불교에서는 생·노·병·사·애별리고[18]·원증회고[19]·구부득고[20]·오음성고[21] 8고(苦)로 정리하였다. 여기에는 육체적 고통·정신적 고통·사회제도적 고통·실존적 고통이 모두 함축되어 있다. 이 생활을 어떻게 구성하느냐, 어떻게 살아가느냐가 고통의 해소와 행복 증진이라는 불교의 가치 구현이자 존재 목적의 핵심이다.

이러한 이유에서 한국 불교의 전환은 이제 의식의 전환을 생활(양식)의 전환으로 이어가야 한다. 일상생활에서·직장생활에서·사회생활에서·가정생활에서·학교생활에서·여가생활에서 전환이 이루어져야 한다. 무의식적인 습관·의식적인 행위·의도적인 행동이 새로 전환된 불교와 조응해야 한다.

한국 불교의 현실에서 보면 생활의 전환은 의식의 전환보다 어려운 공덕이다. 그동안에는 재가불자들이 따르는 불교적 생활양식이 존재하지 않았다. 불교와 사회가 분리되었듯, 불교와 생활이 분리되어 있었다. 그동안 재가불자들은 생활의 측면에서 일반인들과 크게 다르지 않았다. 불교도로서 지향하는 가치가 삶을 통해 드러나지 않았다. 불교에는 출가자들의 삶의 양식을 규율하는 계율이 비교적 촘촘하게 마련되어 있지만, 재가자들에게 요구되는 계율은 상징적 차원을 넘어서지 못하고 있다. 그 때문에 불교의 가치가 삶 속으로 스며들지 못하고 있다. 삶의 현장에서 불교인들은 타 종교인이나 무종교인들과 구별되는 특징이 없다.

불교의 공동체는 좁게는 출가자들의 공동체인 승가공동체로부터 넓게는 모든 불제자(비구·비구니·우바새·우바이)들이 구성원인 사부대중공동체까지 다양하다. 출가자와 재가자는 모두 수행자라는 점은 같지만, 공동체에서의 그 역할이 조금은 상이하다. 그래서 재가불자에게 적용되는 규범과 출가자들에게 적용되는 규범이 다르다. 출가승려의 생활은 생활의 사소한 모든 것에서도 불교 가치를 드러내도록 규율되어 있다. 출·재가 모두에게 적용되는 계(戒)도 많은 차이가 있다. 계는 행위규범과 비슷한 의미와 기능을 담당하는데, 재가자가 지켜야 하는 계는 5계·8계·10계 등으로 그 숫자가 많지 않지만, 출가자들이 정식 승려가 될 때 받는 구족계(具足戒)는 비구에게는 250계, 비구니에게는 348계이다.

율(律)은 단체생활을 영위하는 출가자에게만 적용되는 규범 혹은 지침으로 매우 꼼꼼하고 다양한 내용을 포함하고 있다. 처음부터 완결된 율이 존재하지 않았다. 필요에 의해서 공동생활이 이루어지는 승단에서 일어난 실제 사건을 다루는 과정에서 새로운 율이 추가되었다. 불교 고유의 전통인 대중공사를 통해 제기된 문제들도 논의되고 정리되어 율의 규범으로 포함되었다. 수행에 대한 부분에서부터 승단의 운영과 공동생활을 위한 의식주에 대한 문제도 다루고 있다. 성스러운 계율과 이에 반하는 욕망 사이에서 일어나는 심리적 갈등과 선택의 문제, 성직자로서의 몸가짐과 마음가짐, 파계의 문제, 신도들과의 관계, 이교도들의 종교 압박과 폭행, 일반인들이 성직자에게 가하는 욕설과 비난, 탁발이 어려워 기아에 시달리는 승단의 모습, 전쟁에 휩쓸린 지역에서의 수행 등이 사실 그대로 기록되어 있다.[22]

율장은 출가승단을 중심으로 하기 때문에 재가자들에게 일반화시켜 적용하기에는 어려움이 있다. 다만 계율의 정신은 오늘날 계승해야 하는 문화적·정신적 자산이다. 불교적 세계관과 가치를 토대로 생활하기 위해서는 실제로 행동하는 방식에 대한 규범도 필요하며, 특수한 상황에 대한 도덕적 지침도 마련되어야 한다. 이러한 불교적 접근의 대표적인 사례는 원광 법사의 세속오계일 것이다. 신라 진평왕 때 화랑 귀산(貴山)과 추항(箒項)이 일생

을 두고 경계할 금언을 청하자 원광 법사가 이들에게 알려 준 계율이 세속오계이다.[23]

『삼국유사』에는 원광 법사가 귀산과 추항에게 계를 준 일화가 소개되어 있다.[24] 이 일화에서 불교의 생활 규범에 관한 두 가지 관점을 얻을 수 있다. 원광 법사는 세속오계를 소개하기 전에 다음과 같은 말을 하였다. "불교에는 보살계(菩薩戒)가 있고 거기에 따라 열 가지가 있으나, 너희들이 다른 사람의 신하 된 몸으로는 아마 감당할 수 없을 것 같다. 지금 세속에는 다섯 가지 계가 있다. … 너희들은 이를 실행하는데 소홀함이 없어야 한다." 불교에는 이미 '생활의 경계'로 삼을 규범과 지침이 있지만, 이를 모든 사람들에게 적용하지는 않았다. 각자가 처한 환경과 조건에 맞추어서 지킬 수 있는 규범이 중요하다는 것이다. 강압·강제·공포 등에 의해 타율적으로 따르는 것이 아니라, 스스로의 필요와 공감에 의해 자율적으로 따르는 것이 중요하다.

따라서 두 번째로 생활 규범은 구체적이고 이해되는 것이어야 한다. 세속오계를 받은 귀산은 원광 법사에게 "다른 것은 잘 알겠습니다만, 이른바 살생을 가려서 하라는 것만은 잘 알지 못하겠습니다."라고 의문을 말하자, 원광 법사는 아래와 같이 살생을 가려서 한다는 의미와 방법을 소개한다. "육재일(六齋日)[25]과 봄·여름에는 살생하지 말아야 하니, 이는 시기를 가리라는 것이다. 부리는 가축을 죽이지 말라고 하는 것은 말·소·닭·개를 말하는 것이다. 미물을 죽이지 말라고 하는 것은 그 고기가 한 점도 되지 못하는 것을 말하니, 이는 바로 대상을 가리라는 것이다. 또한 죽일 수 있는 것도 꼭 필요한 양만큼만 죽이고 많이 죽이지는 마라. 이것이 곧 세속의 좋은 계다." 이에 의문이 풀린 귀산과 추항은 "지금부터 이를 받들어 두루 행하여 감히 실수하는 일이 없도록 하겠습니다."라고 하였다.

생활 규범은 첫째, 현실에 적용 가능해야 하고, 환경과 조건에 따라 그 내용이 달리 마련되어야 하다. 둘째, 구체적이고 특수한 사례에도 적용되도록 구성되어야 하다. 너무 고매한 도덕적 기준을 요구해서는 안 되고, 지나친 이상적 규범과 지침이어서도 안 된다. 작은 마음이라도 규범의 내용에 공감한다면 평범한 사람들이라도 지킬 수 있는 규범(혹은 지침)이어야 한다.

생활 규범을 마련할 때 현실과 공감을 최우선적으로 고려하더라도, 불교의 세계관과 가치에 기초해야 한다. 세계·사회·인간에 대한 견해가 반영되어야 한다. 다행히 불교에는 규범으로 전환할 수 있는 실천적 교리들이 다양하게 존재한다. 팔정도(八正道)·십선계(十善戒)·사무량심(四無量心) 등이 대표적이다.

팔정도는 불교의 대표적인 교리인 사성제(四聖諦)의 고집멸도(苦集滅道) 중에서 고통을 소멸시키는 진리이다. 즉, 팔정도인 정견(正見)·정사유(正思惟)·정어(正語)·정업(正業)·정명(正命)·정정진(正精進)·정념(正念)·정정(正定)은 고통을 없애고 깨달음에 이를 수 있는 실천(수행) 덕목이다.

십선계(十善戒)는 대표적인 보살계로서 재가불자들이 지켜야 하는 10가지 계율이다. 사람이 몸과 입과 생각으로 업을 짓는다는 교리에 의거하여, 선한 결과를 이끌 수 있는 신체적 행위·언어적 행위·마음의 활동을 계율로 정한 것이다. ① 불상생(不殺生): 산 목숨을 죽이지 말라, ② 불투도(不偸盜): 남의 것을 훔치지 말라, ③ 불사음(不邪淫): 사음을 하지 말라, ④ 불망어(不妄語): 거짓말을 하지 말라, ⑤ 불기어(不綺語): 음탕하고 상스러운 말을 하지 말라, ⑥ 불양설(不兩舌): 이간하는 말을 하지 말라, ⑦ 불악구(不惡口): 악한 말을 하지 말라, ⑧ 불탐욕(不貪慾): 일체의 탐욕을 버려라, ⑨ 불진에(不瞋恚): 성내는 마음을 내지 말라, ⑩ 불사견(不邪見): 어리석고 삿된 견해를 갖지 말라.

사무량심(四無量心)이란 자(慈)·비(悲)·희(喜)·사(捨)를 말하는 것으로 이것은 타인을 대할 때 그 마음을 어떻게 갖느냐 또는 어떻게 쓰느냐 하는 마음가짐과 마음 씀씀이의 내용을 나타내는 것이다. 이 외에도 실천적 내용이 담긴 교리로는 37조도품(三十七助道品)·육바라밀·십바라밀 등이 있다.

이러한 불교의 실천적 교리들은 신행활동의 교리적 근거라는 종교적 역할을 넘어 생활의 영역에서도 실천되는 도덕적·윤리적 규범 혹은 행위 지침의 근거로서 활용될 수 있다. 생명·평화·생태 등 새로운 문명의 가치들은 생활에서 구현할 수 있는 '단순 소박한 삶', '공동체적 삶' 등으로 일반인들도 따를 수 있는 실천적 생활 규범으로 전환하기 위해 재해석되고 재구성되어야 한다. 이를 위해서는 종단과 사찰의 노력이 함께 필요하다. 종단에서는 이를 공식적인 의제로 설정하여 넓게는 한국 불교, 좁게는 조계종에서 받아들여지고 실천되는 생활 규범(혹은 행위 지침)을 제정해야 한다. 그동안 제도적 틀을 구축하는데 쏟았던 노력을 실제 삶에 영향을 줄 수 있는 방향으로 전환해야 한다. 그리고 이러한 노력은 일선의 사찰에서도 시작되어야 한다. 종단이 일반적·보편적 수준에서 생활양식의 규범을 만들어야 한다면, 사찰에서는 지역사회의 환경과 조건 그리고 지역민들의 정서를 반영하여 특별한 생활 규범을 만들어야 한다. 사찰에서 영향을 미칠 수 있는 범위를 고려하여, 지자체와 시민단체와의 협의를 통해 지역의 특성이 반영된 규범을 만들 수 있을 것이다. 좁게는 동 단위 보다 넓게는 구 단위·군 단위·시 단위에서 통용될 수 있는 다양한 규범들을 생각할 수 있다. 이러한 행위규범(행위 지침)이 지역사회에 받아들여진다면, 이는 새로운 문명으로 전환하는 새로운 흐름을 만드는 노력으로서 새로운 흐름의 확산에 기여할 것이다.

2) 청규에 대하여[26]

① 승가청규

앞에서 간략하게 소개했듯이, 불교의 출가자에게는 생활규범으로서 율장이 존재한다. 하지만 현실적 영향력은 축소되었고, 대신에 〈승려법〉이 그 자리를 대체하고 있다. 조계종단에도 〈승려법〉이 존재하지만 종교적인 권위는 없다. 징계와 같은 특별한 역할에서는 힘을 발휘하지만, 승단의 실천 원리로서 존중을 받지는 못하고 있다. 이는 율장이 비록 현실적인 측면과 동떨어져 있지만, 종교적인 권위와 존중을 확보하고 있는 것과는 다르다. 이러한 문제를 해결하기 위해 주요한 개혁안으로 '청규' 제정이 시도되고 있다.

'청규'는 인도 문화권과는 다른 중국 문화권에 불교가 정착하면서, 율장을 현실적으로 수용할 수 없는 상황에서 파생한 대체 수단이다. 그렇기 때문에 청규는 태생적으로 종교적인 권위를 확보하는데 한계가 있다. 율장이 교조인 부처님과 직결되는 것과는 달리, 청규는 현전승가(現前僧伽)의 구성원에 의한 합의 또는 동의의 결과에서 힘이 발생하기 때문이다. 이를 극복하기 위해서는 필연적으로 구성원들을 설득해서 지지를 이끌어 내야만 한다.

그럼에도 조계종단에서는 이러한 노력이 부족하였다. 애써 제정한 〈조계종선원청규〉나 〈승가청규〉가 조계종 안에서도 관심의 대상이 되지 못했다. 모두가 공유하는 문제의식을 기반으로 새로운 종단청규가 만들어져야 한다는 점을 고려한다면, 보다 열린 전향적인 자세가 필요하다. 이에 기초하지 않는다면, 〈조계종선원청규〉나 〈승가청규〉의 전철을 피하고 새로운 대안을 제시하는 것은 쉽지 않다.

종단청규는 실천 원리로서의 권위를 획득하기 위해서 반드시 두 가지를 선 결과제로 확보해야 한다. 첫째, 율장을 토대로 한 연구 결과가 청규에 반영될 수 있도록 해야 한다. 그래야만 율장과는 별개의 독립적인 청규가 아닌, 율장을 발전시킨 형태의 청규로서 종교적인 권위를 확보할 수 있다. 둘째, 청규에 대한 구성원 즉 종도들의 관심과 주의 환기이다. 새로운 문명으로 전환하기 위해 기존의 승려법과 율장이 지닌 한계를 극복할 청규가 필요하다는 상황 인식과 새로운 문명의 가치를 담은 청규를 통해 한국 불교가 새로운 문명으로의 전환에 기여할 수 있다는 공감대가 필요하다. 새로운 청규의 필연성과 관련된 지속적인 내부 홍보 및 이러한 자각 노력을 통해서 구성원들의 문제의식과 합의를 도출해야만 한다. 이를 위해서는 지속적인 대중공의, 즉 소통의 노력이 필요하다.

현대사회에서 다수 구성원들의 동의를 확보한다는 것은 매우 어려운 일이다. 이는 승가공동체도 마찬가지이다. 이와 관련해서 생각할 수 있는 방법은 전체 구성원이 참여하는 소통이다. 불교의 고유한 전통인 대중공사는 상징적 차원에서의 소통이 아니라, 전체 대중이 참여하는 실질적인 소통의 노력이다. 세미나나 심포지엄과 같은 학술적 논의의 장이 아닌, 일반 대중이 참여하여 자신의 생각을 이야기하는 장에서 청규가 논의되어야 한다. 기한을 설정하지 않고, 한 규정 한 규정을 만들어 간다는 생각으로 소통하는 자세가 필요하다. 청규의 실질적인 영향력은 내부 홍보가 아닌 소통을 통해 형성된다. 그러므로 누구나 쉽게 생각하고 문제의식을 가지는 부분에서부터 논의를 진행하는 것도 생각할 수 있다. 물론 이와 같은 논의에는 필연적으로 율장적인 측면도 포함되어야만 할 것이다. 이러한 방법을 사용한다면, 구성원들 다수의 동의까지는 어렵더라도 구성원들의 의식을 환기시키고 관심을 집중시키는 정도는 충분히 가능하다고 판단된다.

이는 종도들을 설득하는 작업이기도 하다. 부처님 생존 시에도 불교는 율장 제정 과정에서 구성원들의 합의와 동의를 가장 중요한 요소로 생각하였다. 천주교의 교황처럼, 부처님을 대신해서 판단할 수 있는 권위를 부여받은 인물이 없는 현실에서, 구성원들의 동참과 동의를 이끌어 내는 것은 청규의 법적·종교적·실질적인 권위를 확보하는 방법이다.

청규의 완성을 위해서도 설득 작업은 필수적이다. 청규란 일종의 법 조항과 같은 것이기 때문에, 사회의 변화에 탄력적으로 반응하면서 끊임없이 재개정되어야만 한다. 즉 완비된 청규란 살아 있는 청규이지, 불변하는 청규가 아니다. 이러한 측면에서 청규를 완성하는 것은 종도들의 참여와 동의이다. 이 과정에서 청규의 조항에 내포될 문제점들도 논의하고 이를 수정할 수 있다.

청규의 보편적인 정착은 아래에서부터가 아닌 위에서부터의 모범적 실천이 중요하다. 하지만 안타깝게도 조계종단의 현실은 이를 기대하기 어렵다. 최근 조계종단의 주요한 이슈 중 하나인 양극화로 인해 공동체의 규범인 청규를 회피하려는 움직임도 있다. 종교 단체임에도 일반 사회와 유사하게 물질적 가치의 소유 여부에 따라 승가공동체가 분열되고 있다. 법정 최저임금에도 미치지 않는 삶의 조건에서 생활하는 집단도 있으며, 그에 반해 부와 권력을 독점하는 상층 집단도 있다. 승려공동체 내에서 건전한 비판을 주도할 중간층도 사회에서처럼 점차 그 규모와 역량이 줄어들고 있다. 이러한 모순된 현실에서 존경받는 어른이 더 이상 존재하지 않는다는 비관적 평가도 있다. 이러한 현실을 직시하고 양극화 문제를 해결하려는 종단의 노력이 필요하다. 최근의 승가복지도 그 일환으로 이해된다. 하지만 보다 근본적으로 일정 수준 이상의 부를 축적하지 못하도록 제한하는 등 종교인으로서의 가치를 경제적 가치보다 우선하는 공동체를 만들어야 한다. 청규는 그 시작이란 의미도 있다.

② 생활청규

승가의 청규를 공동체 구성원의 참여와 합의로 정착시키려는 노력은 시대의 전환을 반영하고 준비한다는 의미가 있다. 이러한 측면에서 청규의 범위를 보다 확대하여 재가자들에게도 적용되는 생활청규에 대한 고민도 요구된다. 생활청규는 수행자로서의 삶을 지향하는 재가자들만을 대상으로 한다는 점에서 생활 규범과는 차이가 있다. 수행 문화의 사회화와 대중화에 따라 불교수행을 경험한 불자와 일반인들이 증가하였고, 이들 중 일부는 평소에도 수행자로서의 삶의 태도를 견지하고자 한다.

하지만 일상생활에서 수행자로서 생활한다는 것은 쉽지 않다. 그래서 이를 돕고자 하는 노력들이 있었다. 대표적인 노력이 '재가안거수행결사'와 '참사람의 향기'이다. 재가안거수행결사는 불교의 전통적인 안거제도를 활용하여 안거 기간만큼은 수행자로서의 삶을 실천하려는 수행운동이다.[27] 전국의 여러 사찰에서 1,000여 명의 불자들이 동참하여 일상생활에서의 수행과 수행공동체로서 수행청규 준수를 다짐하였다. 수행청규로는 수행자의 모습을 견지할 수 있도록 수행의 실천과 보시 등 자비의 실천을 덕목으로 제시하였다. 재가안거수행결사는 특정한 공간을 점유하는 독립된 수행공동체는 아니었지만, 목적과 수행법에서 청규를 공유하는 수행공동체를 지향하였다. 일상생활과 수행생활 전반을 규율하지는 못했지만, 수행자라는 본분을 유지할 수 있도록 청규를 제시하였고 이를 점검하기 위한 포살(마음 나누기)을 실천했다는 의의가 있다. 서옹 스님의 '참사람결사운동'을 계승한 집중수행 프로그램으로 주로 해남 미황사에서 진행되고 있다. 일상생활에서도 수행을 지속할 수 있는 힘과 지혜를 함양하는 것을 목적으로 한다. 프로그램 참여자들을 수행자로 규정하고, 평소에도 수행할 수 있도록 격려하고 있다. 이를 위해 참여자들의 네트워크를 구성하여 느슨한 형태의 수행공동체 구성을 시도하고 있다. 정기적인 법회와 수행 점검, 생활청규 등도 검토하고 있다.

재가안거수행결사와 참사람의 향기에서 엿볼 수 있듯이, 수행자로서의 삶을 살아가려는 수많은 재가자들이 있으며 이들을 수행공동체로서 엮는 노력이 절실하다. 그리고 생활청규는 수행공동체의 구성원으로서 수행자로서 자신의 정체성을 확인·유지하는 데 유용하다. 생활청규는 일상생활에서도 실천 가능한 내용으로 구성되어야 하지만, 수행자 본연의 삶을 지향하는 수행체계와 법도를 세울 수 있어야 한다. 이를 위해서는 청규의 주요 덕목으로 자비행 실천을 포함해야 한다. 수행의 목적이 자비의 실천과 회향임을 강조하고, 자비를 수행할 수 있도록 해야 한다.

IV. 마무리

이 글에서 시도한 한국 불교의 노력과 방향성은 모든 생명이 인연으로 관계를 맺고 있다는 연기론적 세계관과 부처님은 고통에 빠진 세상을 구하기 위해 왔다는 관점에 입각하고 있다. 이러한 부처관과 세계관에 입각한 한국 불교의 '새 길 찾기'는 이제까지의 한국사회와 불교를 주도했던 물질주의적 세계관과 자아 중심의 이기적 세계관, 이분법적 세계관을 극복하는 것이다.

이를 위해 저자는 짧지 않은 기간 동안 승려로 살아가며, 일선 포교의 현장에서, 선방에서, 도시와 시골에서 살아온 현장의 경험을 토대로 한국 불교의 새 길을 제기하였다. 그 때문에 이 새 길은 저자의 경험과 인식에 근거하고 있으며, 다소 구체성이 떨어진다는 한계도 있다. 하지만 그 방향성은 작금의 사회 변화와 한국 불교에 대한 깊은 애정과 사색에서 도출된 것이다.

첫째, 20세기가 근대를 지향했고 모든 사회가 근대화를 추구한 시대였다면, 21세기 인간 사회는 탈근대를 지향하고 있다. 20세기의 핵심 가치였던 성장·발전 등과 같은 개념은 사라지고, 생명·평화·화해·느림·행복 같은 개념에 더 많은 관심을 기울이고 있다. 그럼에도 한국 불교는 기존의 패러다임을 벗어나지 못하고 있다. 이제 한국 불교는 기존의 익숙한 길에서 벗어나 새로운 길을 과감히 선택해야 한다. 물론 충분한 시간을 갖고 검토해야 하고, 가능하면 여론조사 등을 통해 종도들의 의견을 묻고 여론에 근거하여 시도하여야 바람직할 것이다.

둘째, 20세기가 국가와 행정 권력이 주도하는 시대였다면, 21세기는 시민 권력이 주도하는 시대로 변화하고 있다. 그럼에도 불구하고 한국 불교는 시민 권력에 관심을 갖기보다는 국가 권력이나 지방행정기구에 더 많은 관심을 기울이고 있다. 사회문제에 대한 관심은 점차 증가하고 있지만, 불교계의 대다수는 여전히 무관심하다. 이러한 관행을 극복해야 한다. 관심의 방향을 국가기구, 정치 영역에서 시민사회로 전환해야 한다. 더불어 다양한 외부와의 연대나 상생이 가능하도록, 사회 변화에 적응할 수 있는 역량을 길러야 한다.

마지막으로, 21세기 인류 문명은 환경문제를 여하히 해결하느냐에 달려 있을 정도로 환경 및 생태문제는 심각한 사회문제로 부각되고 있다. 한국 불교는 다른 어떤 종교 사상보다도 환경 및 생태문제에 대한 대안을 제시하기에 가장 적합한 가르침을 간직하고 있다. 부처님의 가르침과 발우공양, 해우소 등과 같이 친환경적인 불교문화를 적극적으로 재해석하고 사회화하려는 노력도 필요하다.

이러한 시대 상황에서 종도들이 선택하는 길은 다양할 수 있다. 하지만 그 길에서 만나는 새로운 한국 불교는 탈물질주의적이고, 생명·평화·생태의 가치를 주도하고, 구세대비의 실천과 사회참여에 적극적인 종교라고 생각한다. 이 길을 걷기 위한 노력은 여러 층위에서 이루어질 것이다. 첫째, 세계관·가치관·사고방식의 전환이 이루어져야 한다. 이러한 측면에서 최근 불교계에서 진행되고 있는 '깨달음' 논쟁이 중요한 계기가 되기를 기대한다. 둘째, 의식의 전환을 반영하는 구조의 전환이 필요하다. 대표적으로 선수행과 포교를 위해 종단의 구조가 변화되어야 한다. 셋째, 일상을 규율하는 청규와 생활 규범이 새롭게 마련되어야 한다. 불교의 가치가 반영된 일상생활에서 실천 가능한 행위 지침(청규와 생활 규범)이 불교인들의 생활양식으로 스며들어야 한다.

이러한 노력들이 쌓인다면, 지금의 경쟁과 승자독식의 구조는 상생과 연대의 구조로 전환될 것이다. 상상하자면, 사람들의 기본적인 필요를 사회적으로 뒷받침하는 시스템이 바로 그것이다. 이를 위한 다양한 제도들이 사회에 도입되고 정착될 것이다. 물질과 이익보다는 생명이 우선되는 사회, 상대를 경쟁 상대로 여기기보다는 공존의 대상으로 여기는 사회로 전환될 수 있을 것이다.

원불교와
새로운 문명전환

박광수 *

* 원광대학교 원불교학과 교수 · 종교문제연구소장

I. 서설: 문명전환 시대의 원불교

현대사회는 다민족 · 다문화 · 다종교 사회이다. 급속도로 전개되고 있는 세계화(globalization) 과정에서 다양한 문명의 대립과 충돌, 안전에 대한 위협과 갈등 현상이 세계 곳곳에서 일어나고 있다. 인류 사회의 구조적 문제는 인간과 인간 · 인간과 자연 · 종교와 종교 간에 상호 대립하며 서로 다름을 인정하지도 못하고 크게 하나 됨[大同]을 이루지 못하는데에서 비롯된다.

한국사회뿐만 아니라 세계는 남북과 동서의 분단으로 인한 평화 위협, 소외의 문제로 인한 자연과 인간과의 해리 현상과 급증하는 자살, 경제적 부의 쏠림 현상과 불균형으로 인한 빈부 격차의 심화, 공권력과의 부조리한 연결고리로 인한 부패 현상 등이 계속 일어나고 있다. 이러한 부정적 현상들은 사회적 신뢰를 추락시키고 공공성의 윤리와 가치를 상실하게 만드는 결과를 초래할 수밖에 없다. 그래서 인류는 오늘날 신자유주의의 무한 경쟁 시스템에 입각한 이기적 개인주의를 극복하고 공동체 의식을 확대하며, 인류공동체의 '하나 됨(同)'을 이루어 가야 하는 과제에 직면해 있다. 그렇다면 이를 이룰 수 있는 길은 과연 무엇인가?

새로운 문명전환을 위한 다양한 대안이 모색되는 가운데 원불교의 시대정신은 우리가 살고 있는 '지금' '여기에' 새로운 평화의 문명사회를 이루고자 한다. 격변하는 시대적 혼란기에 형성된 한국 민중 종교의 개벽사상과 평등

사상을 토대로 한 구세 이념은 새로운 사회를 갈망하고 대다수 민초들의 희망을 대변하며 당시의 시대 인식 · 세계인식 · 사회변화 인식 · 윤리 의식 · 가치관 · 민족관 등을 응축하고 있다.

원불교를 창시한 소태산 박중빈 대종사(少太山 朴重彬, 1891-1943)는 현 시대를 '묵은 세상의 끝이요 새 세상의 처음'[1]이라고 진단하면서, 이러한 거대한 역사적 변천을 '원시반본(原始反本)하는 시대'로 규정하였다. '원시반본(原始反本)하는 시대'란 우주의 진리가 무시무종(無始無終)과 불생불멸(不生不滅)로 무한히 돌고 돌다가 처음 출발한 근본 원점의 시대로 되돌아온다고 보는 것이다. 선천 시대는 과거 시대로서 밤과 같이 어둡고 폐쇄되어 남북과 지역이 막히고 계급 · 남녀 · 종족 · 지역 차별 등이 서로 상극(相剋)으로 치달아 전쟁과 질병과 기아로 도탄에 빠진 시기라고 설정하는 반면, 후천개벽 시대는 대낮 같이 밝아 계급의 차이나 남녀의 차별이 없고 전쟁과 질병이 더 이상 존재하지 않는 조화로운 상생(相生)의 세계라고 보았다. 이와 같이 그의 개벽사상은 한국 종교의 예언적 기능을 대변하며, 새로운 미래 세계에 대한 예언과 형식적인 종교적 성향에 대한 비판과 내용을 중시하는 종교성으로의 회귀[2]를 의미한다.

그렇다면 새로운 문명전환 시대에 원불교의 시대정신은 무엇이며, 인류공동체를 실현하기 위한 구체적인 실천 과제는 무엇인가? 이 글에서는 세계화 과정에서 나타난 남북 분단의 시대 · 동서의 차별 시대 · 배타적 근본주의 시대, 약육강식의 패권주의 시대를 넘어서야 하는 문명전환이 요청되는 시점에서 1) 탈종교 시대의 열린 종교, 2) 강 · 약진화의 대동사회에 대한 논의를 중점적으로 제시하고자 한다. 이는 인류공동체의 평화적 삶을 지향하기 위한 실천 과제이며, 오늘날 세계 평화를 위한 '열린 종교 문화'를 어떻게 형성해 나갈 것인지에 대한 제언이다. 특히 강 · 약진화에 대한 논의는 문명전환의 시대에 곳곳에 현존하는 분열 · 갈등 · 불신 · 불평등 · 불공정 등에 시달리는 사회를 치유하는 중요한 사상적 기반이 될 것이다.

II. 탈종교 시대의 열린 종교

현대사회는 탈종교의 영성 시대를 맞이하고 있다. 종교는 정신적 세계와 깨달음, 그리고 구원을 중요시한다. 초창기 컬트(cult) 형태의 종교 집단은 발전하면서 제도화되고 조직화가 된다. 역사적으로 종교의 건강한 가르침과 실천은 세계적 종교로 발전할 수 있는 중요한 토대를 제공해 왔다. 반면에 종교의 지나친 제도화와 조직화는 상대적으로 종교적 영성을 소홀히 하게 되고 종교 집단 내의 권력화 또는 정치적 권력과 연대하는 경향을 보인다.

최근 제도적 종교로부터 탈피하려는 운동이 일어나면서, 서구 유럽 사회에서 뛰어난 제도와 조직을 갖춘 가톨릭과 개신교 교회를 비롯한 기존 종교의 신도 수가 감소하고 있다. 이와는 달리, 종교적 신앙을 강요하지 않으면서도 마음의 안정과 깨달음, 몸의 건강을 추구하는 동양의 유연한 종교에 깊은 관심과 참여가 늘어나고 있다. 한국의 경우에도 1980년대를 전후하여 마음의 행복과 영성을 추구하는 정신운동의 모임 또는 단체들이 증가하여 제도화된 종교를 벗어나 인간의 정신적 가치를 중요시하는 영성 시대를 맞이하고 있다. 탈종교 시대에 접어들면서 '신영성운동(new spiritual movement)'이 확산되고 있다. 종교사회학자들의 지적처럼, 새로운 종교현상은 물리적 시설이나 신자공동체, 교계제도, 집단적인 예배의식 등을 갖추지 않은 개인주의적 영성운동의 성격을 지니지만, 초월적이고 신비적이며 영적인 것을 추구하면서 종교적 욕구를 충족시켜 주기 때문에 '대체종교(alternative religion)'[3] 내지는 새로운 종교 흐름으로 볼 필요가 있다.

이러한 흐름의 일환으로 이 글에서는 특히 20세기 초라는 시대적 전환기에 한반도에서 일어난 원불교에 주목하고자 한다. 그 이유는 원불교야말로 일찍부터 종교 간의 회통과 대화에 주목한 사상이기 때문이다. 창시자인 소태산과 그 뒤를 이은 정산 종사는 각각 '일원주의'와 '삼동윤리'를 통해 종교 회통의 사상적 근거를 제시하였고, 대산 종사는 인류가 처한 난제들을 해결할 구체적인 실천 방안으로 '종교연합운동'을 제창하여 종교 간 대화와 협력 운동을 실천하였다. 이것들은 모두 오늘날 세계 평화를 위한 '열린 종교 문화'를 어떻게 형성해 나갈 것인지에 대한 실천적 방안이다.

1. 소태산의 일원주의(一圓主義)

소태산은 '일원(一圓)'의 진리를 신앙하고 수행의 표본으로 삼아 모든 종교의 교지(敎旨)도 이를 통합하여 광대하고 원만한 종교를 신앙하는 사람이 될 것을 강조하였다. 그는 "세계의 모든 종교도 그 근본 되는 원리는 본래 하나이나, 교문을 별립하여 오랫동안 제도와 방편을 달리하여 온 만큼 교파들 사이에 서로 융통을 보지 못한 일이 없지 아니하였나니, 이는 다 모든 종교와 종파의 근본원리를 알지 못하는 소치라. 이 어찌 제불 제성의 본의시리요.(『원불교교전』, 21-22)"라고 하여 모든 종교의 근원은 하나로서, 종교적 신념으로 인한 갈등과 대립은 성자의 근본 뜻을 모르는 일이라는 가르침을 주었다.

이러한 견지에서, 소태산은 다양한 종교의 신자들을 만나면서, 천도교인을 만나면 천도교를 배우게 되고, 그리스도인을 만나면 그리스도를 배우게 된다고 하였다. 이웃 종단에 대한 그의 열린 태도는 오랫동안 개신교를 신앙하였던 한 장로가 그의 제자가 되고자 할 때, "예수교에서도 예수의 심통 제자만 되면 나의 하는 일을 알게 될 것이요, 내게서도 나의 심통제자만 되면 예수의 한 일을 알게 되리라(『원불교교전』, 387-388)."라고 한 말로부터도 확인할 수 있다.

소태산은 일원(一圓)의 진리를 신앙하고 수행의 표본으로 삼아서, 모든 종교의 교지(敎旨)도 이를 통합하여 광대하고 원만한 종교를 신앙하는 사람이 될 것을 강조하였다. 그의 일원주의는 새로 돌아오는 후천개벽 시대의 근본사상으로 내놓은 것이다. 이는 이웃 종교에 깊은 이해를 바탕으로 새로운 문명 시대의 열린 종교인, 원만한 종교인이 될 것을 요청한 것이라 보인다.

2. 정산 송규의 삼동윤리(三同倫理)

정산 송규 종사(鼎山 宋奎, 1900-1962)는 소태산의 열반 후 1943년에 종통을 승계하여 1962년까지 원불교 교단을 이끌었던 초대 종법사이다. 그는 1961년 4월에 소태산의 일원주의를 구체화하여 삼동윤리를 제창하면서, "삼동윤리는 곧 앞으로 세계 인류가 크게 화합할 세 가지 대동(大同)의 관계를 밝힌 원리니, 장차 우리 인류가 모든 편견과 편착의 울안에서 벗어나 한 큰 집안과 한 큰 권속과 한 큰 살림을 이루고, 평화 안락한 하나의 세계에서 함께 일하고 함께 즐길 기본 강령(『정산 종사법어』, 도운편 34)."이라고 강조하였다.

정산 종사가 밝힌 삼동윤리는 동원도리(同源道理) · 동기연계(同氣連契) · 동척사업(同拓事業)이다. 먼저, 동원도리(同源道理)는 "모든 종교와 교회가 그 근본은 다 같은 한 근원의 도리인 것을 알아서, 서로 대동 화합하자."는 것이고, 동기연계(同氣連契) 사상은 "인종과 생령이 근본은 다 같은 한 기운으로 연계된 동포인 것을 알아서, 서로 대동 화합하자."는 주장이며, 동척사업(同拓事業)은 "모든 사업과 주장이 다 같이 세상을 개척하는데에 힘이 되는 것을 알아서, 서로 대동 화합하자(『정산 종사법어』, 도운편 9)."는 것이다. 정산 종사는 이와 같은 삼동윤리를 통해서 종교와 종교가 만날 수 있는 근본원리는 물론이고, 인류공동체가 함께 실천할 수 있는 원리와 덕목까지 제시하였다.

3. 대산 김대거의 종교연합운동

대산 김대거 종사(大山 金大擧, 1914-1998)는 종법사로 취임한 1965년에 '종교연합운동(United Religions, 이하 UR)'을 제창하여, 종교회통 사상을 실제로 실천하는 모습을 보여주었다(김팔곤, 1993; 박광수, 2003).

그는 "세계 분쟁 지역의 평화 안정과 각국의 경제 균등은 국제연합 기구가 담당하고, 인류의 영육 간 무지 · 빈곤 · 질병을 구제하는 일은 종교연합 기구가 담당하여(『대산 종사법어』 정교편 4)", 정치기구인 국제연합(UN)과 종교기구인 종교연합(UR)이 정교동심(政敎同心)으로 "서로 합심 · 협력해 나가야 국가 세계도 발전되고 인류 생활도 좋아진다(『대산 종사법어』, 정교편 7)."고 설파하였다. 또한 1970년에 일본에서 열린 제1차 세계종교자평화회의에 대표단을 보내, 종교연합 창설, 공동시장 개척, 심전계발 훈련 등 '세계 평화 3대 제언(『대산 종사법어』, 경세편 1)'을 하였다.

그뿐만 아니라 국제사회의 다양한 종교 간 협력기구 가운데, 세계불교도회(World Fellowship of Buddhists, 약칭 WFB), 세계종교인평화회의(World Conference on Religion and Peace, 약칭 WCRP; Religions for Peace), 아시아종교인평화회의(Asian Conference on Religion and Peace, 약칭 ACRP), 세계종교의회(Parliament of the World's Religions, 약칭 PWR) 등의 총회에 교단 대표들이 참여하도록 하여 종교연합운동의 지평을 넓혀 나갔다.

대산 종사의 이러한 종교연합운동은 1971년에 〈원불교 반백년 기념대회〉를 맞아 선언한 "진리는 하나, 세계도 하나, 인류는 한 가족, 세상은 한 일터. 개척하자 하나의 세계(『대산 종사법어』, 경세편 11)."라는 사상에 뿌리를 두고 있다.

4. 세계 평화를 위한 '열린 종교 문화'

오늘날 동북아시아를 포함한 전 세계의 사회적 소통(Social Network)이 극대화되면서 겪는 다양한 문제들은 더 이상 개인적이거나 국지적인 차원에 머물러 있지 않다. 종교와 민족 간의 배타적 극단주의는 다양한 문명의 대립과 충돌을 야기하고 있다. 이러한 갈등을 넘어서기 위한 노력의 일환으로 1993년에 세계종교계 대표들이 참석한 〈시카고 세계종교의회 100주년 기념대회〉에서 '지구윤리선언(A Global Ethic)'을 채택하여, 인간 중심·실천 중심의 종교다원주의 사회를 실현하는 방향을 설정하였다. 또한 한스 큉(Hans Küng)은 『세계윤리구상』(한스 큉, 『세계윤리구상』, 71-72쪽)에서 공동의 가치·규범·태도에 대한 최소의 요구가 있어야 하지만, 종교마다 가지고 있는 독특한 종교 윤리와 보편 윤리 사이에 긴장과 갈등이 현실적으로 나타나고 있고, 종교마다 가지고 있는 독창적인 종교 윤리를 넘어서는 가능한 공감대를 형성해야 하는 어려움이 있다고 실토하고 있다.

한편 리캬르트 프리들리(Richard Friedli)는 〈새로운 천 년과 유럽에서의 평화—종교들의 역할(The New Millennium and Peace in Europe: The Role of Religions)〉에서 종교의 형태를 '딱딱한[硬性] 종교 형태'와 '부드러운[軟性] 종교 형태'로 나누었다. 프리들리는 부드러운 종교의 예로, 마하트마 간디(Mahatma Gandhi)의 사티야그라하(Satyagraha) 운동이나 틱낫한(Thich Nhat Hanh) 스님의 '참여불교'를 들었다. 프리들리에 의하면, '딱딱한 종교 형태'는 신학적 핵심은 유일신론(唯一神論)적인 원리로, 사회적 결과는 '개종의 압력'을 받고 있으며, 심리학적으로는 '악마와 낙원 찍기'를 통해 배척하고 있다. 이에 반해 '부드러운 종교 형태'는 신적 공간의 편재성, 자유분방한 감정도입, 다름을 인정받을 권리, 그리고 타협과 양보의 미덕을 보여주는 것이라고 정의한다. 앞으로의 종교 문화는, 프리들리가 말하는 '부드러운[軟性] 종교 형태'와 같이, 다양한 민족의 문화가 체제 이념의 도구화가 되지 않고 문화 소통(cultural communication)의 연성적 형태를 유지함으로써 민족적 정서와 감정을 공유하는 유연한 탈정치적 문화 교류를 추진해야 한다.

현재 세계종교 연합기구들이 추진하고 있는 운동은 종교다원주의를 바탕으로 각 종교마다의 독특한 종교 문화와 구원관을 인정하면서 전체의 최대 공약수를 찾으려는 과정으로 볼 수 있다. 사마르타가 언급한 것처럼(Stanley J. Samartha, 1991, pp.13-14), 일방향적인 전도와 구원관은 필연적으로 종교와 종교 간의 충돌·이념과 이념 간의 충돌·문명과 문명 간의 충돌을 일으키게 된다.

진리적 세계관과 구원의 문제 등에서 배타주의는 다른 종교를 부정하면서 자신의 종교만이 절대적이라 여겼고, 포괄주의는 다른 종교를 인정하면서도 가장 우월하다는 입장을 취해 왔다. 포괄주의적 입장에 서 있는 종교의 경우에도 종교 간 대화와 협력을 추구하긴 하지만, 다원주의는 보다 더 적극적으로 각 종교의 진리성과 구원의 가능성을 열어 놓고 종교 간 대화와 협력을 가능하게 하고 있다. 다종교사회의 종교 간 대화와 협력은 인류 문명사회의 조화로운 발전을 위한 전초가 된다. 캔트웰 스미스(Cantwell Smith)는 인간은 역사적·초월적 측면의 세계에 살아왔으며, 두 세계가 서로 교섭하면서 발전해 왔다고 보고 있다. 수많은 종교의 공동체들이 인류공동체가 직면하고 있는 문제들을 공유하고 있으며, 하나의 인류 사회를 만들기 위한 공동의 노력을 하는 과정에서 서로를 인정하며 끊임없이 변화하고 있음을[4] 밝히고 있다.

대체적으로 아시아의 종교 문화는 다민족·다문화·다종교가 조화와 상생(相生)을 이루는 거대한 용광로와 같다. 유교·불교·도교 등 동양의 3대 종교는 다양한 토속 종교와 공존해 왔다. 종교적 신앙의 개방성은 새로운 영적 체험에 대한 가능성을 열어 놓게 한다. 이와 같이 '열린 종교 문화'를 이루기 위해서는 무엇보다도 종교와 평화에 대한 공감과 나눔을 위한 교육의 장이 마련되어야 한다. 각자의 깊은 종교적 신앙의 정체성과 수행의 철저한 체험과 함께 개방성이 요청된다. 종교인은 다양한 종교인을 만나고 대화하는 가운데 더욱 깊은 신앙과 수행의 체험을 할 수 있다. 또한 열린 종교적 가치와 평화의 문명을 실현하기 위해서 각 국가의 지역사회에 풀뿌리운동이 전개되어 대중적 활성화가 이루어져야 한다. 지역사회에서 다종교·다문화·다민족에 대한 이해와 수용의 폭을 넓혀 종교 간 대화와 협력이 성숙하고 원만하게 이루어질 때, '타종교(他宗敎)'가 '이웃 종교'로, '타민족(他民族)'이 '이웃민족'으로, '타국가(他國家)'가 '이웃 국가'로 인식의 변화가 이루어져 거부감과 적대감이 사라진 평화와 조화의 세계를 만들 수 있다.

III. 강·약진화의 대동사회와 공공(公共)의 가치

인류 사회에 지속되고 있는 배타적 지역주의와 민족주의로는 민족의 안전과 주체성은 확보할 수 있어도 세계시민의 보편적 가치는 제공하지 못한다. 인류 역사는 자민족과 자국의 이익을 확대하기 위해 타민족과 타국에 대한 침략과 수탈을 당연한 수단으로 여겨 왔다. 인간 중심의 세계관은 모든 자연과 생명을 인간을 위한 도구로 여겨 왔고, 모든 자연과 생명은 인간에 의해 개발되고 착취되었으며, 이로 인한 자연 파괴는 오히려 인류를 위협에 빠트리는 결과를 초래하고 있다. 칼 구스타브 융(Carl Gustav Jung, 1875-1961)은 "… 세계는 정신분열증 상태에 놓여 있다. 문명국인 독일만이 정신분열증의 끔찍한 원시성을 드러낸 것이 아니라, 러시아 또한 그 증세에 의해 지배되었고, 아프리카는 불길에 싸였다."[5]고 하였다. 정신분열 현상은 인간의 자연과의 괴리에서 오는 것이며, 본질적인 자신과의 분리 현상에서 온다[6]고 보았다.

인류 역사에서 강자와 약자의 관계는 늘 지배와 종속의 관계를 떠날 수 없었다.[7] 공공성의 타자 인식과 관련하여 강자와 약자의 문제에 대한 논의가 중요하다. 근대사회에 접어들면서 민족 간의 갈등과 대립 그리고 침략과 부당한 식민지화의 시대에 자국민 중심의 배타적 국수주의적 가치관이 만연하였다. 자아에 대한 주체 의식과 타자 인식을 확대하여 해석하면 자민족 중심주의 또는 자국가 중심주의와 깊이 연관된다. 인류 역사의 크고 작은 침략전쟁과 식민지화와 수탈은 국한된 자타의 관념과 자민족 중심주의를 토대로 자민족과 자국가의 이익을 전제로 일어난 경우가 대부분이다.

현대 인류 사회의 구조적 문제는 인간과 자연과 종교 간에 강·약의 구조 속에서 상극과 대립의 구조의 틀을 벗어나지 못한 데에 기인한다. 국제사회의 경우, 근대 시기인 18-19세기에 유럽을 중심으로 한 세계의 강대국들은 약소국에 대한 침략·경제적 수탈·살상·강제적 인권유린을 세계 곳곳에서 자행하였다. 일본의 근대화 과정에서 메이지유신(明治維新, 1868)은 사상사적 측면에서는 서양의 근대 철학·기독교 사상·양명학 등 다양한 사조(思潮)를 수용하고 체계화하여 천황을 중심으로 한 정치체제를 강화하였다. 이러한 과정에서 메이지 정부는 서구의 문명과 사상을 수입하고, 정치체제 또한 서구의 제국주의를 모방하였다. 외부적으로 일본의 '대동(大同)사상'은 '대동아(大同亞)'를 건설하기 위한 사상으로 체계화하여 일본 제국주의가 한국과 중국, 그리고 남아시아로 확대한 침략전쟁의 사상적 기저가 되었다. 서구 유럽과 일본의 침략적 제국주의는 자국민 또는 자국을 위한 국수주의적 공공성(公共性)을 기저에 두고 이웃 국가 침략과 수탈을 일삼았다. 일본은 부국강병책을 통해 침략국가로 변모하였고, 한국은 약소국가로서 일본의 지배를 당하는 역사적 위기 상황을 맞았다. 이러한 현상은 세계 곳곳에서 일어났다.

국가와 민족의 정체성에 대한 서로 다른 사상 체계가 국가정책에 어떻게 수용되느냐에 따라 국가와 민족의 방향을 설정하는 중요한 역할을 한 역사적 사례를 보여주고 있다. 근대 유럽 사회가 세계 질서를 재편하는 과정이 침략적 제국주의의 군사적 충돌과 함께 이루어졌다고 한다면, 현대사회에서 강자(강대국)와 약자(약소국)와의 군사적인 문제뿐만 아니라, 정치적·경제적·문화적 차원에 이르기까지 강자(강대국)과 약자(약소국) 간의 종속적인 세계 질서가 형성되고 있다. 이에 대한 역사적 반성과 새로운 정신운동이 전개되지 않고는 인류 사회의 강약 지배의 구도는 근본적으로 변화되기 어렵다. 이에 대한 새로운 문명전환이 이루어져야 한다. 강자와 약자는 대립적 관계가 아닌 서로 의지하여 존재할 수밖에 없는 관계이기에 상호 조화와 발전을 이루어야 한다. 따라서 종교적 신념의 차이를 넘어서서 사회적 통합을 이루고자 하는 종교인의 역할은 매우 중요하다.

현대 사상계가 추구하는 '공공성(公共性)'의 보편적 가치는 우선적으로 주체적 자아(自我)의 인식에서 비롯된다. 인간 개개인의 고유한 인권의 평등성은 자아의 주체성의 인식에 기초한다. 소태산의 '불성(佛性)'과 '일원(一圓)사상'에는, 자신만을 생각하는 이기적 개인주의가 아니라, 공적인 영역에서 자아의 주체 의식과 개개인의 소중한 가치를 드러내어 인권의 평등성을 실현하고자 하는 보편적 타자 인식이 뚜렷하게 나타난다. 즉, 그것은 '시민(市民)' 중심의 인권평등사상을 어떠한 사상적 기반을 통해 사회적으로 실현하고자 하였는가에 대한 논의이다.

소태산의 일원사상에서 침략적 식민주의와 배타적 민족주의를 극복할 다민족·다종교·다문화 시대의 보편적 공공성의 가치관을 찾아볼 수 있다. 이러한 공공성의 중심 주제는 현대사회의 글로벌 시대에 적용할 수 있는 세계시민 정신과 세계 보편적 가치를 보여준다. 소태산의 〈최초법어〉 중 '강자·약자의 진화상 요법(强者弱者進化上要法)'은 당시의 시대 상황을 적극적으로 표현한 것이며, 일제 치하의 약소국으로서의 식민지 생활을 면치 못하는 민중들에게 어떻게 대처할 것인지에 대한 방향을 보여주고 있다. 1928년 2월, 서울의 한 교도(教徒) 집에서 약자인 갑동리(甲洞理)와 강자인 을동리(乙洞

理)에 대한 비유를 들어 '강자 · 약자의 진화상 요법'을 가르치며 세계의 문제를 직시하고 그 문제를 해결하고자 하였다. 소태산은 당시 일본을 포함한 강대국의 약소국 침탈과 식민지 정책의 부당함, 그리고 식민지 상태의 한국을 비롯한 약소국이 어떻게 강자가 될 것인가에 대해 설파하였다.

'강자 · 약자의 진화상 요법'은 개인 간 사회 · 국가 간의 강약의 관계를 대립적 또는 진화적 관계로 설정하고 있다. 강자 또는 강대국이 약자 또는 약소국을 침략하여 식민지화하고 경제적 침탈과 억압을 자행하는 행위를 비판하였으며, 강자와 약자의 대립적 관계가 아닌 자리이타의 조화로운 상생의 관계를 설정하고 해결 방안을 제시하고 있다.

소태산은 "… 약자를 업수이만 여겨 차차 을동리 사람들이 갑동리로 와서 여러 가지 수단으로 둘러도 먹고 전곡재산(錢穀財産)도 빼앗으며 토지전답(土地田畓)도 저희가 받아 먹고도 유위부족(猶爲不足)하야 무식자(無識者)니 미개자(未開者)니 야만인(野蠻人)이니 하고 갖은 학대(虐待)를 하야 …"[8]라고 비유하였다. 이는 당시의 시대적 상황을 적실하게 묘사한 것이며, 개인 또는 단체에 국한하기보다는 제국주의 열강의 약소국에 대한 부당한 침략과 식민 수탈에 대한 강도 높은 비판적 내용을 담고 있다.

또한 소태산은 약자인 갑동리에게는 "무조건 대항하지 말고 매라도 맞고 어리석고 못난 체하여 강자를 안심시키고 근검과 저축, 교육기관 설치, 단결, 공익심 등으로 부지런히 힘을 기르라."[9]고 하였다. 그는 일제의 침략과 압박하는 상황을 파악하는 것의 중요성과 약자가 강자 되는 길을 다음과 같이 제시하고 있다.

갑동리에 참정신이 박히고 대강의 예산이라도 있는 자가 있으면 생명 하나 없앨 일 없이 강자가 꼭 되는 법이 있느니라. 그 법은 … 외면은 어리석고 못난 체를 하여 강자로 하여금 안심을 시키고 내용으로 급히 할 일은 어떠한

방면으로든지 돈 벌기를 주장하고 배우기를 주장하며 다만 몇 사람씩이라
도 편심을 버리고 단심(團心) 만들기를 주장하여 자본금을 세우고 교육기관
을 설치하여 가지고 가르치며 배우고 서로 권면하되 우리는 돈 없고 배운 것
없어서 약자가 된 것이니 아무쪼록 각성하여 근검저축하며, 배우기를 힘쓰
고 우리 동리가 일심단체가 되고 보면 우리는 을동리 이상의 강자가 되자 하
며 한 사람이 열 사람을 가르치고 열 사람이 백 사람을 가르쳐서 서로 막혔던
울타리를 트며 개인주의를 버리고 단체주의를 하여 한 동리를 위할 만한 공
공심이 생긴다면 그 동리는 요부(饒富)할 것이요 지식도 여여하게 될 것이니
라.[10]

소태산은 약자가 강자가 되려면 강자가 어떻게 강자가 되었는지를 배우고
또한 약자가 경제적 자립·교육의 필요성·단결력·공공심을 통해 전체적
인 힘을 기를 때에 강자가 될 수 있음을 역설하고 있다. 이는 당시 한국이 약
소국으로서 국가적인 경제력·인재 양성·단결된 힘을 내적으로 갖출 때에
일본으로부터의 독립도 가능한 것으로 본 것이다. 그는 강자와 약자가 적대
적 관계가 아니라 자리이타(自利利他)의 상보적 관계를 가짐으로써 인류의 평
화 문명을 이루고자 하였다. 그래서 강자와 약자가 다 함께 발전할 수 있고
평화로운 세계로 나아갈 수 있는 길을 다음과 같이 제시하고 있다.

대종사 말씀하시기를 "나는 항상 강자로서 강자 노릇할 줄 모르는 사람들을
애석히 여기노니, 자신이 이미 강자일진대 늘 저 약자를 도와주고 인도하여
그로 하여금 자기 같은 강자가 되도록 북돋아 주어야 그 강이 영원한 강이 될
것이며, 어느 때까지라도 선진자(先進者)요 선각자(先覺者)로 받들어질 것이어
늘, 지금 강자들은 흔히 약자를 억압하고 속이는 것으로 유일한 수단을 삼나
니 어찌 영원한 강자가 될 수 있으리요. 약자라고 항상 약자가 아니라 점점

그 정신이 열리고 원기를 회복하면 그도 또한 강자의 지위에 서게 될 것이요, 약자가 깨쳐서 강자의 지위에 서게 되며 전일에 그를 억압하고 속이던 강자의 지위는 자연 타락될 것이니, 그러므로 참으로 지각 있는 사람은 항상 남이 궁할 때에 더 도와주고 약할 때에 더 보살펴 주어서 영원히 자기의 강을 보전하느니라."[11]

대종사 여러 제자들에게 말씀하시기를 "무릇, 세상은 강과 약 두 가지로 구성이 되었나니 강자와 약자가 서로 마음을 화합하여 각각 그 도를 다하면 이 세상은 영원한 평화를 이루려니와, 만일 그렇지 못하면 강자와 약자가 다 같이 재화를 입을 것이요, 세상의 평화는 영원히 얻지 못하리니, 옛 성현의 말씀에 윗사람이 아랫사람 보기를 적자 같이 하면 아랫사람이 윗사람 보기를 부모와 같이 하고, 윗사람이 아랫사람 보기를 초개 같이 하면 아랫사람이 윗사람 보기를 원수 같이 한다는 말이 다 이를 이름이니라."[12]

소태산은 한국과 일본과의 관계를 적대적 관계가 아닌 강자와 약자의 조화적 관계로 설정하고 있다. 소태산은 중국의 진시황, 독일의 카이저 등을 강자가 약자가 된 대표적인 인물로 보았다. 이것은 일본에 대한 직접적인 언급은 아니지만, 일본이 강자로서 약자의 식량과 재산을 빼앗고 학대하는 역사적 과오를 범하고 있음을 비판하고 올바른 길로 나아갈 것을 가르친 것이라 여겨진다.

소태산은 '강자·약자의 진화상 요법'에서 "강자는 약자에게 강을 베풀 때에 자리이타 법을 써서 약자를 강자로 진화시키는 것이 영원한 강자가 되는 길이요, 약자는 강자를 선도자로 삼고 어떠한 천신만고가 있다 하여도 약자의 자리에서 강자의 자리에 이르기까지 진보하여 가는 것이 다시없는 강자가 되는 길이라고 밝혔다. 그는 현실적 여건에 따라 강자와 약자의 차별이 생겨나게 된다고 보고, 이러한 차별의 현상 속에서 강자는 강자의 도리를 다하면서 약자를 강자가 되도록 도와줄 때 영원한 강자가 되고, 약자는 약자의 도리를 다하면서 강자를 배워 천신만고의 어려움을 극복하여 노력할 때에 약자가 변해 강자가 된다고 하였다.[13] 강자는 약자를 친자녀와 같이, 약자는 강자를 부모처럼 생각하여 서로 마음을 화합할 때 비로소 세상의 평화가 온다고 여겼다.

소태산은 일제 치하의 한국의 식민지 상황을 일본이라는 강자가 약자인 한국을 함부로 수탈하는 '수탈론'적 관점을 보았고, 당시 일본뿐만 아니라 유럽 국가들이 아시아 · 아프리카 · 아메리카 등에서 부당하게 자행한 식민지적 지배구조를 비판적으로 보았다. 이를 위해 강자가 부당한 강(强)을 사용하여 약자가 된 사례, 약자가 힘도 없이 강자에게 무턱대고 덤벼 실패한 사례, 약자가 힘을 길러 강자가 된 사례, 강자가 영원한 강자가 되는 길 등을 밝혔다. 그는 서구 유럽 국가들과 일본이 어떻게 강대국으로 성장할 수 있었는지에 대한 배움의 과정과 왜 한민족이 약자로서 식민지 생활을 할 수밖에 없었는지에 대한 깊은 성찰을 동시에 요구하고 있다. 따라서 한민족이 경제적 자립 · 인재 양성 · 단결력 등을 길러야 함을 강조하고 내적으로 실력을 갖추도록 교육하고 실천하였다.

일제 치하라는 매우 제한된 상황에서 소태산의 민족중심주의는 서구 열강과 일본에 대한 적대적 민족주의를 전개한 것이 아니라 한민족을 중심으로 열강과 일본을 포함한 포용적 민족주의를 실현하고자 한 것이 특징이다. 그는 후천선경(後天仙境)의 이상 세계에서 우리 민족이 그 주역을 담당하고, 한반도가 그 중심이 된다고 확신하고 있었다. 그렇다고 해서 민족적 동질성과 문화적 동질성을 회복하기 위해 '폐쇄적 민족주의' 또는 '저항적 민족주의'를 견지하여 일본과 서구 열강에 배타적 자세를 취한 것이 아니라, 강자와 약자의 조화적 관계를 지향하여 세계 평화의 길을 제시하였다.

IV. 결론

평화란 일반적으로 전쟁이 없는 상태만을 의미하지 않는다. 진정한 의미의 평화는 인류 상호 간의 살상의 가능성마저 사라진 상태, 즉 서로 돕고 위하는 화(和)의 원리가 이상적으로 실현된 상태를 의미한다. 인류가 이상적 사회를 이루기 위해 공동체 의식 공유할 수 있을까? 세계의 냉전 체제가 종식되고 이념의 대립과 민족 간의 갈등적 구조를 넘어설 수 있는 길은 무엇인가?

민족과 국가 간의 다양한 문화적 특성을 이해하고 인정하고 존중하게 될 때, 인류의 평화공동체 실현은 가능해진다. 종교인의 사회참여는 자신의 종교적 신념을 바탕으로 올바른 사회를 지향하는 양심의 소리와 올바른 실천을 통해 사회 분열의 병(病)적 현상을 치유하기 위한 중요한 계기를 만들 수 있어야 한다. 우리는 스스로 순수한 종교성과 자신의 삶을 풍요롭게 할 종교적 역동성을 지속적으로 일깨우고 있는지 깊은 자기 성찰을 통해서 종교 본연의 정신과 진정성을 찾는 실천운동을 해야 할 것이다.

갈등의 역사적 관계와 민족과 국가 간의 대립적 구조를 극복하고, 이를 교류와 협력을 통한 공생(共生)과 상생(相生)의 관계로 전환하여 민족들이 서로 공유할 수 있는 '문화공동체(cultural community)'를 형성할 때, 인류 보편적 가치와 평화적 문화 형성도 가능하게 된다.

소태산의 일원사상과 은사상은 과거의 어둡고 불평등한 선천 시대를 청산하고 새 문명 시대를 맞이하기 위한 것이다. 선천 시대가 강자와 통치자 중심이라고 하면, 후천 시대는 약자와 억눌린 자들도 강자와 같이 함께 대우받는 시대이다. 음과 양, 신과 인간, 강자와 약자, 남자와 여자, 귀족과 천대받던 사람들의 관계가 서로 대립적이거나 종속적이지 않은 상호 의존적 관계이며 조화적 관계를 이루게 된다.

원불교가 추구하는 이상적 미래 사회는 '개벽'시대의 새로운 문명사회이다. 개벽 시대는 시간적 차원에서 천지의 진급(進級)과 강급(降級)의 극심한 변화의 시기이며, 공간적 차원에서 물질문명과 정신문명의 조화를 이룬 참 낙원의 세계이며, 모든 존재가 서로 없어서는 살 수 없는 은혜가 충만한 세상이다. 원불교에 나타난 회통적 다원주의 사상, 조화와 해원상생(解冤相生)의 원리는 종교 또는 문명 간의 충돌을 극복하여 인류에게 새로운 세계보편 윤리로 적용될 수 있으며, 세계에 만연한 이질적 종교 문화의 충돌 상황이 빚어낼 사회적 혼란 또는 위화감을 최소화할 수 있는 전 지구적 가치가 있다.

현대의 다문화 다종교 사회는 '실천적 다원주의'를 요청한다. 어떠한 이념과 구원의 체계를 가지고 있느냐에 대한 관심의 방향을 인류가 공동으로 이루어야 할 평화와 사랑의 세계를 어떻게 구현할 것인가에 대한 관심을 갖고 실천하는 운동이다. 대화의 경험과 실천의 공유를 통해 각 종교의 문화적 체계를 깊이 이해하고 자신의 영적 세계를 깊게 하는 계기를 불러 온다. 물론 갈등과 대립, 서로 간의 차이를 아는 것 자체가 다원주의의 입장에 서 있는 것이기도 하다. 따라서 종교 간의 대화와 협력운동은 서로 다른 종교인과 종교 문화적 특성을 만나고 이해함으로써 이론적 다원주의에서 벗어나 실천적인 다원주의를 실현하는 장(場)이 이루어져야 할 것이다.

글로벌 시대의 종교 문화는 세계시민정신 즉, 세계 보편적 가치와 연결되어 있어야 한다. 근대 동북아시아 국가들의 성립과정에서 형성된 자아의 주체 의식과 타자 인식을 확대하여 해석하면, 민족적 주체성을 존중하면서도 자민족중심주의를 넘어선 세계시민정신의 차원에서 해석해 가는 작업이 필요하다. 문명전환의 시대에 평화로운 이상적 사회는 탈민족주의·탈국가주의·탈종교주의 등 세계시민정신과 관련한 대동의 공공적 가치와 열린 종교 문화의 실천에서 가능하다. 현대사회는 문명의 충돌을 넘어서 조화의 세계를 지향하는 평화 문명의 정신적 가치를 실현하는 주체적 삶을 요청한다.

꾸란 의미의 다층성과
이슬람의 전개*

가마다 시게루(鎌田 繁)**

* 이 글의 꾸란 문구는 저자가 본문에 사용한 일본 무슬림협회의
일본어 꾸란을 기본으로, 아랍어 원문을 참조하여 번역하였다.(번역자 수)
** 도쿄(東京)대학 교수

Ⅰ. 이슬람: 하느님의 뜻에 따르는 종교

원래 이슬람이란 어떤 의미의 단어일까? 이는 아랍어로 복종·귀의라는 의미를 지닌다. 한 종교의 고유명사로서 이슬람의 가르침을 가리키는데, 동시에 신에게 복종하는 것이란 본래 의미가 있어, 신의 뜻에 따라서 사는 것, 이것이 이슬람이란 종교의 주안점이 된다.

이슬람의 사고방식에 따르면 최초의 인간이자 예언자이기도 한 아담에게 교시가 시작되었는데, 하느님은 많은 예언자(이슬람에서는 모세·예수도 예언자의 대표적인 인물이라고 본다)를 선택하여 자신의 말을 전해 왔다. 이 일련의 예언자 중 가장 마지막이며 가장 위대한 이로 예언자 무함마드(d.632)가 아랍 민족 가운데에서 선택되어, 그를 통해 전해진 하느님의 말씀을 집성한 것이 꾸르안(코란)이다. 꾸르안에 포함된 말은 진정한 하느님의 말씀이며, 그 밖에 직접적으로 하느님의 뜻을 알 수 있는 경로는 없다고 본다. 따라서 하느님을 따르며 산다는 것은, 더 구체적으로는 꾸르안의 말씀에 따라 산다는 것이 된다.

이슬람은 하느님을 따르며 사는 것인데, 이때 아랍어로 알라(Allāh)라고 표현되는 신은 유일하며, 그와 같은 신들의 존재를 상정하는 것은 강하게 부정된다. 유일한 하느님에게 동등한 힘을 가진 동료가 있을 리 없으며, 이슬람에서 이러한 다신교(shirk)는 최악의 교설이 된다. 이슬람이 예언자 무함마드를 통해 설교되던 당시 아랍인들 사이에서는 큰 바위나 우상을 신들로 삼아 공양을 하여 복을 얻으려 한다든지, 미래의 화복을 점친다든지 하여 많은 신들이 신앙의 대상이 되어 있었다. 이러한 다신교적 종교 상황은 당시 사회체제의 질서를 유지하는 기능도 가지고 있었다. 무함마드가 설한 이슬람의 가르침은 종래의 사회 질서를 변혁하기 위해서도 종래의 다신교적 사고방식을 철저하게 배제할 필요가 있었다. 이러한 의미에서 이슬람에서는 하느님은 한 분이라는 것이 강조되었다. 하느님이 한 분이라는 교설은 아랍어로 타우히드(tawḥīd)라 불리는 이슬람의 기본적인 사고방식이다.

하느님을 따르며 사는 자인 무슬림('이슬람을 하는 자'라는 의미)에게는 하느님의 뜻을 구현하고 있는 꾸르안의 말씀에 따라 사는 것, 이것이 무엇보다도 강조되는 점이다. 인간에게 하느님은 유일한 복종의 대상이라는 것이다. 이슬람에서는 이러한 하느님과 인간의 관계를 주인(rabb)과 노예('abd)의 관계로 이해한다. 우리가 노예란 번역어에서 느끼는 의미와는 달리, 압드('abd)라는 말은 이슬람의 종교적·윤리적 문맥에서 하느님을 숭배하는 인간이라는 지극히 긍정적인 의미를 가진 말이다. 무슬림의 이름에 압둘라(신의 노예), 압둘라흐만[자애로우신 분(하느님의 별칭)의 노예] 등이 있는 이유이다.

하느님을 따르며 산다는 이슬람의 존재 방식은 신앙인의 매일매일의 실천에서 현저하게 드러난다. 예를 들어 무슬림이 돼지고기를 먹는 것은 꾸르안에서 명확히 금지하고 있으며, 이러한 규정은 문자 그대로의 의미에서 도출할 수 있다.

> 그분께서 너희들에게 (먹기를) 금지한 것은 죽은 고기와 피와 돼지고기, 그리고 하나님(Allāh) 이외(의 이름으)로 바쳐진 것이다. … (꾸르안 2:173)

또한 이자를 받아서는 안 된다는 것은 다음의 구절에 나타난다.

믿는 신앙인들이여 이자를 거듭하여 삼키지 말라. 그리고 하느님을 두려워
하라. 그러면 너희가 번성하리라. (꾸르안 3:130)

간단한 사례를 인용했는데, 이러한 구체적인 규정이 서술된 것은 있는 그
대로 이해할 수 있다. 꾸르안을 문자 그대로 해석한 것이 될 것이다.

하지만 다음과 같은 말은 어떨까?

그분께서는 하늘과 대지와 그 사이의 모든 것을 육 일 간에 창조하시고, 그러
고 나서 권좌에 오르셨나니 자비로우신 하느님이시라. …(꾸르안 25:59)

'그러고 나서 권좌에 오르셨다(thumma istawā 'alā al-'arsh).'[1]라는 하느님에 대
한 서술의 문자 그대로의 의미는 명백하다. 그러나 권좌라는 어떤 장소에 하
느님이 앉아, 거기에 존재한다는 것은 하느님이 일정한 공간에 들어간다는
것이 되어, 이 권좌란 장소의 바깥에 하느님은 존재하지 않게 되어 버린다.
그러나 하느님의 존재는 볼 수도 만질 수도 없지만 모든 곳에 편재한다고 여
겨진다.[2]

이런 식으로 하느님을 생각하면, 권좌에 하느님이 앉는다는 표현은 단어
의 표면적 의미만으로 생각할 것이 아니라, 무언가 깊고 숨겨진 의미를 나타
낸다고 생각할 수도 있다. 이러한 입장에서 권좌에 앉는다는 것은 지배·능
가와 같은 하느님의 위대함과 비할 수 없는 힘을 나타내는 비유적 표현으로,
인간이 의자에 앉아 있는 것과 같은 것이 아니다. 물론 이 말을 문자 그대로
받아들이면 되므로, 그 안에 깊이 숨겨진 의미가 있다고 거듭 생각하는 것은
쓸데없이 천착하는 것이라며 이러한 사색을 거부하는 사람들도 있다. 그러
나 꾸르안 텍스트를 문자 그대로의 의미만으로 이해하는 것에 만족하지 않
고, 더 깊은 의미가 있을 것이라며 읽어 들어가는 이들이 있음은 분명하다.

이와 같이 꾸르안에서 어떠한 의미를 도출하는 경우, 그것은 문자 그대로의 의미이거나, 그것보다 깊은 의미를 찾아내는 것이다.

II. 꾸르안의 의미의 다층성

하느님은 인간에게 꾸르안이란 말씀을 전달함으로써 하느님의 뜻을 인간에게 전하였다. 하느님 그 자체는 인간의 이해를 넘어서는 존재로, 하느님 그 자체를 아는 것은 불가능하다. 꾸르안을 통해 자기 자신을 드러낸 하느님으로서만, 인간은 하느님을 이해한다고 할 수 있다. 이슬람의 사고방식에 따르면 꾸르안은 하느님이 인간에게 부여한 마지막 말씀이고, 꾸르안 이후에 또다시 새로운 예언자를 선택하여 말씀을 전달하는 일은 없다고 한다. '예언자들의 봉인(khātam al-nabīyīn)(꾸르안 33:40)'이라는 꾸르안의 표현이 이를 가리킨다. 꾸르안 이후에 하느님의 뜻을 전하는 새로운 계시는 존재하지 않는다는 것은 꾸르안이라는 하나의 텍스트에 하느님이 의도하는 메시지가 모두 포함되어 있고, 인간에게 필요한 것은 모두 이 안에 들어 있다는 것을 의미한다. 왜냐하면 만일 인간에게 불가결한 지침이 여기에 들어 있지 않다면, 인간이 길을 잃고 하느님에게 벌 받을 만한 잘못을 저지를 가능성이 있다는 것이 되는데, 이는 한없이 자비로운 존재이신 하느님에게는 있을 수 없는 일이다. 인간에 대한 마지막 계시라는 꾸르안의 자기 이해가 인간이 살아가는 데 필요한 지침을 모두 포함한 완벽한 것이라는 말이 된다. 한 권의 책의 형태로 존재하는 꾸르안이라는 한정된 양의 텍스트가 어떤 경우든 간에 적합한 하느님의 지침을 제시할 수 있다는 것이다.

이러한 꾸르안의 위치 설정 때문에 무슬림은 하느님의 뜻에 따라 살기 위해서 스스로의 행동과 사색에, 하느님의 뜻이 어디에 있는지를 탐구하기 위해서 꾸르안을 철저히 파고들어 가게 된다. 꾸르안 속에 모든 것에 대한 지침이 존재하기 때문에 이를 발견하지 못하는 것은 자신의 독해가 불충분하기 때문이다. 바꿔 말하자면 유한한 텍스트 안에서 무한한 의미를 읽어 낼 수 있는 것이 바로 꾸르안인 것이다.

초기 신비가이며 신비주의적 입장에서 꾸르안 주해서를 저술한 사흘 투스타리(Sahl al-Tustarī, d.896)는 주해 서설에서,

> 꾸르안의 구절에서 네 가지 의미를 갖지 않는 것은 없다. 이는 문자 그대로의 의미(ẓāhir), 숨겨진 의미(bāṭin), 제한(ḥadd), 초월점(maṭlaʻ)이다. 문자 그대로의 의미란 읽기(tilāwa)이고, 숨겨진 의미란 이해(fahm)이며, 제한이란 그것을 허가하거나 금지하는 것이며, 초월점이란 하느님이 이해하듯이, 그 의미를 마음이 파악하는 것이다.[3]

라고 서술한다. 이 네 가지 의미 중 첫 번째인 문자 그대로의 의미는 '읽기(tilāwa)'로, 두 번째 숨겨진 의미는 '이해(fahm)'라고 설명하는데, 첫 번째는 문자 그대로의 의미를 솔직하게 읽어 내는 것이고, 두 번째는 문자적으로는 직접 드러나지 않는 의미를 이해하는 것이라 할 수 있을 것이다. 세 번째인 제한은 법적으로 허용되는가, 허용되지 않는가에 관한 문제를 다루는 것이며, 네 번째인 초월점은 그것을 통해 초월적 세계, 신적 세계로 올라가는 것이 가능한 의미를 가리킨다고 생각된다. 세 번째 의미는 첫 번째 문자 그대로의 의미와 하나로 만들 수 있으며, 네 번째 의미는 두 번째 숨겨진 의미와 묶을 수 있다고 생각된다. 그러므로 단순화해 보면, 문자 그대로의 의미와 숨겨진 의미란 두 가지의 의미 차원이 존재함을 나타낸다고 할 수 있다.

시대를 내려가면, 이 피조물 세계의 모든 존재자는 오직 하나의 실재가 다양하게 현현한 것이라는 직관에 기초하여, 이를 철학적으로 제시한 사상가인 물라 사드라(Mullā Ṣadrā, d.1640)라는 인물이 있다.[4]

꾸르안은 하나의 실재(ḥaqīqa)일지도 모르지만, 그것(실재)은 하강하는 가운데 많은 단계를 지닌다. 그(단계)에 따라 그것(꾸르안)의 이름은 다양하다. 어떤 세계, 어떤 존재 양태에 있든지 그 특수한 장소나 구체적인 거처에 따라 그에 어울리는 이름으로 불린다. … majīd, 'azīz, ḥakīm, karīm, mubīn 등 … 그 이름은 몇 백만 개에 달하며, 그것을 듣고 구분하는 것은 외적인 귀로는 할 수 없다. 당신이 진실한 열애나 신적 사랑의 세계에서 내적인 귀를 가지고 있다면야, 당신은 그 많은 이름들을 듣고 구분하며, 그것의 다양한 양태를 보고 이해할 수 있을 테지만.[5]

이와 같이 물라 사드라는 꾸르안이 발신하는 의미를 다층적인 것으로 생각하고 있으며, 꾸르안 장구는 서로 다른 해석 차원에서 다양한 의미를 제시한다고 본다.

물라 사드라는 앞서 꾸르안 절에는 네 가지의 의미가 있다고 했던 투스타리의 말의 전반부를 예언자의 말씀(하디스)으로 인용하면서 논의를 전개하고 있다.[6] 물라 사드라의 논의가 반드시 이 하디스에서 말하는 네 가지 면과 표현적 대응을 이룬다고는 볼 수 없지만, 꾸르안의 서로 다른 네 가지 의미 차원을 열거한다. 그에 따르면, 꾸르안은 인간과 마찬가지로 현(顯, 'alan)과 밀(密, sirr)이란 두 가지 국면으로 나뉘고, 더 나아가 이 두 측면 모두 외면(ẓahr)과 내면(baṭn)을 가진다고 한다. 즉, 꾸르안에는 다음과 같은 네 가지 의미의 차원이 있다.

(1) '현(顯)의 외면'은 손으로 만질 수 있는 서책, 쓰여진 문자에 있다. 인간의 외부감각(소위 시각·청각·후각·미각·촉각의 오감)이라 불리는 작용으로 파악할 수 있는 차원이다.

(2) '현(顯)의 내면'은 상상력과 같은 내부감각이 관여하는 차원이다. 내면적인 감각은 오감이 파악할 수 있는 이미지와 같은 류의 것들밖에 파악할 수

없고, 순수한 의미는 파악할 수 없다. 감각대상 그 자체가 모습을 감추더라도, 상상력을 가지고 그 모습을 재현하는 것과 같은 작용의 차원이다. 이 두 가지 꾸르안의 단계는 원초적이고, 현세적이며, 신체성 및 물질성과 관계되어 있어 어떤 사람이든 이를 파악하는 것이 가능하다고 한다. 다음의 두 단계는 내세적인 단계로, 일단 두 가지로 나뉘는데 이 둘 모두 다시 몇 가지 단계로 나누는 것도 가능하다고 한다.

(3) '밀(密)의 외면'[7]은 인간의 영(靈, rūh)이 파악할 수 있는 것이다. 인간의 영은 피조물의 단계를 초월하지 않는 한, 감각적인 티끌이 지워지지 않는 한, 하느님의 명령(amr)의 단계로 되돌아가지 않는 한, 이를 파악할 수 없다. 감각(ḥiss)과 지성('aql)은 영역을 달리하는데, 감각 안에서 형체를 갖는 것은 위치 · 장소 · 시간 · 양태 · 양에 따라 한정되고 특수화된다. 이에 대해 인간의 영은 하느님의 명령의 세계라는 장으로부터 지성적 실체에 의해 지식을 얻는데, 이는 물체 안에 위치하는 것이 아니며, 감각과 평가력(내부감각의 하나) 안에 들어가는 모습을 갖는 것도 아니다. 감각(외부 및 내부감각)이 관여하는 것은 피조물(khalq)의 세계이고, 지성이 관여하는 것은 하느님의 명령의 세계이다.

(4) '밀(密)의 내면'은 피조물과 하느님의 명령을 모두 넘어서는 것으로, 감각과 지성 모두에게 숨겨져 있는 하느님만이 아는 불가지의 영역이다.

이상과 같이 꾸르안의 단어가 갖는 의미 차원을 네 단계로 이해하고, 앞의 두 가지는 인간 인식의 존재 방식 중 최초의 것인 외부감각 및 내부감각에 대응한다고 보며, 이를 현세적인 것, 즉 피조물의 세계에 위치를 둔다. 이 뒤를 잇는 두 단계 중 앞의 것은 지성으로 파악할 수 있는 순수한 의미의 세계로, 피조물의 세계를 초월한 하느님의 명령의 세계에 위치한다고 본다.[8] 그리고 가장 마지막 단계는 감각으로도, 지성으로도 파악할 수 없는 하느님의 불가지계(不可知界)에 대응시킨다.

이슬람의 신학적 서술에 따르면, 이 세계는 하느님의 창조로 현출하게 되는 것이지만, 이슬람의 철학적 사색에서는 신플라톤주의에서 뚜렷하게 나타나는 일자(一者)에서의 유출로 인해 다(多)의 세계가 현현됨을 설하는 철학적 유출론이 커다란 위치를 차지하고 있다. 이것을 기본적 틀로 사용하는 물라 사드라에게 세계의 현현 과정은 하느님의 일성(一性)이 유지되는 제1의 단계, 즉 창조되는 세계가 현실의 다(多)로 나뉘지는 않았지만, 다성(多性)이 현실의 피조 세계의 이데아로서 일성(一性) 안에 잠재되어 있는 제2단계, 그리고 현실에서 다성을 가진 피조물의 세계라는 세 가지 단계로 구성된다고 본다. 하느님 이외에는 다가가는 것도 불가능한 불가지의 최고 단계를 논외로 하면, 꾸르안의 의미의 세 단계가 각기 세계 현현의 세 단계에 대응한다고 보는 것이다. 물라 사드라는 꾸르안의 의미의 얕고 깊음을 자신의 유출론적 세계관에 대응시켜 설명한다.[9]

III. 꾸르안의 비교(秘敎)적 해석

물라 사드라가 꾸르안을 어떻게 해석했는지 보기 위해, 그가 서술한 지진의 장(꾸르안 제99장)에 대한 주석을 살펴본다.[10] 이 장은 다음과 같다.

> 자비로우시고 자애로우신 하나님의 이름으로
> (1) 대지가 심하게 진동을 하며
> (2) 대지가 그 속에 있는 것들을 밀어내어
> (3) '여기(대지)에 무슨 일이 났느냐'라며 인간이 고함칠 때,
> (4) 그날 (대지는) 그 소식을 이야기하리니
> (5) 실로 너의 주님은 그에 관해 계시하였노라.
> (6) 그날 사람들은 분리된 집단으로 (무덤에서) 나와,

그들이 행한 것들이 보여진다.

(7) 티끌만한 무게라도, 선을 행한 자는 그것을 본다.

(8) 티끌만한 무게라도, 악을 행한 자는 그것을 본다.

8절로 이루어진 이 짧은 장(수라)은 예언자 무함마드가 태어난 메카를 떠나 메디나로 이주(히즈라)하고, 그곳에 거주를 정했던 시기(메디나기)의 계시라고 전해진다. 그 내용은 세계의 종말에 일어나는 일련의 사건을 간결하게 알린 것이다. 즉 세계의 종말에는 천변지이(天變地異)가 일어나는데, 그 하나로 대지진이 발생함을 알리고, 이 지진을 계기로 모든 사람들이 부활하여 생전의 행위에 기초하여 저마다 그에 마땅한 선악의 대가를 받는다는 것을 명시하고 있다. 이 장에서 전하는 문자 그대로의 계시 내용은 결코 복잡하지도, 의미가 불분명하지도 않다.

그는 이 종말의 사건의 의미를 논하기에 앞서 서문[11]에서 다음과 같이 말한다.

지진의 장에 관해 여기서 서술하는 점들은, 이 계시된 장이 지닌 몇 가지 비밀을 시사하는 것이다. 그 비밀이란 그 어떤 출구보다도 그 분의 출구에서 재난을 피하고, 그 어떤 책보다도 그 분의 책에 사고를 집중시키는 이 몸(물라 사드라)의 마음에 하느님이 그 자신의 내부로부터 흘려 넣어 주신 것이다.

라고 하여, 꾸르안의 의미 세계에 대한 그의 탐구가 물라 사드라 개인에게 주어진 영감에 기초한 논의이며, 또한 그의 작업은 단지 이 장의 어구가 가진 문자 그대로의 의미를 밝히는 것이 아니라, 이 장이 품고 있는 비밀, 즉 텍스트의 배후에 숨겨진 의미의 탐구를 겨냥하고 있음을 알 수 있다. 그의 주석은 여러 곳에 언어와 수사에 뛰어나다고 여겨지는 자마크샤리(al-

Zamakhsharī, d.1144)의 주석[12]을 인용하여 텍스트의 문자 그대로의 의미에 대해서도 다루지만, 그 자신은 언어의 자의(字意)적 해석을 넘어서, 그 장구가 열어 보여주는 의미의 세계로 걸어 들어간다. 이 지진의 장에서 물라 사드라가 어떠한 의미를 도출해 내고 있는지 두 가지로 압축하여 소개하겠다.

1. 시간 · 공간을 넘어선 차원의 사건

'대지가 심하게 진동을 할 때'의 '때'(idhā)란 시간(waqt)인데, 이 '때'란 내세의 '때'를 의미하며, 현세의 때와는 다르다고 한다. 즉 내세의 하루, 한 시간은 천체의 운동으로 정해지는 현세의 일시와는 다르다는 것이다. 꾸르안의 "천사들과 가브리엘 천사가 오만 년과도 같은 하루 동안에 그분께로 올라가니라(꾸르안 70:4)", "(심판의) 때의 결정은 눈 깜빡할 사이와 같다. 혹은 그보다 더 짧다(꾸르안 16:77)"를 인용하여, 내세의 하루란 오만 년이라고 할 수도 있고, 또한 짧은 한순간의 일이기도 하다고 한다. 이와 같이 내세의 시간은 현세의 시간과는 다른 원리에 기초한다고 하여, 종말에 일어나는 여러 가지 사건은 현세의 인간이 인지하고 있는 시간, 공간의 틀 속에서의 사건이 아니라고 말한다. 또한 통상적인 인간의 인식 작용으로는 파악할 수 없는 차원의 문제라는 것을 다음과 같이 말한다.

> 대지의 이 지진의 상태는 누구나 인지할 수 있는 것이 아니다. 왜냐하면 현세의 다양한 시간 안에서 개별적인 시간에 특정해서 일어나는 것이 아니기 때문이다. 이 현세의 인식 기관을 가지고 인간이 그것을 각지(覺知, mushāhada)하는 것은 불가능하다. 인간과 더불어 짐승이나 가축이 공유하고 있는 이 감각은 여기에서 일어나는 개별적인 사건의 생성 및 시간적인 사건을 통해 그 것을 아는 것에 특화되어 있기 때문으로, 부활이나 보편적인 중대 사태의 다

양한 상태는 개별적인 것이 아니기 때문이다. "(심판의) 때의 진동은 중대한
일이니라(꾸르안 22:1)"[13]

인간이 동물과 공유하고 있는 감각(오감 즉, 시각·청각·후각·미각·촉각)은
신체성과 분리되기 어렵게 결합되어 있어서, 물체로 존재하고 있는 것밖에
인식할 수 없다. 눈으로 볼 수 있는 것은 구체적으로 존재하는 것으로, 예를
들어 눈앞에 있는 개별적 인간은 볼 수 있다. 그러나 일반적, 보편적으로 생
각할 수 있는 '인간' 그 자체, 이것은 눈으로 볼 수 없다. 우리가 살고 있는 세
계는 물질적이고 개별적인 세계로, 감각으로 인식 가능한 것이다. 물라 사드
라는 이 꾸르안 구절, '대지가 심하게 진동… 인간이 고함칠 때'에서 지진이
일어나는 이 '때'란 감각으로 파악할 수 있는 구체적이고 특수한 '때'가 아니
라고 말한다. 보편적인 '인간'이 '무함마드', '파티마' 등 개별적이고 구체적인
모든 인간을 포함하고 있듯이, 이 종말의 지진이 일어나는 장(場)은 보편적
차원이므로, 이러한 의미에서 여기서 idhā라는 말로 표현되는 시간(waqt)이
란, (현세의) 모든 때·시간·시각을 포섭한다는 것이다. 위의 인용에서 사용
하는 꾸르안 구절, "(심판의) 때의 진동(zalzalat al-sā'ah)은 중대한 일(shay' 'aẓīm)
이니라"는 지진을 비롯해 종말의 사건은 무엇이든지 간에 개별적 '다(多)'의
차원이 아닌, 보편적 '일(一)'의 차원의 문제라는 것을 나타내는 근거로 인용
한 것이다.

종말의 지진이 개별적 차원에서 보편적 차원으로 올라가는 하나의 과정으
로 묘사되는 것으로, 이 과정은 인간이 죽고 부활하여 하느님을 대면한다고
하는 이슬람의 종말론적 교의에 대응한다. 하느님의 심판의 장에서는 모든
시대, 모든 땅의 인간이 모두 동시에 하느님의 앞에 선다고 하는데, 이 사태
가 실현되는 장은 종말의 지진이 일어나는 것과 같은 내세의 날, 내세적인 시
공간이다. 이것을 물라 사드라가 주로 사용하는 말로 하면 '내세적 존재 양태

(al-nash'a al-ukhrawīya)'인데, 이 내세적 존재 양태로 이행하는 부활의 과정이란, 하느님과의 관계에서 보자면 창조의 과정을 역으로 거슬러가는 것이다.

> 지고한 분(하느님)과 (인간의) 부활(ba'th)의 관계는 창조(khalq)의 그것과 동일하다. "너희를 창조하고 부활시키는 것은 마치 한 개의 영혼을 다루는 것과 같으니(꾸르안 31:28)", "태초에 너희를 창조했듯이 너희들은 그분께 돌아가니라(꾸르안 7:29)". 창조라는 점에서 보면 하느님은 모든 피조물을 다양한 모습으로, 또한 서로 다른 시간적 생성 안에서, 그저 한 번의 존재 부여(ījād), 그저 한 번의 흘러넘침(溢出, ifāḍa)—이것은 비시간적인 '한 번'인데—을 통해 존재하게 한다. (피조물은) 그 자체에서도, 또한 그들의 상호 관계에서도 시간 안에서 생성되고 시간에 의해 특수화된 다양한 것들이지만, 또한 지고한 분은 많은 행위가 되는 단 한 번의 행위만을 행하신다. 왜냐하면 "그분은 매일 하나의 행위로 처리하신다(꾸르안 55:29)"고 하는데, 그때마다 서로 다른 행위가 그분과 관련되는 것이 아니다. 이와 마찬가지로 부활이라는 점에서 보면, 그분께서는 피조물 모두를 우리 세계의 시간과 공간을 초월한 차원에서 한 번에 동일한 장소에서 부활시키시는 것이다.[14]

비시간적인 '한 번'으로 모든 것이 하느님에 의해 창조되지만, 피조물은 시공간의 틀 속에서 서로 개별적인 시간, 공간적 위치를 갖는 것으로 특수화되어 있다. 그러나 창조된 것이 아무리 특수화되었다 해도, 하느님 쪽에서의 관계는 항상 비시간적인 일(一)일 뿐이다. 현세의 시간에서 생겨나는 다양한 일과 현상(事象)이 아무리 다양하고 복잡하다 해도, 하느님 쪽에서 하는 작업은 항상 그저 '하나의 행위'일 뿐이다. 하나이신 하느님으로부터 많은 피조물이 생성되는 것이 창조이며, 많은 피조물이 하나이신 하느님에게 귀환하는 것이 부활이다. 이러한 의미에서 부활 역시 현세적인 시간과 공간에 기초한 각각의 개별적인 귀환이 아니라, 개별적인 것을 포섭하는 보편적 사태이며, 현세와는 다른 내세적 존재 양태에서 일어나는 것이라고 생각할 수 있다.

2. 지진의 본성

지진의 장 제1절에서는 대지가 흔들린다는 의미의 동사 표현(zulzilat al-arḍ)에 더하여, zilzāl-hā라는 같은 어근의 동명사를 부사적으로 덧붙이고 있다. 여기서는 '진동(zilzāl)'에 대지(arḍ)를 가리키는 소유대명사(hā)가 붙어 있다. 이는 지진을 대지에 관계 지우고, 지진을 어떠한 의미로 특정화시키는 것인데, 이는 다음을 의미한다고 물라 사드라는 말한다.

> 그것(지진)은 대지로부터 알려지고, 그것에 특유한 것으로, 그것의 내재적 성질과 본성에서 보면, 그곳에서 생기는 운동의 종류라는 것, 그리고 그것(운동)은 대지의 본연(ṭabī'a)에 뿌리박힌 것으로, 사물에 갖춰진 본성적인 것은 그것 자체에서 탈락하는 일도, 일정 시간에 따라 감쇠(減衰)하는 일도 없다.[15]

이와 같이 지진, 즉 대지의 운동은 대지에게 본성상 갖춰진 것으로, 무언가의 본성인 것은 그 무엇으로부터 탈락하는 일이 불가능한 것처럼, 운동(지진)은 대지에 본래적으로 구비된 성질이라고 한다. 이 지진의 묘사는 대지가 본래 내부에 가지고 있는 운동성을 열어 보인 것[開示]으로 이해되며, 더 나아가 이 대지가 가진 운동은 다음과 같이 설명된다.

> 대지나 대지에 있는 것은 하늘이나 하늘에 있는 것과 마찬가지로, 한순간도 멈추지 않고 본성적이고 실체적인 운동(ḥaraka dhātīya jawharīya)을 행한다. 본연이나 본연을 가진 것으로, 완성을 향하여 나아가는 실체적인 운동 가운데

부단하지 않은 것은 없다. 그 [운동]을 통해서 제1진리를 추구하고, 그것에 귀환하는 것이다.[16]

여기서는 제1진리로 여겨지는 하느님, 혹은 존재의 태원(太源)으로 귀환하기 위해 존재자 모두가 본래적으로 가지는 운동이라고 해석된다. 이 운동은 정신적 완성을 실현하는 것이기도 하다. 이 '실체적 운동'이란 아리스토텔레스 철학에서 운동의 이해를 혁신하여 물라 사드라가 처음으로 명확하게 주장한 논의로, 물라 사드라 철학에서 가장 중요한 개념의 하나이다.[17]

물라 사드라의 이 설은 이슬람의 신비 사상 전통에 있는 존재일성론(waḥdat al-wujūd)적 세계관[18]으로 뒷받침된다. 존재일성론에 따르면, 세계에 가득 차 있는 온갖 사물은 우리 눈에는 제각기 고유한 본질을 갖추고, 안정된 고정적 세계를 현출하고 있는 것으로 보이지만, 이 세계의 실상이란 모든 것이 존재(wujūd)라는 참된 실재[眞實在]가 다양한 농도[濃淡], 빠르기[遲速]의 차이를 통해 다양하게 현현한 것에 다름 아니며, 더군다나 이 존재의 참된 실재는 부단히 흘러넘치고[溢出], 유동(流動)하고 있어, 모든 것은 매 순간순간 재창조되고 있다고 본다. 고정적으로 보이는 세계의 배후에는 이러한 존재의 부단한 유동 전개가 진행되고 있는데, 물라 사드라의 신비가적 직관이 이 존재의 유동성을 파악하고, 이 존재의 특성을 전통적인 철학의 운동설을 혁신함으로써 언어화한 것이 그의 실체운동설이다. 실체라는 고정성의 핵이라고 할 수 있는 것까지도 변화, 변용한다고 하는 그의 직관은 지극히 다이나믹한 세계관을 제시한다. 모든 것은 끊임없는 변용 안에 있다는 논의의 맥락(Tafsīr, p.230)에서 그는 꾸르안 구절을 인용한다.

그대는 산들을 보고 견고하다고 생각한다. 하지만 그것은 구름이 흩어지듯이 지나가 사라진다. 그것은 모든 것을 완성시키시는 하느님의 행위이시다

(꾸르안 27:88).

꾸르안이 전달하려는 것은 직관적 각지(覺知)를 부여받음으로써 비로소 볼 수 있는 세계의 실상으로, 현세의 신체성·질료성으로 덮여 있는 이의 눈으로는 그 부단한 유동을 볼 수 없다. 존재의 실상에 관입(觀入)할 수 있는 이에게는 아무리 견고부동하게 보이는 산일지라도, 그것의 진실한 모습은 끊임없이 유동 전개하여 그침 없는 존재의 흐름이 일순간 현현한 것일 따름이다. 고정적인 개별 사물의 총체인(것처럼 보이는) 세계가 유일한 실재의 무한하고 다양한 현현임을 알아차리는 것은 다양한 존재 세계에서 초월적인 일자를 파악하는 신비주의적 직관이고, 이슬람의 하느님의 유일성에 대한 교의를 신비주의적으로 다시 이해한 것이라고 할 수 있다.

종말의 사건을 전하는 꾸르안의 짧은 한 장에서 물라 사드라는 다음과 같은 견해를 도출하고 있다. 세계의 종말이 일어나는 시간·공간은 우리들이 존재하는 특수하고 개별적인 시공간이 아닌, 그것을 모두 포섭하는 내세적 시공간이다. 이것은 어떠한 시간·공간에 있는 존재자에게든 하느님은 마주할 수 있다는 표현이 실현되는 영역이라고 할 수 있을 것이다. 또한 모든 진실이 현현하는 종말에 대지가 대지진을 일으킨다는 것은, 고정적으로 보이는 현상 세계가 본성적으로는 흔들려 움직이는 것임을 나타낸다고 생각한다. 현세라는 존재 양태, 이 세계의 모든 현상은 그 하나하나의 개별적 사물이 아무리 고정적이고 지속적인 존재로 보일지라도, 존재라는 유일한 참된 실재가 다양하게 유동한 결과의 양태이며, 모든 것은 유일한 참된 실재인 존재에게 귀일(歸一)한다.

IV. 맺는말: 이슬람에서 불교로

이슬람은 하느님을 따를 것을 가르치는 종교로, 구체적으로는 하느님의 말씀 그 자체라고 여겨지는 꾸르안의 텍스트에 따라 사는 것이다. 꾸르안을 문자 그대로의 의미 수준에서만 생각하는 사람도 있으나, 1,400년에 이르는 이슬람 역사 속에서는 꾸르안을 문자 그대로의 의미·표면적인 의미만이 아니라, 그 표면적 의미의 배후에 숨겨져 있는 깊은 의미도 탐구할 것을 주장하는 사람들도 있었다. 이들은 꾸르안에 네 가지 의미가 있다고 한 예언자 혹은 이맘 등과 같이 권위를 가진 사람들의 말을 애용하였다. 꾸르안에는 몇 가지 의미의 층이 있다고 하며 꾸르안을 여러 가지 관점에서 탐구하는 사람들은 꾸르안을 이슬람의 보다 넓고 풍부한 의미를 산출하는 모태로 볼 수 있었다. 행위의 규범을 부여하는 유일한 주님으로서의 하느님뿐만 아니라, 하느님만이 유일한 존재라고 하여 모든 존재자는 그 유일한 존재를 받아들임으로써 존재할 뿐이라는 점에서, 모든 존재자는 절대자인 유일한 존재가 다채로운 자기 변용에 의해 개별적으로 현현한 것이라는 세계관을 만들어 냈다.

법학 및 신학적 논의에 비교하여 다소 상세하게 물라 사드라의 신비철학적 논의를 소개하였다. 모든 존재자가 끊임없는 변용 안에 있지만, 그것은 근원에 있는 존재의 유동에 다름 아니며, 모든 것은 현상적인 차이는 있을지라도 본성적으로는 동일한 존재이다. 종말은 우리들이 가진 시간·공간의 연장선상에 있는 것이 아니라, 그것을 모두 포섭하는 전혀 다른 영역이다.

이와 같이 꾸르안이 발신하는 의미를 다층적으로 이해함으로써, 이슬람은 자신의 사상을 확산시켜 나갔다고 생각한다. 이슬람 안에서 전개된 법학·신학·철학·신비 사상·다양한 사색이 꾸르안 텍스트의 서로 다른 의미의 층에 착안하여 태어났다고 해도 좋을 것이다.

현재 여러 가지 의미에서 세계의 주목을 끌고 있는, 폭력의 사용을 주저하지 않는 한 무리의 무슬림들은 오랜 이슬람 전통 안에서 쌓아올려진 문화적·사상적 유산을 고려하지 않고, 그들 생각에는 순수한 신앙을 체현하고 있는 초기의 소박한 신앙인의 모습으로 되돌아갈 것을 노리는 복고적 사상을 배경으로 한다. 꾸르안의 문자 그대로의 의미를 취하는 것에만 만족하고, 내면적 의미와 같은 차원을 생각하려 하지 않는다. 이것도 하나의 이슬람 이해이기는 하지만, 이슬람을 좁은 범위에 한정시키고, 오랜 세월에 걸쳐 발전한 이슬람의 풍부한 유산을 보려 하지 않는 것 같아서, 필자는 유감스럽게 생각한다.

이슬람의 하느님은 하나의 개별자적 성질[個性]을 가진 하느님이며 인격신으로서 인간에게 다양한 명령·금지·희망 등을 제시한다. 이에 대해 물라 사드라도 그중 하나에 속하는 존재일성론자들은 이러한 개별자적 성질[個性]을 가진 하느님을 넘어서, 추상적인 '존재(wujūd)'를 모든 논의의 출발점으로 삼는다. 존재일성론은 이슬람의 일신성(一神性)을 철저하게 밀어붙여서 생겨난 무슬림의 사색의 성과임에 틀림없지만, 계시를 내려 주는 개별자적 성질[個性]을 가진 하느님을 넘어서 있다고 이해하는 것도 가능하다는 점에서는, 이슬람의 틀을 넘어선 사색이라고도 할 수 있을 것이다. 꾸르안 텍스트의 깊은 의미를 탐구하는 것과 같은 사색 자체는 이슬람의 틀을 초월하는 면을 가지고 있으며, 동아시아의 전통적 종교들과도 대비할 수 있는 면을 갖추고 있다고 본다. 이슬람 사상을 비교철학적으로 논한 이즈쓰 토시히코(井筒俊彦)가 존재일성론의 시조인 이븐 아라비와 노장사상을 대비하여 연구[19]한 것도 어떤 의미에서는 이븐 아라비가 이슬람의 통상적 신 관념을 넘어선 영역으로 눈을 돌렸기 때문에 가능한 일이었다고 할 수 있을 것이다.

불교 경전의 하나인 『화엄경』에는 온 세계를 비로자나불의 현현으로 이해하는 서술이 있어 다음과 같이 말한다.

불신(佛身)의 대광명은 두루 시방(十方)을 비추고, 곳곳에 현전하여 머문다. (중략) 불신은 허공과 같아 생함[生]이 없어 취하는 바 없고, 얻는 것이 없어 자성(自性)도 없다.[20]

비로자나불의 광명은 이슬람의 사색에서 존재라는 참된 실재에 대비되는 작용을 나타낸다고 본다. 즉, 비로자나불에서 발하는 대광명은 시방 세계를 빠짐없이 비추어, 세계의 각각의 장소에 걸맞은 모습을 한 존재자를 현현·존속시킨다. 그러나 비로자나불 그 자체는 허공과 같이 아무런 제약도 받지 않고, 생성소멸도 하지 않으며, '무엇이다'라고 할 만한 본질도 가지지 않는 절대적 존재이다. 이러한 의미를 끌어낼 수 있지 않을까 하는데, 이슬람의 사색에서 존재 그 자체에 대한 기술과 매우 가깝다. 대광명을 발하는 체(體)인 비로자나불 그 자체는 어떤 제약도 받지 않는 전일(全一)한 실재로, 주객 분리의 대상적(對象的) 인식을 받아들이지 않는다. 알 수 없다는 의미에서는 무(無)이지만, 대광명으로서 현현하여 이 세계를 현실화한다는 의미에서는 존재의 근원이라고 할 수 있을 것이다. 이렇게 현실 세계의 근원이 비로자나불에게 있다는 논의는, 현실의 다양한 존재자는 존재라는 참된 실재에 귀일(歸一)한다는 이슬람의 신비철학과 대비할 수 있을 것이다.

이해력이 충분히 미치지 못했을지도 모르지만, 원불교의 사고에도 이러한 화엄경적 사고가 나타나 있는 것으로 보인다. 일원(一圓)은 우주 만물의 본원으로 분별이 없고, 변화가 없는 경지인데, 그 무(無)의 경지에서 나타나는 영지(靈知)의 광명에 의해 차별·분별된 세계가 나타난다고 하는 '일원상의 진리'[21]는 『화엄경』의 말씀과 마찬가지로, 이슬람 신비철학의 사고방식과도 서로 반향하는 점이 있을 것이라는 것이다.

이슬람은 유대교·그리스도교와 함께 서아시아에서 생겨난 유일신교이지만, 하느님의 말씀인 꾸르안의 숨겨진 내면적 의미를 고려하는, 넓은 시야에서의 사색도 이루어져 왔다. 이러한 전통 안에서 물라 사드라의 신비철학의 근간을 이루는 존재일성론과 같은 사색이 태어났다. 이슬람의 역사 안에서 태어난 이러한 유연하고 풍부한 사상 전통을 고려한다면, 이슬람은 동아시아에 퍼져 있는 불교의 사색과도 서로 반향하는 면을 가진다고 우리도 생각해 볼 수 있다. 이슬람 안에서 전개된 이러한 사상을 우리의 사색의 시야에 넣는 것이 동아시아의 종교적 사색을 더욱 풍부하게 하는 계기가 될 것이라 본다.

종교 세션 토론

녹취문

○ 진행(한내창)

　이제 청중석에서도 마치는 분위기가 물씬 풍깁니다. 어제 오늘 정신노동을 많이 했습니다. 공부하시느라 고생들 많이 하셨습니다. 오늘 네 분께서 「종교의 대전환」이라는 주제를 가지고 각자의 영역에서 귀중한 말씀들을 해주셨습니다. 우선, 발표를 하시면서 아쉬운 점이 남으셨을 것 같은데, 부언하실 것이 있으시면 3분 내지 5분 정도로 말씀을 해주시기 바랍니다. 김한중 원장님부터 부탁합니다.

○ 김한중

　특별한 건 없습니다만, 이런 큰 학술대회가 끝나게 되면 자그마한 결과물들이 딸려 왔으면 하는 바람이 있습니다. 종교의 벽들을 넘어서 함께할 수 있는 전문화된 자리들이 이번 기회에 만들어졌으면 합니다.

○ 금강 스님

　20세기는 근대사회가 내포하고 있는 인간 중심성, 또 욕망이 극대화된 시대죠. 어느 시대나 욕망은 있었지만 그 욕망에 과학과 정보화를 매개로 하여 극대화되면서, 위험사회라고 여러분들이 발표하셨지만, 그런 사회가 되었습니다. 이런 위험성에 대해서 각 종교가 가진 혜안들로 다층적 의미들을 잘 찾아낸다면 종교가 주도적으로, 더 평화롭고 행복하고 또 생명을 존중하는 사회를 만들어낼 수 있는 열쇠를 찾지 않을까, 그런 생각이 듭니다. '이제 탈

근대의 방향을 전체적으로 바꿨으면 좋겠다', '욕망 지향의 사회 분위기를 생명과 평화, 화해, 누림, 행복 개념으로 바뀌었으면 좋겠다'고 하는 것이 결론 부분에 나와 있습니다.

두 번째로는 20세기가 국가권력이 주도하는 시대였다고 한다면 21세기는 시민권력이 주도하는 시대로 변화되고 있습니다. 국가권력보다는 시민사회 쪽이 늘 주도권을 가지고 역할을 하는 것이 중요합니다. 큰 방향이 바뀌길 바라는 마음입니다. 세 번째로는 21세기 인류 문명은 환경문제의 심각함, 환경이 다시 사람에게 영향을 미치기 때문에 파괴된 환경의 질서를 어떻게 잘 회복할 것인가 하는 문제를 종교가 함께 논의해야 되지 않겠는가 하는 점입니다. 마지막으로 한국은 아직도 첨예하게 대립하고 있는 분단국가입니다. 그 분단 문제로 인해서 문화, 정치, 경제 등의 모든 분야에서 늘 대립과 갈등을 겪고 있지요. 따라서 분단을 극복하고 통일국가, 즉 화합하고 상생하는 국가를 만드는 데 얼마만큼 노력을 할 것인가, 이것이 한국사회의 주된 방향이고 대전환의 전제가 되지 않나 생각합니다. 이상입니다.

○ 박광수

예, 발표 때 '원불교 입장에서 현대사회를 어떻게 볼 것인가', '현재의 인류 사회가 앞으로 어떤 방향으로 가야 정말 참다운 평화의 세계가 올 것인가'라고 하는 문제제기를 했습니다. 전반적으로 한국사회뿐만 아니라 세계의 종교계, 또는 사상계에서도 사회가 어떻게 변화하는지를 적극적으로 파악하고 그것이 올바른 방향을 잡아갈 수 있도록 하는 정신적 지도가 매우 중요한 시기라고 생각합니다. 특히 원불교는 개벽종교로서 이 시대의 물질문명, 정신문명을 함께 개벽하자고 하는 문명개벽의 종교라고 할 수 있습니다. 그런 가운데 종교와 영성 분야에서는 열린 종교, 열린 영성으로 가야 된다는 것, 그리고 세계의 각종 각급의 문제에 대하여 순수한 종교성을 추구하면서도 세계문제를 해결할 수 있는 구체적인 노력을 실천해야만 세계평화가 올 것이라고 생각합니다. 특히 오늘 여러 분들이 공통적으로 영성을 강조해 주셨기 때문에, 그 부분을 어떻게 구체화하고 현실화하고 실천할 것인지가 모든 종교인에게 중요한 과제가 아닌가 생각합니다. 이상입니다.

ㅇ 가마다 시게루

저는 오늘 이슬람을 중심으로 말씀을 드렸습니다. 사실 저는 한국 종교의 역할과 존재 양식에 대해서 충분한 지식이 없습니다. 그래서 제가 말씀드리는 것은 반면교사로 삼아주셨으면 합니다. 이슬람이 한국에서 어느 정도로 문제가 되고 있는지는 제가 잘 모르지만 세계적으로는 여러 가지로 문제가 되고 있죠. 그래서 이러한 현상을 어떻게 이해할 것인가를 중심으로 말씀 드렸습니다. 쉽게 단정할 수 없는, 역사적으로 얽힌 문제들이 많이 있습니다. 그런데 한 가지 확실한 것은 이슬람권 밖에 있는 사람들이 이슬람을 너무 모른다는 것이죠. 그래서 이슬람이 어떤 종교인지 잘 알아야 할 필요가 있다고 생각합니다. 어떤 종교든 나쁜 점에만 초점을 맞춰 바라보면 그 종교를 제대로 이해할 수 없습니다. 역사적으로 보면 그리스도교든 불교든 유대교든, 그리고 이슬람도 마찬가지입니다만, 잘못된 일들을 많이 해 왔습니다. 그래서 어떤 종교를 이해하고자 할 때 이런 나쁜 것들만 가지고는 종교를 이해할 수 없고 오히려 그 종교 안에 있는 가능성들을 봐야 된다고 생각합니다. 그런 맥락에서 현상에 치우치지 말고 굉장히 다양한 이슬람 안에 있는 사상들을 파악해서 이해해야 할 것입니다.

ㅇ 한내창

예, 대단히 고맙습니다. 오늘 하루종일 청중석에서는 청취만 하셨는데 지금부터는 발표자들에게 질문을 하고 서로 대화하는 시간을 갖겠습니다. 이야기를 풀어가는 입장에서, 제가 먼저 발표자들에게 질문할 테니까 그동안 질문을 정리하시고, 이어서 질문해 주시기 바랍니다.

김한중 원장님께서는 종교가 조직화하면 거기에 욕망이 결합되고 욕망이 결합되면 권력에의 의지가 생겨나고, 권력을 갖게 되면 자기 의지를 다른 쪽에게 강요함으로써 문제가 발생한다는 맥락을 정리하셨습니다. 이처럼 종교가 제도화되면서 필연적으로 부패하고 타락해 왔다는 것을 지적하고 자기를 돌아보는 성찰들이 영성이라고 정의하시면서, 신성과 인성이 상통하는 영성을 추구해야 문제를 해결할 수 있지 않느냐 하는 문제제기를 하셨고 그 연장 선상에서 개인적 영성과 사회적 영성을 말씀하셨어요. 개인적 영성은 불교적으로 보면 개인적 수행이라고 볼 수 있고, 그래서 수행의 필요성도 강조하셨는데, 사회적 영성에 대해서 구체적으로 자비와 사랑의 실천 방도라든지 비전 등을 보충해서 말씀해 주시면 고맙겠습니다.

○ 김한중

종교는 필연적으로 조직화 · 제도화됩니다. 조직화 · 제도화된다는 것은 종교의 규모가 커진다는 뜻인데요, 제도화된다는 것은 한편으로 제도권에 들어가는 것이기 때문에 혁명적이고 활활발발한 성격들이 상실되는 것은 사실입니다. 기독교 역사도 그렇습니다. 그렇지만 조직화되고 제도화되는 그 자체가 문제는 아니라고 생각합니다. 다만 지혜가 발동되어서 조직화, 제도화 되는 가운데서도 유연성을 유지할 수 있도록 해야 한다고 생각합니다. 보통 유연성이나 균형 감각이 상실됐을 때 제도화된 종교에서 권력의지들이 탄생하는 것을 목도할 수 있기 때문입니다. 이런 것을 예방하는 장치 내지 방책으로 개인의 영성 등이 요구된다는 것이 제 발표의 주요 내용입니다. 개인의 영성은 필연적으로 발전하려는 경향이 있기 때문에, 이슬람의 신비주의도 마찬가지지만 어떤 종교든 신비주의 영역에서는 동일성이 있습니다. 기독교 신비주의, 이슬람 신비주의, 불교 신비주의 전부 다 비슷한 모습들을 가지고 있는데 그것은 신비주의의 근원적인 성격 때문이고, 영성은 바로 근원의 핵심이기 때문에 개인의 영성의 에너지는 종교의 부패 및 화석화를 막는 핵심이 되죠. 질문 중에서 사회적 영성 부분은 그것이 우리 삶의 어떤 자리에서 어떤 모습으로 나오게 됐는가 하는 말씀으로 이해됩니다. 처음에는 기독교에서 발빠르게 사회적 영성이 대두됐습니다. 기독교에서 앞장서서 빈민 지역을 중심으로 많은 복지 활동을 전개했지요. 어린이집, 탁아소 쪽으로 숱하게 했는데 복지국가가 보편화되면서 더 이상 그 일에서 비교적 우위를 점할 수가 없게 됩니다. 원불교에서도 잘하고 계신, 사회복지라고 하는 영역에 한정되면 사회적 영성이 후퇴하게 돼 있습니다. 그때 사회적 영성은 사회 해방이라고 하는 본질적인 문제로 눈을 돌리게 되는데 이것은 우리가 개혁, 또는 혁명이라고 하는 것과 가까워집니다. 사회적 해방에 집중된 사회적 영성은 민중의 정치적이고 경제적인 문제에 눈을 돌리기 때문에 민중의 전체적인 삶 그 자체를 바꿔내려고 하는 쪽으로 움직이게 됩니다. 이것은 복지 차원에서 가난한 자들과 함께하는 운동과는 정치 이익이 다릅니다. 이처럼 사회적 영성이 처음에는 복지로 접근하지만 결국은 사람들의 삶 전체를 포괄하는 쪽으로 들어갑니다. 그러면서 어려움이 발생하는 거죠. 현실적인 권력과 부딪치게 돼 있고, 생태 환경 문제를 껴안지 않을 수가 없고, 이렇게 되면 과제가 너무나 광대하기 때문에 금세 현실적 한계를 느끼게 되지요. 그러다 보니 사회적 영성 운동이 복지를 갓 벗어난 지점에 멈춰 있었고 근본적인 문제의 해결로 들어가지 못하고 망설였다는 것이죠. 그런데 사회적 영성 운동이 추가적인 진전을 망설이는 것은 거꾸로 이야기를 하면 개인의 영성이 그만큼 꽃피우지 못했기 때문에 사회적 영성이 혁명적인 영역으로 나아가지 못하게 된 것이거든요. 그래서 종교가 할 일은 궁극적으로는 개인의 해탈과 깨달음, 또는 해방의 기본적인 에너지들을 충족시키면서 거기에서 한층 나아간 영성 에너지로 사회적 영성 운동, 사회 전체를 바꿔낼 수 있는 영성으로 진화해 가자는 것입니다. 그것이 수운이나 소태산이 주창했던 후천개벽이며, 민중의 삶의 전체 구조를 완전히 바꿔서 물질적인 삶에서도 해방이 일어날 수 있도록 영성을 키워나가는 것이 사회적 영성의 목적이라고 생각합니다. 이것이 역사에서 과연 한 번이라도 일어났던가 한다면 아직은 지구상의 역사가 척박해서 사회적 영성이 아름답게 만개했던, 완전히 꽃피웠던 모습은 별로 볼 수 없었습니다. 다만 동학 초기에 사회적 영성이 한 번 정도 불처럼 일어났던 때가 있었으나 그것이 악재에 의해서 사그라들었던 슬픈 역사를 간직하고 있습니다. 저는 공부가 깊지 못하지만, 동학과 원불교의 초기운동에서 분명한 사회 전체의 해방을 위한 사회적 영성의 시도는 있었다고 기억하고 있습니다.

○ 한내창

대단히 고맙습니다. 청중 가운데 없으면 제가 한 번 더 질문을 가마다 교수님께 드리고 싶은데요, 꾸란을 문자 그대로 해석하는 복고적인 사람들에 의해서 오늘날 이슬람이 폭력적이고 공격적인 종교처럼 자리매김하고 있다고 봅니다. 교수님은 오늘 꾸란을 다층적으로 해석할 수 있지 않느냐고 대지진을 통해 예를 들었는데, 그보다 현재 폭력을 행사하는 이슬람들이 꾸란의 어떤 대목을 갖고 자기들의 행동을 정당화하는지 말씀해 주시기 바랍니다. 경전의 내용들을 폭넓게 해석하면 다른 친구, 다른 사람들도 끌어안는 방향으로 지평을 넓힐 수가 있는데도, 폭력적인 이슬람들은 그걸 문자 그대로 해석함으로써 공격적인 에너지를 꾸란에서 끌어내고 있다고 보입니다. 그것의 꾸란적 근거랄까, 아니면 그 반대의 경우라도….

○ 가마다 시게루

질문 감사드립니다. 꾸란의 내용 중 일부를 문자 그대로 해석하는 게 IS의 폭력이 됐다고 볼 수는 있겠죠. 하지만 그들의 단순한 경전 해석이 폭력을 합리화한다, 라고는 볼 수가 없을 것 같습니다. 현재 폭력적인 행동을 보이는 사람들은 꾸란을 읽을 때 단순하게 읽습니다. 예를 들면 꾸란에 '적을 만나면 죽을 때까지 싸워라.'라는 구절이 있는데, 폭력적 대응을 일삼는 사람들을 그 구절만 보고 '죽을 때까지 싸워라'라는 의미를 도출할 수도 있겠죠. 하지만 '열심히 싸워라'라고 하는 의미를 영적으로 해석해서 '이슬람을 위해 마음을 다해서 싸워라'라는 뜻이 되죠 무기를 가지고 싸우라는 의미가 아니라는 겁니다. 깊은 의미로 이해하면 '너의 욕망을 죽이고 하느님을 위해서 싸워라'라는 말이 됩니다. 그런데 꾸란을 다른 대목을 보면 '살인하면 안 된다'라는 구절도 나오는데 이것은 '적대하는 사람들과 죽을 때까지 싸워라'라고 하는 구절과 모순된 내용입니다. 그래서 이것을 어떻게 이해할 것인가를 두고 전통적 이슬람에서는 지적인 해석들을 많이 해왔는데, 지금 폭력적 활동을 하는 사람들은 전통적 이슬람이 해왔던 지적 활동들을 전부 배제하고 자신이 취하고 싶은 구절의 일부만을 들어서 자신들의 행동에 갖다 붙이는 것이라고 볼 수 있습니다.

○ 한내창

대단히 고맙습니다. 또 질문 해주시죠.

○ 질문자1

금강 스님과 가마다 교수님께 한 가지씩 질문 드리겠습니다. 미황사가 지금 일반인들에게 전환적 운동을 실제로 하고 있는 것으로 압니다. 그래서 미황사에서 하고 있는 전환적 운동의 바탕과 현재의 실천 내용들을 소개해 주시면 좋겠습니다. 가마다 교수님께도 여쭙겠습니다. 이슬람이 긴 역사를 가진 종교인데도 개벽운동에 많은 관심을 갖고 계신 것 같습니다. 이슬람 역사 속에서 정신적 전환의 운동으로서의 영성운동에는 어떠한 예가 있는지 말씀해 주시면 공부하는데 큰 도움이 될 것 같습니다. 이상입니다.

○ 금강 스님

예, 감사합니다. 2,600년 전의 석가모니 부처님은 가장 이상적인 모델을 만들었다고 생각합니다. 승가공동체죠. 계급적 차별이 심한 사회 속에서 모든 차별을 떠난 가장 청정한 공동체였죠. 그러나 승가공동체가 가장 오래되고 이상적인 공동체이기는 하지만 2,600년 전의 공동체를 동경만 할 것이 아니라 지금 현재 생생하게 살아있는 승가공동체를 만들어내야 한다고 생각합니다. 그런 공동체를 만드는 방법 중에 여러 가지가 있죠. 그중에 1200년이 넘는 사찰의 1천 평이 넘는 공간에서 현재의 사람들에게 무엇을 해줄 것인가 하는 점 하나와 그다음에 그곳에 살고 있는 제가 무엇을 할 수 있을 것인가, 여기에 초점이 맞춰져 있습니다. 그래서 저는 한 사람이 그곳에 발길하는 것, 그 순간은 굉장히 중요하는 생각이 들어요. 제가 다 맞이하진 못하지만 마당에 핀 꽃이 맞이하기도 하거든요. 제가 사람들에게 만나서 차 한 잔 주는 것보다 실제로 마당에 피어 있는 모란꽃 하나가 훨씬 사람들에게 웃음을 주고 행복을 주고 평화로움을 주거든요. 그래서 돌 하나 놓을 때도, 집 하나 지을 때 나무 하나에도 그런 생각을 담습니다. 그래서 이 도량에 오는 사람이 바로 이곳에서 가장 평화롭고 행복함을 맛보기를 바랍니다. 지금 주지로 16년째 살고 있는데 완전히 개방했어요. 누가 됐든지 외부인이든 한국 사람이든지 언제든지 와서 이 수행공동체에서 하루라도 머무르고 갈 수 있도록. 그중에서도 제가 중점적으로 하고 있는 것은 7박 8일 수행 프로그램이에요. 적어도 일주일 정도는 자기 수행의 시간을 만들어내는 것, 그런 수행체험을 통해서 수행적 삶을 살았으면 좋겠다, 영성운동이죠, 그래서 세상 사람들이 수행자들이 됐으면 좋겠다는 겁니다. 지금의 사람들이 욕망의 가장 극대화 지점에 와 있다고 생각이 드는데, 또 한편으로 사람이 가장 행복하게 누릴 수 있는 시대이기도 하거든요. 한편으론 위험한 시기이기도 하지만 그동안의 인류 역사에서 최고의 극락시대에 살고 있기도 해요. 그래서 사람의 마음만 바꾼다고 한다면 충분히 세상을 행복하게 살 수 있다, 그것이 바로 수행자적 삶으로 변화하는 것이라는 생각이 들고, 그래서 이번 학술대회의 곳곳에 영성 부분이 깃들어 있고, 강조되는 이유가 아닌가 생각합니다. 따라서 작은 땅들, 작은 공간이지만 그런 공간의 역할을 하기 위해서 노력하고 있습니다. 저는 요즘에 관심을 갖는 것이, 불교에는 삼보가 있는데 그게 동일하다는 거죠. 하나는 교조인 부처, 그리고 부처님의 가르침인 진리, 그다음에 그것을 함께 실현해가는 승가공동체, 교단을 얘기하죠, 그 단위를 저는 늘 지금 현재의 단위로 해석을 합니다. 가령 가장 최고의 기초단위가 가정이고 또 내가 속해 있는 지역이 될 수도 있고 모임이 될 수도 있고 또 원불교 안에서의 교당이 될 수도 있고, 또 기독교 교회가 될 수도 있고 불교 사찰이 될 수도 있고 각각의 단위 속에서 진리가 살아 있게 만들고 지도하고 이끄는 사람이 필요하고 그걸 또 함께 이루고자 하는 공동체, 작은 단위에서부터 회복되면 좋겠다는 것입니다. 지금은 공동체가 다 무너졌다고 볼 수 있습니다. 가정에서부터 무너졌는데 어디에서 공동체를 새롭게 찾을 수 있겠습니까. 그래서 가정에서부터 공동체를 회복하는 역할을 해줄 수 있는 것이 종교라는 생각으로 이런 말씀을 드립니다. 감사합니다.

○ 가마다 시게루

이슬람 세계에서의 개혁, 정신개혁에 대해서 말씀 드리자면 이슬람도 그렇지만 이 사회와 종교가 조화되지 않을 때, 그러니까 현대에 전통적인 종교가 잘 대응하지 못할 때 그 '종교가 문제가 있다'고 생각을 하면서 개혁운동이 나오게 되는 것이라고 보는데요, 여러 예가 있겠지만 19세기 인도를 보면 영국의 지배를 받았죠. 그때 무슬림들은요 식민지 되기 전에, 무굴왕조의 상류계급들이 무슬림이었습니다. 그런데 식민지화 되면서 식민지 정부가 힌두교도 굉장히 중시하면서 온갖 온정을 베풀었죠. 영어교육도 시키고요. 그러면서 점차 힌두교도들이 사회적 권력을 차지하게 되고 이슬람 교도와 힌두교도 사이에 차이가 생기게 됩니다. 그러자 무슬림들도 '전통적 이슬람만 공부하는 게 아니라 영어도 공부하고, 근대 이슬람을 만들어야 되지 않느냐.'라고하는 알리가드 운동이 나오고 또 아랍 세계 전체에서 보면 운동 같은 것은 거의 비슷한 시기에 나오는데 아프가니('아프간 출신'의 의미)라는 사람의 정확한 출신지가 어디인지는 잘 알려져 있진 않지만 이 사람은 유럽에 가서 유럽을보고 선진문명을 우리도 받아들여야 된다면서 "현대 이슬람은 유럽에 대항할 수 있는 힘을 키워야 된다. 이슬람권이 전부 단결해야 된다."라는 말을 합니다. 이 사람의 사상을 Pan-Islamism, 그러니까 범이슬람주의라고도 얘기하는데요. 이게 비교적 근대에 태어난 운동들이라고 할 수 있을 것 같습니다.

○ 한내창

예, 고맙습니다. 박광수 교수님께 마이크를 넘기겠습니다.

○ 박광수

고맙습니다. 김한중 원장님께서 얘기한 것은 개인의 영성, 사회적 영성의 문제이고, 그리고 금강 스님께서는 늘 진리가 살아 있는 삶, 그래서 그것을 통해서 실천운동을 해 나가고 계신 것 같습니다. 그리고 가마다 교수님 말씀은 이슬람과 관련해서 좁게 알고 있었던 부분을 넓게 지평을 보여주셨다고 생각이 됩니다. 특히 물라 사드라의 신비철학과 관련해 이것을 "존재일성론이라고 하는 사색이 태어났다."라고 한 것을 얘기하시면서 화엄사상, 그리고 원불교의 일원주의 사상을 비교한 것은 매우 놀라운 제시라고 생각합니다. 여기에 대해서 깊은 논의가 필요하리라 생각이 됩니다. 또 물라 사드라가 신비주의적 근간을 얘기하면서 하나님 자체와 우주만유의 피조물과의 관계를 체와 용으로 보신 것도 동양적 입장에서 이슬람을 바라보는 새로운 해석이 보이는 것 같아서 이것이 과연 이슬람 사람들에게, 특히 신비주의를 추구하는 사람들한테 어떻게 다가갈지 고민하는 것이 앞으로의 과제가 아닌가 싶습니다. 원불교의 법신신앙에서 우주만유가 다 법신의 화신이라고 보기 때문에 화신 자체가 법신과 다르지 않은 것이라고 볼 수 있습니다. 이것을 통해서 개체가 뭐든지 깨달음을 얻으면 법신과 더불어 하나가 된다고 보는 입장에 있죠. 그러기 때문에 처처불상 사사불공이라는 신앙의 구체적 실천성이 원불교에서 나타나게 되죠. 그런데 물라 사드라가 얘기하는 신비철학에서 과연 거기까지 볼 수 있을지, 가마다 시게루 교수님께서 해답을 주시면 저희들한테 좋은 공부가 되지 않을까 싶습니다. 몇일 전 이란에서 왔던 신비주의 연구자 자메이 박사가 "신비주의의 체험은 하나님에게 가까이 가는 것이다."라고 했습니다. 그러나 하나님하고는 다른 부분들을 강조했다고 보면 오늘 가마다 교수님의 경우에는 어떻게 보면 이 부분이 불교적 시각과 큰 차이가 있지 않을까 하는 문제제기를 할 수 있습니다. 앞으로 영성이라든지 영성적 체험에 대해서 깊이 공부할 수 있는 기회가 있으면 좋겠습니다. 단순하게 대답할 수 있는 사항들은 아니기 때문에 이렇게 제안을 드리면서 앞으로 깊은 연구가 되었으면 좋겠습니다. 감사합니다.

○ 한내창

예, 질문은 더 받겠습니다. 질문해 주시죠.

○ 질문자2

저는 불교플러스라는 인터넷매체에서 일하는 정성훈이라고 합니다. 어제 오늘 참 많은 걸 배우고 있습니다. 질문하고 싶은 것은 몇 년 전에 논란이 된 사안인데, 종교계 특히 불교계와 개신교에 지원된 세금 중에 문화재 보수 등 몇 가지 프로그램들과 관련해서, 그것이 적절하게 선정되고 집행되었는지, 이런 주제로 진행이 됐습니다. 그걸 보면서 시민운동 진영의 종교계 비판이, 그때는 특히 세금과 관련된 것들이 있었는데, 다른 부분으로 더 확대될 수 있겠다는 생각을 했습니다. 한편으로 반가우면서 대단히 신중한 문제라는 생각이 들었거든요. 그래서 현재 종교계와 시민사회는 프로그램에서 협력하면서 진행하는데 종교계 비판에 대해서는 여전히 시민사회 쪽에서 불편해하고 또 어려워합니다. 그래서 종교계와 시민사회의, 특히 종교 비판과 관련해서 바람직한 관계가 어떤 것인지 궁금했습니다.

○ 한내창

예, 질문 자체가 오늘 발표자 중에 답변을 부탁드리기에는 매우 어루운 문제 같네요. 시대와 역사라는 환경 속에서 정의를 실천하고자 하는 시민단체과 시공을 초월하는 진리와 정의를 실천하고자 하는 종교, 이렇게 대별할 때 두 부문이 서로 협력을 하면서 어떤 문제를 풀어나갈 수 있는 방안이 있을까요? 그 문제에 대해서 얘기 좀 해 주실 수 있겠습니까?

○ 김한중

종교계에 대한 시민사회의 비판은 지극히 당연한 것이고 건강합니다. 그렇게 돼야 된다고 생각을 하고요, 다만 대개 시민사회가 종교계를 비판하는 것은 윤리 문제입니다. 세금을 포함한 여러 가지 세속적 문제들에 대해 사회 윤리의 시각에서 비판 받아야 하는 영역을 비판합니다. 그것은 당연히 비판

받아야하고 그것을 종교의 권력으로 거부하거나 막아내는 것은 비겁한 짓이라고 생각합니다. 다만 시민사회에서 그 이상의 문제는 다룰 수가 없습니다. 진리의 문제라든지 가치의 영역이거든요. 종교도 세속적인 문화 안에 들어있습니다. 그래서 시민사회에서 제기되는 세속적 비판을 당연히 수용해야 한다고 생각하고, 그런 비판을 자기혁신의 기회로 만들어 나가는 것이 양심적이고 솔직한 종교의 모습이라고 생각합니다.

○ 한내창

고맙습니다. 박광수 교수님께서 제기한 문제는 답변을 요구하는 것이라기보다는 직언이라고 판단됩니다. 차후에 이 문제를 두고 대화를 더 진행하면 좋겠다고 생각하면서 오늘은 이 세션을 약속한 시간에 맞춰서 끝내겠습니다. 공통된 얘기는 대전환이라고 할 때, 무엇으로 전환할 것이냐 하는 질문이었습니다. 그에 대한 답은 성자 중심으로 돌아가자, 본질로 돌아가자는 것이라는 점도 대체로 동의할 수 있습니다. 그 본질을 담아내기 위해 종교라는 조직과 제도를 만드는데 이 그릇이 그 자체의 속성 때문에 본래 담으려고 했던 것을 제대로 담아내지 못하고 끊임없이 문제를 일으켜 왔는데, 그래서 끊임없이 성자 정신으로, 본질로 돌아가는 운동이 필요하다는 것이고, 그런 점에서 대전환은 어느 순간 완성되는 과제가 아니고 영구히 계속되는 과제가 아닌가 생각합니다. 우리는 어제부터 오늘까지 마라톤을 해 왔습니다. 내일도 학술대회가 이어집니다. 내일은 다양한 분야의 활동가들이 종교의 본질 문제인 생명, 평화 문제를 가지고도 오늘과는 또 다른 관점과 태도로 접근할 테니까요. 내일도 참여하시면서 머리를 비우고 맑히고 또 채우는 시간을 갖도록 하겠습니다. 오늘 끝까지 함께해 주신 방청객 여러분들께 감사 드리고, 또 네 분의 발표자와 네 분의 토론자께도 감사 드립니다. 이상으로 오늘 종교 세션을 마치도록 하겠습니다. 대단히 고맙습니다.

제2부

생명의 대전환

한철학적 생명상(生命相)의
각성 체험 개요

김태창 *

* 이 글은 〈교토포럼공공철학〉 운동을 한 김태창 선생님(동양포럼 주간)이 원불교 100주년 ·
원광대학교 개교 70주년 기념 학술대회에서 기조 강연한 내용의 요지이다.
주최 측에서 작성한 녹취록을 토대로 편집실에서 요약하였고, 이것을 다시
김태창 선생님이 수정하였다. 최종 교정은 조성환 박사님이 수고했다.

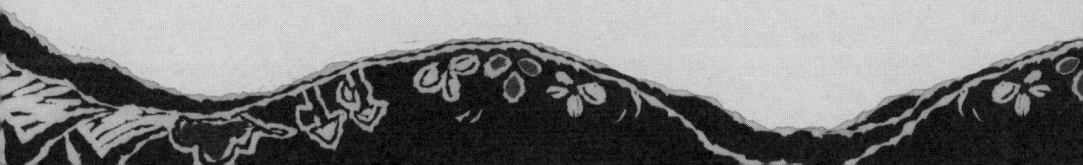

Ⅰ. 물질개벽에서 정신개벽으로, 정신개벽에서 생명개벽으로

반갑습니다. 원불교 개교 100주년을 맞아 진행하는 국제학술대회에서 기조발표를 하게 되어 기쁘게 생각합니다. 오늘 제가 말씀드리고자 하는 것은 '한철학적 생명상(=생명의 실상)'에 관해서입니다. '생명 이론'이 아니라 저 자신의 '각성 체험'을 여러분과 나누고자 하는 것입니다. 그 이유는 현대의 생명과학이나 생명철학이 제시하는 생명 인식은 어디까지나 생명을 제삼자적 관점에서 대상으로 파악하는데 그칠 뿐, 자기 스스로의 생명으로 체득하고 체인하는데까지는 이르지 못하고 있다는 아쉬움이 있기 때문입니다. 그래서 이 자리를 빌려 그동안 제가 생각해 온 것 중에서 가장 기본적인 뼈대에 해당하는 것만 말씀드릴까 합니다.

원불교 개교(開敎) 100주년과 원광대학교 개교 70주년을 기념하는 이 자리에서는 주로 "물질이 개벽되니 정신을 개벽하자!"라는 원불교의 개교(開敎) 표어를 중심으로 물질개벽과 정신개벽을 이야기하고 있는데, 혹시 실례가 되는 건 아닌지 모르겠습니다만, 제가 지금 느끼는 바로는 물질개벽에서 정신개벽으로의 전환이기보다는, 전환이 아니라 정신개벽에서 생명개벽으로까지 전환의 차원을 높이고 넓히고 심화시켜야 하지 않을까 생각하는데 어떠신지요?

이것은 지금까지 제가 펼쳐 온 교토포럼에서의 공공하는 철학과 대화 활동의 성과입니다. 공공하는 철학의 논의의 주안점은 이성의 차원에서 감성의 차원으로, 감성의 차원에서 의지의 차원으로, 의지의 차원에서 영성(靈性)의 차원으로 발전·승화되어 왔습니다. 여기에서 '영성(spirituality)'이라는 말의 속뜻이 과연 무엇일까 하고 문헌적으로나 언어적으로 그리고 생활감각적으로 여러 나라 사람들과 함께 깊이 있게 논의하고 성과를 축적해 온 결과, 그것이 다름 아닌 '생명력'이라는 사실을 깨닫게 되었습니다.

그런데 'spirituality'라는 말에 해당하는 희랍어·라틴어·히브리어·산스크리트아·영어·독일어·불어 그 외의 여러 나라 말들의 본래적인 뜻을 살펴보면, 공통적으로 '숨쉬기(呼吸)'라는 말과 연결됩니다. 물론 직접 연결되는 경우도 있고, 간접적으로 '숨-목숨-삶-살리기'라는 뜻으로 맺어지고 이어지고 거기서 새로운 뜻으로 바뀌기도 합니다. 그래서 결국 하늘과 땅과 사람과 온갖 것들이 '숨-목숨-삶-살리기'의 상호 연관 속에서 맺고 잇고 서로 살리고 살도록 쉼 없이 역동하는 우주적·근원적 생명 에너지에 의해서 지탱되고 있는 것을 깨닫게 되는 것이지요.

다시 한 번 정리하면, 영성과 관련된 여러 나라 말들을 살펴본 결과 공통점은 하나같이 호흡(呼吸, 들숨날숨)이라는 말과 연결되어 있고, 호흡이라는 말은 생명이라는 말과 연결되기 때문에, 결국 영성이란 우리가 볼 수 있는 개별적 생명현상과는 다른, 아니 다르다기보다는 그 생명현상을 떠받치고 있으면서 그것을 가능하게 하는 보이지 않는 토대로서의 우주적·근원적 생명력을 의미하는데, 각 언어마다 영성·영혼·혼·얼·넋 등의 여러 표현 양식이 있다는 것입니다.

그런데 우리는 지금 동아시아의 한 모퉁이에서 살고 있습니다. 그러니까 서양 것도 알 필요가 있지만 동양 것도 제대로 알아볼 필요가 있습니다. 중국과 일본과 한국을 여러 각도에서 보고 일본 안에서 일본이 아닌 것, 한국에서 한국적이 아닌 것, 중국에서 중국적이 아닌 것을 함께 봄으로써 중국에 대한 이해, 일본에 대한 이해, 한국에 대한 이해가 깊어진다는 사실을, 단순히 논리로서가 아니라 지금까지의 대화 활동을 통해서 절감했습니다. 실제로 '영성'이라는 말만 보아도, 중국의 한자어와 일본말 그리고 한국말을 상세하게 살펴보면, 거기에서도 재미있는 차이와 중요한 공통점이 있음을 알 수 있습니다.

II. 우리말로 철학하기─생명론

최근에 일본의 가장 첨단적인 주제를 다루는 젊은 철학자들 중에서, "왜 독일어로 철학을 하고 영어로 철학을 하고 불어로 철학을 하면서 일본말로 철학을 해서는 안 되는가?"라는 문제 제기를 하면서, 일본말로 철학을 하는 저서를 출판한 이들이 있습니다. 저도 일본에서 일본말로 철학을 한다는 사람들과 함께 일본말로 철학을 하면서, 거기에서 한국말의 특이한 점, 훌륭한 점 그리고 조금 모자란 점 등을 절실하게 느끼게 되었습니다. 오늘은 시간이 없기 때문에, 그리고 저에게 부여된 주제인 생명에 집중해서 말씀드리면, 일본 사람들은 생명이라는 말을 일본말 특유의 표현으로 '이노치'라고 합니다. '이노치'라는 말을 글자 그대로 번역하면 '호흡의 힘'이라는 뜻입니다. 생명이란 호흡의 힘, 숨의 힘이라는 것이지요.

저는 저의 아버님, 어머님이 돌아가실 때에 임종을 지켜보았습니다. 그런데 아버님이 돌아가시는 순간을 지켜보면서, 저는 삶과 죽음이 어떻게 다른지, 그리고 어떻게 같은지, 어떻게 양자가 하나이면서 둘이고 둘이면서 하나인지, 아니 어찌 보면 하나이면서 셋이고 셋이면서 하나인지를, 그때까지는 이론적으로만 알고 있었던 데에서 한 걸음 더 나아가서, 실제로 체험을 통해서 느낀 적이 있습니다.

오랫동안 중풍으로 시달리면서 고생을 하시다가 돌아가시는 순간에 한 번

크게 숨을 들이쉬고 나서 푹 하고 숨을 내뱉더니, 다시는 숨을 들이쉬지 못하고 끊어지고 말았습니다. 그것을 의사는 '죽음'이라고 하더군요, 그때 살아있는 것과 죽은 것은 결국 숨을 쉬고 있느냐 숨이 멈춰졌느냐의 차이라는 것을 생생하게 목격했습니다.

우리가 쓰는 한자어 '생명(生命)'이라는 말은, 글자 뜻으로만 보면, 호흡과 직접 연결은 안 됩니다. 그러나 잘 살펴보면 눈에 보이는 낱낱의 생명현상을 의미하는 '생(生)'과 그것을 밑받침하고 있는 더 큰 '명(命)'—보이지 않고 만질 수도 없지만 틀림없이 작동하는 근원적 생명력—이라는 생명의 두 차원을 동시에 표현하고 있다고 볼 수 있습니다.

III. 얼숨(靈息)

이제 우리도 우리말로 철학할 때가 되었습니다. 겨레얼이 겨레말에 담겨 있기 때문입니다. 얼빠진 철학이 되지 않기 위해서입니다. 저는 독일말로도 철학을 해 보았고, 프랑스말로도 해 보았고, 영어로도 해 보았고, 일본말로도 또 한자어로도 해 보았습니다. 그렇지만 어쩌면 저의 인생의 최후의 단계일지도 모르는 이 마당에 우리말로 철학하는 것의 중요성을 새삼스럽게 직감하고 있는 처지입니다.

그럼 우리말로 생명론을 이야기한다면 어떻게 될까요? 우선 '생명'에 해당하는 우리말은 '목숨'입니다. 목숨 역시 '숨'이지요. 그런데 숨을 목으로 쉰다고 표현하는데에는 기가 막힌 의미가 있습니다. 보통 숨은 코로 쉬지 않습니까? 그러니까 코로 들이쉬고 내쉬는 숨이 목[氣道]을 통해 들어가서 기관지를 거쳐 폐로 연결되고, 심장에 들어간 공기(=하늘기운=산소)가 혈액순환을 촉진시키는데 그 과정이 다름 아닌 사람의 생명현상(=삶=살림)입니다. 하늘의 기운을 코를 통해서 들이쉬고 내쉬는 것의 연속적인 진행이 우리 생명의 실상인 것이지요. 여기에서 낱낱의 생명을 '개체 생명'이라고 부르고, 그것들을 밑받침하고 기능하게 하는 근원적 생명에너지를 '우주생명'이라고 부르면 어떨까 하는 것이 저 자신의 개인적인 견해입니다.

저는 호흡법을 통해서 이것을 매일 체감합니다. 호흡조절법은 '조식법(調息法=숨 고르는 법)'이라고도 하는데, 인도 요가로부터 시작해서 우리나라에도 있고 일본에도 있고 중국에도 있습니다. 제가 여러 나라 것을 조금씩 다 해보았는데, 각각 격식과 순서가 있어서 그대로 하기에는 시간이 너무 걸리더군요. 저 같이 새벽 3시부터 밤 12시까지 스케줄이 꽉 짜여 있는 사람으로서는 복잡한 조식법을 하며 1시간씩 시간을 낼 수가 없어요. 그래서 생각 끝에 저 나름대로 개발한 호흡법이 있는데, 어떤 특정한 장소에 가서 자세를 정리하고 하는 식의 까다로운 방법과 절차를 다 생략하고, 비행기 안에서나 집에서나, 책을 보다가 혹은 식사를 하다가 언제나 맘만 먹으면 쉽게 할 수 있는 편리하고 빠른 호흡법입니다.

이것을 해 보면 '목숨'이라고 하는 우리말은 '얼숨'과 '마음숨'과 '몸숨'이 조화를 이루고 있음을 알 수 있습니다. 여기서 '몸숨'이라는 것은 한자어로 표현하면 '인체적 호흡'이라고 할 수 있습니다. 또 '얼숨'은 하늘의 정기, 하늘의 기운을 우리가 받아들이는 것입니다. 깨끗한 공기 속에 담긴 근원적 생명에너지(하늘의 기운)가 우리 몸속에서 잘 돌아다닐 수 있도록 조심해서 숨을 고르는 방법이지요. 이 과정을 따로 떼어서 생각할 때에는 '얼숨(靈息)'이라고 부릅니다.

IV. 마음숨(心息)

숨고르기의 첫 번째 단계가 얼숨이라고 한다면, 두 번째 단계는 '마음숨(맘숨)'입니다. 마음숨이라는 것은 생각입니다. 그런데 '생각'이라는 말의 의미를 이해하는데 한자 세대인 저하고 한자 세대가 아닌 젊은 분들하고는 큰 차이가 있는 것 같습니다. 저 같은 한자세대는 '생각'을 한자어로 쓰는데, '날 생(生)' 자에 '깨달을 각(覺)' 자를 써서 '生覺'이라고 씁니다.

그런데 영어 · 독일어 · 불어를 비롯해서 세계 여러 나라말을 살펴보아도, '생각한다'는 우리말처럼 깊은 뜻이 담긴 말은 찾아보지 못했습니다. 그 이유는 다른 나라의 말들은 거의 대부분이 "이해관계를 계산한다"거나 "손익을 따진다", 혹은 "자기에게 무엇이 유리하고 무엇이 유리하지 않은지를 헤아린다"는 의미인데, 우리말의 '생각'은 "삶을 깨닫는다"는 뜻을 담고 있기 때문입니다.

함석헌 선생이 "생각하는 백성이라야 산다."는 말씀을 하셨을 때 이것을 일본말로 그대로 번역했더니 일본사람들이 도저히 이해를 못 해요. "어떻게 해서 생각하는 백성이라야 삽니까?" 그래서 "한국말의 생각이라는 뜻은 이렇다."라고 이야기를 했더니 "아, 날마다 삶의 뜻을 헤아리는 사람, 그것을 깨닫는 사람이 진짜 사는 거니까 생각하는 백성이라야 산다고 한 것이군요."라며 비로소 이해를 하였습니다. 이것은 아무리 한국말을 잘하는 외국인이라 할지라도 좀처럼 알기 어려운 부분입니다. 제가 잘 아는 일본 교수 중에서, 서울대학에 와서 10년을 공부하고 현재 일본에서 가장 한국 문제를 잘 안다고 평가받고 있는 현역 교수가 있는데, 그분도 "생각이라는 말이 그런 깊은 뜻을 가지고 있는 줄은 몰랐습니다."라고 고백하더군요.

이처럼 우리말의 '생각한다'는 마음(지 · 정 · 의)의 차원에서 우주생명과 개체 생명의 상호작용을 깨닫는 과정을 뜻합니다. 그리고 '생각한다'는 '마음으로 하는 호흡'이라는 뜻에서 '마음숨'이라고도 합니다. 나와 너와 그(녀)들이 함께 생각하는 것도 함께 마음의 숨을 쉬는 것입니다. 마음과 마음이 말을 들이쉬고 내쉬는 것이지요. 그것이 '대화한다'는 것입니다.

Ⅴ. 몸숨(身息)

그런데 목숨에서 가장 중요한 그리고 기본적인 것은 '몸숨'입니다. 몸숨은 '몸으로 숨을 쉰다'을 뜻하는데, 구체적으로는 '코로 숨 쉬는 것'을 말합니다. 더 구체적으로 이야기하면, 몸의 구석구석에 산소가 들어가서 혈액순환을 원활하게 하고, 신체적 생명력을 활성화시키는 것입니다. 제 경험을 말씀드리면, 한 번은 일본에서 인간의 건강충실도를 측정하는 전문가를 만난 적이 있습니다. 그분이 저의 신체 내의 산소 측정을 해 보더니 대부분의 일본사람들이 80-90, 아주 양호한 경우에도 95 정도인데 저는 놀랍게도 100이라는 것입니다. 그래서 100살까지 살겠다고 하더군요. 아마도 제가 꾸준히 호흡법을 해 와서 그런지 모르겠습니다.

Ⅵ. 목숨—삶[살+앎]과 살림

여기서 하나 더 살펴보아야 하는 우리나라 말에 '삶'이라는 말이 있습니다. 삶이라는 말에도 제가 아는 한 어느 외국어에도 없는 깊은 뜻이 담겨 있습니다. 삶이라는 말은 '살[肉體]'이라는 말과 '앎[覺]'이라는 말로 되어 있습니다. 그러니까 신체(육체)적으로 살아 있음을 육체가 깨닫고 마음으로 알고 얼로 깨닫는다는 것이 우리말의 삶이라는 말의 의미라는 사실만 보아도, 우리말로 철학하는 것이 상당히 뜻있는 일임을 요즘 와서 새삼 실감하고 있습니다. 시간이 없어서 더 자세한 이야기는 못 드립니다만….

그다음으로 우리나라 말에는 '살림'이라는 말이 있습니다. 살림이라는 말은 굳이 한자어로 표현하면 '활생(活生)' 또는 '활명(活命)'이라고 할 수 있습니다. 우리말의 살림이 갖고 있는 깊은 뜻을 영어로 표현할 때 영어권 사람들이 가장 저항 없이 이해할 수 있는 말이 있을까 찾고 찾다가 스페인어권 사람인 이반 일리치가 쓴 책의 영어 번역서 중에서 'conviviality'라는 말이 있는데, 'conviviality'라는 영어 자체는 '공찬(共餐)', 그러니까 함께 오찬이나 만찬을 한다는 뜻이지요. 함께 식사를 하면서 나누는 기쁨, 즉 '공환(共歡)'이라는 뜻도 있습니다.

그러나 이 말의 더 깊은 뜻은 '함께하는 삶', 즉 '공생' 또는 '상생'입니다. 그래서 conviviality라는 영어가 우리말의 살림에 가장 가까운 말이어서 제가 '살림'을 영어권에서 설명할 때는 'conviviality'로, 그리고 살림을 중심으로 하는 '살림공동체'는 'convivial community'로, 살림을 중시하는 삶은 'convivial life'로 표현해 왔습니다.

VII. 생명의 위기를 극복하는 우리 철학 정립하기

저는 오늘 이 자리에서 우리말로 철학하는 것의 중요성을 강조하였습니다. 그것은 우리의 철학하기에 생명력이 작동하기를 바라기 때문입니다. 살아 있는 철학을 함께하고 싶어서입니다. 우리말에는 우리 얼이 담겨 있고, 그것을 깨닫고 갈고 닦아서, 거기서 생겨나는 생명에너지로 이 세상을 보다 나은 세상으로 바꾸어 가는 데 활용하자는 것입니다. 숨이 끊어진 철학이 아니라 숨을 쉬는 철학을 하자는 것이지요. 몸숨과 마음숨과 얼숨이 아우러지는 목숨의 철학을 혼자서가 아니라 함께하자는 것입니다.

그렇다면 여기서 생명의 위기를 거론하는 것은 무엇 때문인가라는 반문이 있을 수 있습니다. 제가 우리말로 철학하기를 제창하면서 그것이 오늘날의 생명의 위기를 극복하기 위해서라고 하는 까닭은, 오늘날 대다수의 사람들이 일차원적 생명관—신체적 생명관, 즉 목숨의 차원—에 고착되어 있어서 온 생명의 실상을 깨닫지 못하고, 그로 인해 생명에너지가 갈수록 파괴되고 쇠퇴하는 것이 안타깝기 때문입니다. 우주적·근원적 생명에너지와 대지적 · 생태적 생명에너지에 대해서 너무나 둔감하고 오로지 인체적 생명현상에만 편향되어 있는 문제에 주목하자는 것이지요.

이것이 오늘 제가 여러분과 공유하고자 하는 문제 제기입니다.

경락-프리모 순환계에 기초한 새로운 생명관 및 의학

소광섭 [*]

[*] 서울대학교 차세대융합기술연구원

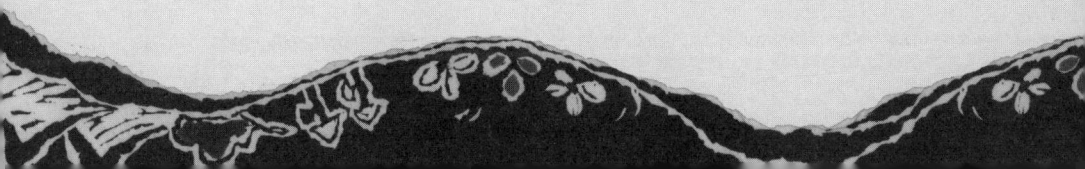

I. 서론

'100년 성업 대정진 기원문'에 "셋째, 저희들은 도학과 과학이 병진하는 세계 주세교단 건설의 역군이 되겠나이다. 우리 교법이 새로운 인류 문명의 원천이 되고 우리 회상이 새 문명 건설의 중심이 될 수 있도록 안으로 혁신을 거듭하고 밖으로 5대양 6대주를 개척하겠나이다."고 하였다. 도학과 과학이 병진하려면 어떻게 해야 하는가? 물론 도학의 발전에 정성과 힘을 모아야 한다는 것이 일반적 생각이다. 과학은 너무 발전하고 있으므로 과학의 발전까지 우리가 상관할 것이 없다고 보는 것이 대부분의 생각이 아닐까 한다. 그러나 다시 생각을 해 보면 현하의 과학기술이 왜 도학과 과학이 병진하는데 도움이 되지 못하고 오히려 인간의 정신을 쇠약하게 하여 도덕을 위기에 처하게 하는 것일까를 먼저 물어보지 않을 수 없다.

그 이유는 현대 과학에 근본적인 어떤 문제가 있기 때문일 것이다. 과학이 정신과 분리되어 물질 중심의 과학으로 발전해 왔고, 따라서 과학기술이 발전할수록 물질만으로 세상이 이루어진 것처럼 사람들의 세계관을 바꾸어 놓는 것이 그 근본 문제라고 본다. 생물학이나 인공지능 기술이 발전할수록 사람의 정신은 설 자리가 없어지고 사람까지도 물질일 뿐이라는 생명관이 더욱 강력해진다. 그래서 물질의 세력이 융성해진다는 것의 의미는 물질 자체에 무슨 새로운 힘이 생긴다는 것이 아니고, 과학기술이 발달할수록 사람의 세계관이 물질 중심으로 바뀌어 가고 따라서 물질적 세계관이 지배적이 된다고 해석할 수 있다. 물질밖에 없다는 과학이 자연의 진리로 받아들여지면 물질적 가치 외에 도덕이나 정신적 가치 등은 허상이고 방편에 불과하게 된다. 그렇게 되면 물질의 소유와 향유가 곧 인간 능력과 가치의 척도로 서게 된다.

이런 점을 고려할 때 과학을 발전시키면 저절로 정신문명이 이루어지는 것이 아니므로 물질 밖에 없다는 현대 과학의 유물론적 생명관을 깨는 일이 먼저 필요하다고 본다. 그렇다면 어떻게 물질과학에 기반을 둔 현재의 생명관을 깰 것인가? 이를 위하여 과학 자체에 관한 성찰이 요구된다.

『정산종사법어』 원리편 13장에 "우주 만유가 영(靈)과 기(氣)와 질(質)로써 구성되어 있나니"라고 하셨는데, 과학은 물질만으로 세상이 구성되었다는 유물론에 빠져 근본 진리에 이르지도 못하고 인류 문명의 위기까지 초래하고 있다. 그러므로 천지의 영기(靈氣)를 탐구하는 과학이 출현해야 물질 중심의 현대 과학에서 벗어나게 되고, 이렇게 되면 과학이 영과 기의 수행을 돕는 도구로 선용될 수 있을 것이며, 도학과 과학이 병진하는 참문명 세계가 열리는데 기여할 것이다.

그러면 어떻게 영과 '기'를 과학적으로 접근할 것인가? 영이 더 근본적일 것이므로 물질과학에서 접근하려면 먼저 '기'의 과학적 탐구 방안을 알아보는 것이 순서이고, 이 분야가 발달하면 영의 연구도 자연히 길이 나타날 것으로 생각된다. 현대 과학은 물질과학이므로 이 서구 과학 안에서 '기'를 알아내기는 쉬운 일이 아니다. 물리학이나 생물학에는 '기'에 해당하는 개념이나 대상이 아예 없기 때문이다.

물질과학과 가칭 '기과학'의 접점이 되는 어떤 것이 있다면 거기서 출발을 하는 것이 순서 있는 방안이 될 것이다. 다행히 한의학이 바로 이러한 접점을 제공하고 있다. 그것은 '기'의 통로인 경락과 작용점인 경혈(침놓는 자리)을 제시하고 있기 때문이다. '기' 자체는 무엇인지 몰라도 그것이 물질적인 피부에서 작용하고 흐른다고 하므로 그 경로와 작용을 조사하다 보면 자연스럽게 '기'의 특성을 파악할 수 있을 것이고 '기과학'으로 안내될 수도 있을 것이다. 이런 관점에서 한의학은 도학과 과학의 병진을 가능케 하는 새로운 과학의 문고리가 되는 셈이다. 그러므로 한의학은 단순히 또 하나의 의학이 아니고 새로운 문명을 여는 길잡이로 우리에게 주어진 보물이다.

대산 종사님께서 이미 일찍부터 한의학의 중요성을 강조해 주신 점을 눈여겨 볼 필요가 있다. 『대산종사법어』 회상편 25장에 "대산 종사, 원기 57년 '교단의 다섯 가지 과제'에 대해 말씀하시기를…. 다섯 째는 인류가 안고 있는 정신과 육신의 질병을 퇴치하는 일이니, 각자가 인과의 이치를 배우고 깨달아서 병의 근본을 다스릴 것이며, 동서 의학이 합심하여 난치병 치료법을 개발하는데에 힘쓸 것이니라." 또 같은 책 개벽편 26장에서 "대산 종사, 주치의에게 말씀하시기를 '앞으로 양의만 가지고도 안 되고 한의만 가지고도 안 되나니, 둘을 같이 공부하고 활용하여 인류의 병을 치료해야 하느니라. 그러므로 한의와 양의를 합한 의학을 일원의학이라 이름하나니 잘 연구하기 바라노라."고 하였다.

'일원의학'은 한의학과 양의학을 통합할 뿐 아니라 이들 각각을 넘어선 새로운 의학이다. 이것은 단순히 의학일 뿐 아니라 물질과학을 넘어선 새로운 과학, 새로운 문명의 효시가 되는 것이다.

그렇다면 한의학의 핵심인 경락의 실체를 과학적인 방법으로 알아내는 것이 첫 번째 할 일이고, 그것이 되면 비로소 '기'가 경락에서 어떤 방식으로 작용하는지 조사가 가능할 것이다. 현재 동서의학 어느 쪽에서도 경락이 무엇인지 그 실체를 모르고 있기 때문에 동서의학의 통합을 오랫동안 시도하고 있지만 피상적인 수준에 멈추어 근본적인 통합은 기반 설립조차 전혀 진전이 없는 형편이다. 이에 경락의 실체를 규명하기 위하여 현재 진행되고 있는 연구로서 경락-프리모 순환계의 연구 상황을 소개하고자 한다.

II. 한의학과 서양의학
: 어떤 이유로 한의학은 과학적 의학이 아니라고 하는가?

동서양이 과학기술을 오랫동안 독립적으로 발전시켜 왔으나 19세기에 이르러 서양의 과학에 기초한 기술의 압도적 우세로 동양의 과학이란 사실상 없게 되었고 기술도 서양의 과학기술 일변도로 지구 전체가 통합되었다. 당연히 세상을 바라보는 관점 특히 자연관은 서양과학적 물질관이 지배적인 사상이 되었고, 다른 관점이 혹시 살아 있다면 그것은 거의 미신이거나 주술이거나 비과학적 견해로 치부되는 것이 통상적인 상황이다.

그런데 특이하게 한의학이란 분야만 완전히 죽지 않고 아직도 질병을 치료하는 의술로 쓰이고 있다. 동양의 다른 어떤 과학이나 기술 분야도 서양의 그것에 대등하다고 주장할 수 있는 것이 없는데, 오직 한의학만은 대등하다고 주장하는 사람들이 없지 않다. 물론 서양의학자나 과학자들은 한의학을 일종의 심리적 사술에 불과하다고 주장하는 사람들도 적지 않다. 어쩌면 그런 사람들이 대세일 수도 있다. 20세기에 일본에서는 정규 의학에서 배제되었고 아직도 일본에서는 정통 학문이 아닌 민간요법 정도의 대우를 받고 있다. 중국은 한의학이 독립된 의학이라기보다는 동서의학의 일부로서 중의학이란 용어를 쓰는 경향이 있어 보인다. 전 세계에서 유일하게 한국만이 독립된 동등한 의사 자격증과 교육제도를 한의학에 부여하고 있다. 미국·유럽 등 서구 국가들은 한의학을 비롯하여 많은 전통 의학을 보완 의학이란 분야로 임상적 가치를 인정하고 있지만 정통 의학과 같은 대우를 하고 있지는 않다. 이렇게 대체적으로 보면 전 세계에서 유일하게 서양의학과 대등한 교육과 임상의 자격을 부여하고 있는 나라가 한국이다. 이것이 잘하는 것인지 잘 못하는 것인지는 미래에나 판명되겠지만, 이 분야에 관한 한 한국이 특별한 나라임엔 틀림없다.

한의학과 서양의학은 인체와 생명을 보는 관점도 전혀 다르고, 의학적 개념도 서로 통하지 않을 정도로 완전히 다르고, 진단과 치료의 방법도 서로 이해를 할 수가 없을 정도이다. 여기서 이들 차이점을 일일이 논하는 것은 생략하기로 하겠다. 구체적 사항은 그때그때 논의상 필요하면 언급하는 정도로 하겠다.

그러면 한의학은 어떤 점에서 서양의학처럼 과학적 의학이라고 주장을 할 수 없을까? 어떤 점이 핵심적인 차이인가? 철학적인 차이 말고 과학적인 관점에서 어떤 구체적인 것이 한의학에는 부족한가? 치료 효과라는 측면에서 한의학도 과학적이라고 못할 이유가 없다. 편작이 히포크라테스보다 치료를 못해서 비과학적이라고 할 리도 없다. 편작과 화타를 비롯한 수많은 명의와 수천 년간 경험 의학으로 치료 효과는 검증된 것이다. 꼭 통계자료가 있어야 한다는 것은 과학을 합리적 사고 체계로 보지 않고, 숫자 계산으로 오해한 편협한 관견에 불과하다.

물론 아직도 치료 효과를 객관적으로 검증해야 한다는 연구가 미국 등 전 세계 한의학 연구의 주종을 이루고 있는데, 한국에서도 이들이 하는 연구를 뒤쫓아 하는 경우가 적지 않다. 서구에서 치료 효과의 객관성을 요구하는 것은 역사적 문화적 배경이 다른 데에 기인하는 것이다. 이들은 한의학과 침구에 역사적 경험이 쌓여 있지 않기 때문에 신뢰하지 않고 그래서 정말로 낫는지 객관적으로 증명해 볼 필요를 느끼는 것이다.

또 하나 이들은 경락에 대한 아무런 과학적 근거를 갖고 있지 않기 때문에 경락 체계를 부정하고 신경 작용의 일부로 취급하는 것이 큰 흐름이다. 그러므로 이들이 하는 연구는 한의학을 신경과학의 일부에 통합하려는 것이 목표인 셈이다. 이런 방식으로 한의학의 과학이 판명된다면 한의학은 서양의학의 발전에 약간 기여하고 역사에서 사라질 것이다. 이것이 지금 다수의 의과학자들이 한의학을 연구하는 경향이다.

그러나 실제 임상을 하는 많은 한의사들은 경험적으로 경락과 신경이 전혀 다른 체계임을 느끼지만 과학적 증명의 길이 없으니 정통 과학계를 설득하지 못한다. 한의학은 경험의 집합인 의술에 불과하다는 서구 과학적 관점에 대응할 수가 없다. 생명관이 어떻게 다르고, 철학이 어떻게 우수한가 등을 주장하는 것은 과학의 관점에서는 설득력이 없다.

한의학이 비과학적이라는 평을 받는 문제는 치료의 우수성이나 객관성으로 해결되는 문제가 아니다. 그 핵심 개념인 경락에 실체가 대응되지 않는 것이 근본 이슈이기 때문이다. 현재까지의 전통적 한의학은 해부학적 실체로부터 유리된 상상의 시스템을 사용하고 있다. 서양의학은 해부학적 기관, 조직, 세포, 핵, 유전자의 체계가 생리학과 병리학의 밑바탕을 이루고 있기 때문에 물리학과 화학이 적용되는 과학적 의학이 된 것이다. 반면에 한의학은 해부학이 없이 생리작용과 병리와 진단 치료 등이 전개된다. 이것이 서양 과학자들이 공중에 뜬 체계라고 하여 한의학에 과학적 근거가 없다고 보는 이유이다. 그러므로 경락의 해부학적 실체가 밝혀지기까지는 한의학은 임상의학은 될 수 있지만 과학의 체계 안에 들어올 수가 없다. 이를 달리 보면 경락의 물리적 실체가 규명되는 순간 한의학이 현대 과학으로 인정받게 되고, 과학적 연구가 가능해지는 역사적 전환점이 될 수 있다는 뜻이 된다. 그만큼 경락의 실체성 연구는 중요한 주제이다.

III. 경락과 프리모 순환계

한의학 특히 침술의 핵심 개념은 경락 체계이다. 이 경락 체계는 〈그림 1〉과 같이 전신의 피부에 줄지어 있는 12개의 주요 경맥과 임맥 · 독맥 및 8개의 특이 경맥(기경팔맥) 등과 이들의 분지들로 구성되어 있다. 이들 선 위에 놓인 점들을 경혈이라 하고 이곳에 침이나 뜸을 놓는 것이다.

이렇게 피부에 위치가 표시되어 있기 때문에 당연히 이곳을 잘 조사하면 무언가 위와는 다른 특성이 있을 것으로 여겨졌다. 그래서 이 경혈의 해부학적 특성을 찾으려는 노력이 있었지만 아직까지는 부정적인 결과밖에 없다. 다만, 경혈에

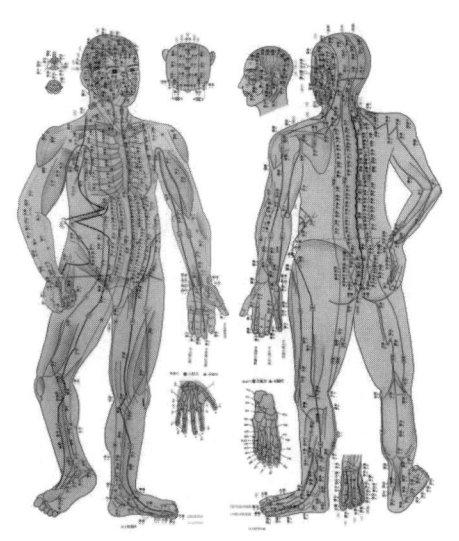

〈그림1〉 경락도의 한 예. 좌우 12개 (합 24개)의 경맥과 임맥 독맥이 선으로 그려져 있고, 점들은 침놓는 경혈이다. 출처 Google image.

모세혈관과 신경이 많이 분포되어 있다는 정도일 뿐 조직학(histology)적인 새로운 어떤 구조물이 발견된 예가 없다. 그러므로 신경에 특별한 작용을 하는 어떤 생리적 특성이 있지 않을까 하는 가설이 있을 수 있고, 이러면 한의학은 신경생리학의 특이한 일부에 속하게 된다. 서양의학보다 크게 우수한 치료 효과를 기대하는 것도 어려울 수밖에 없다. 한의학에서 새로운 생명관과 특별한 의학이 나오기를 기대하는 것도 무리다.

이러한 일반 상황과 달리 북한의 평양의대 교수였던 김봉한 선생이 1963년에 이른바 '봉한학설'을 발표하여 경혈과 경락에 해당하는 특별한 조직이 있다고 주장하였다. 광학 및 전자현미경까지 동원하여 촬영한 사진 자료를 증거로 제시하였다. 발표 당시 전 세계적으로 커다란 반향이 있었고 중국·일본 등에서 이 실험을 확인하려는 시도가 다수 있었다. 그러나 아무도 이를 입증할 수 없었고, 설상가상으로 김봉한 선생이 소장인 연구소는 정치적 투

쟁의 와중에 1966년에 폐쇄되었고, 연구원들 대부분은 생사를 알 수 없게 되었다. 그 후 몇십 년이 지나도록 봉한학설의 진위는 알 수 없게 되었고, 신뢰할 수 없는 각종 낭설이 난무하였다.

그러다가 2002년에 서울대학교 물리학부에서 봉한학설의 재현이 비로소 시작되었다. 2010년에는 이 주제의 국제학회를 개최하면서 프리모 순환계(primo vascular system)란 국제 용어로 재탄생하였다. 프리모 순환계와 전통 경락 체계의 차이는 다음과 같이 요약할 수 있다. 프리모 순환계는 피부를 비롯하여 혈관, 림프관 내외와 신경 막 등 전신에 두루 퍼져 있는 것이고, 이 중 피부에 있는 것이 전통적으로 경락이라고 불러온 것이다. 다시 말해 경락은 프리모 순환계 중 피부에 분포된 것으로서 한의학에서 유용하게 사용해 온 것이다. 몸속이나 뇌 속에 퍼져 있는 프리모 순환계의 존재는 한의학에서는 알지 못했던 것이다.

IV. 프리모 순환계의 의학적 의의

프리모 순환계는 전신에 분포되어 있다. 경락 체계에는 알려져 있지 않은 것인데, 하나의 예를 들면 신경의 외막에 붙어서 달리는 신경-프리모 시스템이 있다. 이들은 척추를 따라 달려서 뇌에 들어가 뇌 전체에 퍼져 있다. 이러한 한 예를 그림 2에서 설명하였다.

'족삼리'라는 경혈은 무릎 바로 아래 바깥쪽에 위치한 혈로서 옛날부터 가장 중요하게 사용되어 온 침 자리 중 하나이다. 〈그림 2가〉에서 원반 던지는 사람이 왼손으로 가리키고 있는 부위이다. 여기서부터 좌골신경을 따라서 척추로 올라가는 프리모 순환계가 신경의 막을 따라 달려간다. 〈그림 2나〉에서 보듯이 좌골신경은 요추 4-5번으로 연결되기 때문에 이른바 디스크라 불리는 요통은 이 좌골신경과 밀접하게 관련되어 있다. 프리모 순환계도 요추로 들어와 척추의 막을 따라 뇌로 올라간다. 〈그림 2다〉는 김봉한 선생의 연구팀이 제시한 설명도로 뇌 속에 그물처럼 펴져 있는 것이 프리모 순환계이다.

경락 체계에는 없는 프리모 순환계가 족삼리-좌골신경-척추-뇌를 이어 주는 전혀 새로운 액체의 경로를 보여준다. 이 경로의 한 가지 응용 예를 들면 족삼리에 약이 들어 있는 약침을 놓으면 약이 뇌 속으로 전달될 수 있으므로 약물의 전달 경로로 쓸 수 있다는 점이다.

피부 경혈에 약물을 주입하여 뇌로 보낼 수 있다는 것은 의학적으로 아주 중요한 의미가 있다. 그 이유는 이른바 BBB(blood-brain-barrier)라는 장벽이 혈관과 뇌 조직 사이에 있기 때문이다. 이 장벽은 혈액에서 약물 등 이물질이 뇌 조직 속으로 전달되는 것을 막는 장벽이다. 그래서 약을 먹거나 또는 혈관주사를 하여도 뇌로는 전달이 되지 않는다. 따라서 뇌 질환 치료제는 그만큼 개발하기가 어렵다. 그런데 프리모 순환계는 혈관과 독립적으로 직접 뇌 조직으로 들어가므로 새로운 약물 전달의 길로 쓸 수 있다.

급속히 진행되는 고령화 사회에서 치매, 파킨슨 질환 등 노인성 질환이 현대 의학으로도 치료가 어려워 당면한 큰 문제로 대두되고 있다. 기존의 한의학으로도 적절한 치료 수단이 없는 형편이다. 그러므로 전혀 새로운 혁신적 치료 기술이 요청되고 있다. 프리모 순환계를 통해 치매약을 전달하는 기술이 개발되면 이 문제에 대처하는 신 치료 기술이 될 수 있다.

이 치료 기술은 한의학적 개념인 경혈과 현대 의학의 치료약과 프리모 순환계를 결합하는 새로운 의학의 출현을 보여주는 좋은 예이다. 이 외에도 프리모 순환계를 통하여 동서의학이 융합하여 혁신적인 치료 기술과 장비를 개발할 수 있을 것이다. 이것은 동서의학이 이상적으로 통합되어 더 높은 제3의 의학을 창조하는 방향을 제시하고 있다.

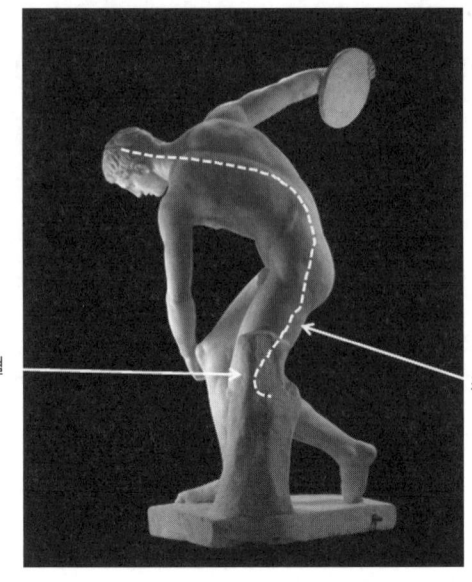

 옆에 이미지 라벨이 있음

족삼리 경혈

좌골신경

〈그림 2가〉 무릎 바로 아래 왼팔이 가리키는 부근에 족삼리 혈이 있다. 프리모 순환계가 이 경혈에서 출발하여 좌골신경 막을 따라 척추를 지나 뇌 속으로 들어가 퍼져 있다.

V. 프리모 순환계의 새로운 생명관

현대 과학 특히 생물학과 의학의 생명관은 유물론적 생명관이다. 모든 생명체는 물질현상이며 따로 정신이나 영적인 존재를 인정하지 않는다. 생물학자 개인은 종교나 신앙을 가질 수도 있고, 영적 세계를 믿더라도 그것은 개인의 사상적 자유 또는 사적 견해라고 할 수 있는 것이고 학계에서 인정하는 학설과는 다르다.

생물학 교과서들이 보여주는 내용이 학계 공식 생명관이라고 할 수 있다. 개체 생물은 기관(organ), 조직(tissue), 세포, 핵, DNA 순으로 구성 요소가 점점 작게 분해될 수 있다는 것이 기본 틀이고, 이 구성 요소들 중에 제일 작은 DNA는 일종의 화합물로 생물분자(bio-molecule)이다. 그래서 생물학의 기본

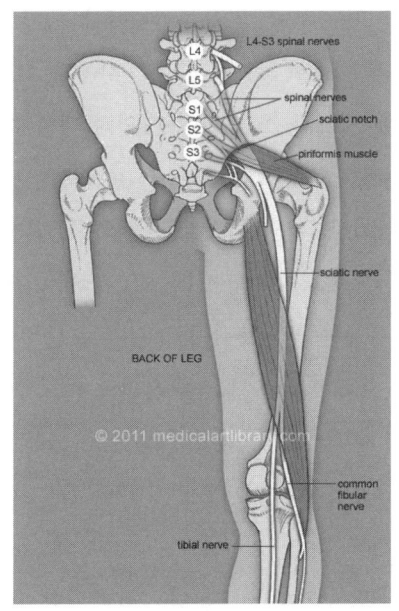

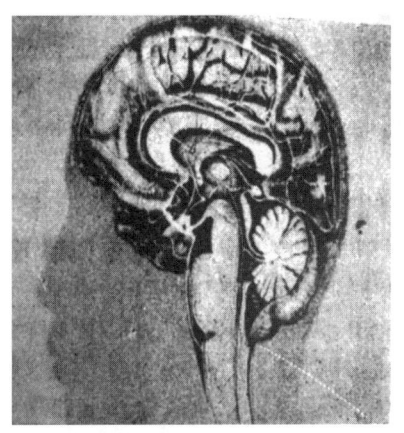

〈그림 2다〉뇌 속에 그물처럼 퍼져 있는
프리모 순환계. 김봉한 논문.

〈그림 2나〉좌골신경(sciatic nerve)은
요추 4번과 5번(L4, L5)으로 들어간다.
프리모 순환계도 이곳을 따라 함께 척추의
막으로 들어간다.
그림 출처 Google image.

은 분자생물학이다. 모든 생물 개체의 현상은 분자생물학을 벗어나지 않는
다. 질병에 걸린 경우에는 화학분자 약품이나 DNA 또는 세포 치료 등을 고
려하게 되는데 이것은 이 분자생물학 개념을 전제로 도입되는 것이다. 이것
이 물질적 생명관의 기본 뼈대라고 하겠다.

　이에 반해 한의학적 치료는 전혀 다른 양상을 띠기 때문에 유물론적 생
명관이 아니라고 하는데 실은 여기서도 주의할 바가 있다. 예를 들어 서양
의학은 분석적 사고에 따라 질병을 치료하고, 한의학은 종합적 · 전체적
(holistic) · 유기체적 (organic) · 시스템적 관점으로 생명을 본다고 한다. 그렇
다면 한의학은 유물론적 사고에서 벗어난 것인가? 하나의 기계를 종합적으

로 파악할 것인가 분석적으로 접근할 것인가에 따라 효율성 면에서는 엄청난 차이가 있을 수 있다. 그러나 둘 다 유물론에 속하기는 마찬가지이다. 의학도 마찬가지이다. 사람을 물질로 구성된 개체로 보는 한 유기체적 생명관이든 기계적 생명관이든 유물론이란 점에서는 동등하다.

유물론적 생명관이 아닌 새로운 생명관이 있다면 물질로 환원될 수 없는 어떤 요소가 있어야 한다. 그것을 예로부터 종교계에서는 '영' 또는 '혼'이라 했고, 심리학에서는 '마음'이나 '정신' 또는 '의식'이라 불러 왔다. 유물론은 이런 개념이 허상이라고 본다. 물질현상의 오묘한 모습에 불과하다고 생각한다. 종교에서는 정반대의 관점이다. 물질이야말로 허상이고 실체가 아니라고 본다. 어떤 방식으로 끝날지 모르지만 이 논쟁은 현재도 계속 진행형으로 있다.

한의학도 서양의학도 모두 정신과 심리를 중요하게 다룬다. 그 근본이 무엇이냐는 관점이 다를 수 있으나 한의학에서도 심신일체를 강조할 뿐 몸과 동등하게 마음의 실재성을 보이는 의학으로 발전한 것은 아니다. 그런데 한의학의 특이한 점은 정신과 물질 외에 제3의 요소로 '기'란 개념을 쓴다는 것이다. 이 점이 한의학이 순수한 유물론적 의학으로 떨어지지 않은 핵심이다. 한의학이 갖는 독특한 생명관은 '기'에 있다. 그런데 유감스럽게도 '기'란 개념을 한의학 전반에 사용하면서도 그 정체가 무엇인지는 알 수 없게 되어있다. 서구 의학을 대변하는 핵심어가 '분자생물학'이라면 한의학의 핵심어는 '기의학'이라고 할 수 있다. '기'가 분자 같은 물질이나 에너지로 환원될 수 있다면 한의학의 기본 철학은 유물론으로 떨어지게 된다. 그러므로 한의학적 생명관이 물질적 생명관이 아니라고 주장하려면 이 '기'에 대하여 명료한 답을 내놓을 수 있어야 한다.

그러나 아직까지 그 누구도 '기'의 정체를 보여준 사람은 없다. 어떻게 할 것인가? 다행인 것은 '기'를 직접 탐구할 수는 없지만 '기'의 작용에 대해서는 구체적 내용이 있다는 점이다. 즉 '기'가 작용하는 경로가 바로 '경락'이고, 작용에 영향을 주는 장소가 '경혈'이란 것이다. 따라서 경혈과 경락은 바로 '기'를 탐구하는 열쇠가 된다. '기'의 정체를 밝히는 길은 '기'가 물질과 어떻게 상호작용하는가를 보는 것으로부터 출발을 해야 하기 때문이다.

'기'와 물질이 상호 만나는 곳이 바로 경혈과 경락이다. 그런데 경혈과 경락은 물질로 구성된 신체 조직이다. 그러므로 여기서 신체의 변화를 통해 '기'가 물질과 상호작용하는 방식을 알아낼 수 있고, 이어서 '기' 자체의 특성을 규명하는 일이 시작될 수 있다. 예를 들어 '기'와 전기는 어떤 관계가 있는가를 조사하는 연구도 가능하고, '기'가 빛을 따라 어떻게 전파되는지도 알아볼 수 있고, '기'가 있는 곳에 에너지가 모이는지 조사할 수도 있다.

물질과 작용이 전혀 없는 '기'가 있다면 그것은 우리의 삶과 완전히 유리된 것으로 과학적으로는 알 길이 없고, 또한 우리 몸에 아무런 영향도 미칠 수도 없는 것이므로 알 필요도 없게 된다. 우리 물질계와 상호작용이 있으므로 우리가 알 필요가 있고 알 방도도 있는 것이다. 그 연결 고리가 바로 경락, 경혈이다. 그러므로 한의학이 제시하는 새로운 생명관을 알아내려면 필히 경혈과 경락의 실체를 규명하는 일부터 시작해야 한다. 이것이 되면 다음 단계인 '기'가 물질계와 상호작용하는 특성을 조사하는 일이 비로소 가능하게 된다.

한의학은 '기의학'이므로 경락-프리모 순환계의 실체가 정립되면 한의학의 깊은 세계가 드러나고, 비로소 새로운 생명관이 열리게 된다. 현재까지는 경락에 대한 근본적 이해가 없고 따라서 '기'를 모르기 때문에 물질적 생명관에 정합되지 않는 의술로 머물러 있다. 유기체적 종합적 생명관 등 관념적 해명은 유물론적 기반을 탈피하지 않는 한 희론의 수준을 벗어날 수 없다. 단지 직설적인 유물론적 생명관보다는 좀 더 생명체에 유사한 모습으로 다듬어 기계적 신체관이 아닌 것처럼 보이게 하려는 것에 불과하므로 근본적 변혁을 불러오는 것이 아니다. 한의학의 근본은 '기'와 경락이므로 이 근본을 파악하지 않고, 피상적인 사변으로 생명관을 논하는 것은 실체가 없는 한갓 언어의 유희에 그치고 마는 것이다.

VI. 토의

현대 과학은 우주 만유가 오직 물질로 구성되어 있다고 보는 유물론적 생명관을 가지고 있기 때문에 근본적으로 도학과 과학이 병진할 수 없게 되어 있다. 과학기술이 발전할수록 정신은 점점 그 설자리가 없게 된다. 최근에 있었던 인공지능 '알파고'와 이세돌 기사의 바둑 대결은 1960년대의 주판과 컴퓨터의 대결을 연상시킨다. 문명의 대세가 어느 방향인가는 명확하다.

많은 사람들은 인간에게는 컴퓨터가 할 수 없는 고유한 영역이 있다고 믿고 싶어 한다. 이 바둑 대결의 의미는 이러한 신념에 큰 타격을 주었다는 점이다. 인간이 하는 많은 지적 활동을 컴퓨터가 더 잘하는 시대가 오고 있음을 보여주고 있다. 수학의 연구까지 컴퓨터가 더 잘하는 시대가 올는지 모른다. 그러면 인간의 지적 활동은 인간만의 고유한 것인지 아니면 물질현상에 불과한지 냉철하게 묻지 않을 수 없다. 모든 것이 물질뿐인 세계에서는 정신개벽이 있을 수도 없거니와 도학과 과학의 병진도 가능한 일이 아니다. 물질과학으로 다 환원되어 버릴 것이기 때문이다.

이제 분자생물학은 인간도 설계에 따라 복사 생산이 가능하다고 하고, 인공지능은 모든 지적 활동을 할 수 있다고 한다. 그러면 생물학과 인공지능의 이 강력한 도전에 어떠한 복안이 있기에 도학과 과학의 병진, 그리고 정신개벽을 주장할 수 있겠는가? 여기에 대한 해답의 실마리가 『정산종사법어』 원리편 13장에 있다.

"우주 만유가 영과 기와 질로써 구성되어 있나니, 영은 만유의 본체로서 영원불멸한 성품이며, 기는 만유의 생기로서 그 개체를 생동케 하는 힘이며, 질은 만유의 바탕으로서 그 형체를 이름이니라."고 하였다. 여기서 영이 만유의 본체라는 것은 유물론의 반대인 유심론의 관점이다. 유물론과 유심론은 서로 정반대의 위치에서 오랫동안 대립해 왔기 때문에 간단히 요약할 수도 없고, 쉬운 심판이 있을 수도 없다. 논리적으로는 양립불가이지만 실상은 두 측면이 다 있다고 보는 것이다. 도학과 과학의 병진이 가능하려면 이 두 개의 반대되는 주장이 다 성립되어야 한다. 물론 많은 사람들은 유심론의 관점에서 물질은 허상이고, 따라서 도학을 강화하면 자연히 병진이 될 것이라고 볼 것이다. 그러나 유심론과 유물론으로 반대되는 주장 각각은 그 어느 것도 진리가 아니라고 보며, 이 둘을 진리의 한 측면으로 하는 통합적인 것이어야 된다고 본다. 이것은 중도사상에서 가능하다. 석가모니 부처님과 대종사님의 게송은 중도사상을 가리키고 있다. 중도사상의 요체는 논리적으로 모순되는 두 사상은 그 어느 것도 실상을 보여주는 것이 아니란 점이다. 실상은 언어와 논리를 벗어나 있으므로 논리의 모순에 구애되지 않는다. 그러므로 유심론도 유물론도 실상의 일부를 언어적으로 포착한 것에 불과하다.

영적 세계와 물질적 세계의 양 측면이 인간 개개인에게 다 구현되어 있으므로 인간은 양 측면을 모두 구사하면서 산다. 그리고 양 측면이 분리되어 있지 않다. 어떻게 논리적으로 모순되고 완전히 독립된 양 특성이 한 몸에서 구현되고 작동이 가능할까? 이 둘을 잇는 것은 무엇인가?

서로 분리되어 무관한 두 요소를 이어 주는 제 3의 연결자 그것이 바로 '기'가 아닐까 하는 가설이 가능하다, 그러므로 '기'는 한편으로는 물질적 신체와 다른 한편으로는 영적 활동과 연결되어 하나의 통일체를 구성하는 것이다. 영과 '기'가 없어지면 사람은 신체 즉 물질일 뿐이다. 영과 연결이 상실되어 물질로만 되는 것이다. 그러므로 영·기·질 셋이 합쳐 하나의 생명체를 형성하는 것이다.

'기'는 어떻게 신체와 상호 교류하는가? 그것은 경락과 경혈을 통해서 한다는 것이 한의학의 가르침이다. 그러므로 경혈·경락의 물질적 실체성과 '기'의 작용을 연구하면 물질 일변도의 유물론적 생명관에서 벗어나는 길이 열리게 된다. 다른 한편으로 '기'는 영과 연결을 제공해야 한다. 이것은 '기'의 연구가 선행되어야 이해가 가능할 것이지만 영적 체험이라고 불리는 현상들은 영이 '기'의 작용을 통해서 물질적 현상으로 영상화되는 과정으로 이해될 수 있을 것이다.

물질이 개벽되고 있다. 이것은 우리가 목도하듯이 현재 진행형이다. 여기에 정신개벽이 함께 일어나야 한다. 이를 위하여 물질과학에서 '기'의 과학으로 다시 영의 과학으로 과학의 변혁이 되어야 하고, 생명관이 따라서 영기질 생명관으로 변해야 한다. 이러면 과학이 도학의 발전에 기여하는 유익한 수단이 되고 전 인류가 고루 도학수행을 하여 높은 수준으로 진급하는 것이 가능한 시대가 전개될 것이다.

후천개벽과 생명의 규칙
'공생공빈'의 길

- 물질문명의 불가피한 몰락에 대비하여

츠치다 다카시(槌田 劭)[*]

* 일본 〈쓰고 버리는 시대를 생각하는 모임〉 설립자 겸 고문

Ⅰ. 불길한 광경과 21세기

현대 문명 세계는 혼미의 정도가 극에 달하고 있다. 21세기는 불길한 광경과 함께 시작되었다. 2001년 9월 11일 뉴욕 맨해튼섬, 세계 비즈니스의 중핵 기업이 모여 있는 세계무역센터빌딩이 무너졌다. 바벨탑의 붕괴를 연상시키는 충격적인 장면이었다. 컴퓨터로 정밀하게 제어된 대형 비행기가 마천루에 충돌하여 승객과 비즈니스맨 수천 명의 생명과 함께 무너졌다고 하는 이 뉴욕 동시다발 테러는 무엇을 상징하고 무엇을 경고하고 있는 것일까?

문명은 스스로를 반성하지 않고 테러와 전쟁 중이다. 테러에 대한 군사적 개입이 테러리스트를 자극시켜 테러를 증폭시키리라고 우려하는 양식(良識)은 무시되었다. 그 결과 아프가니스탄에서 이라크로 전화(戰火)는 퍼져 갔고, 지금은 중동 전역은 물론이고 서양 주요 도시까지 테러에 휩싸일 정도이다. 가라앉을 기미는 전혀 없다. 출구가 보이지 않는 진흙탕 속에서 증오가 증오를 불러일으키고, 전쟁의 불길은 한층 더 확대되고 있다. 뉴욕 동시다발 테러에 대한 분노에 의한 복수와 싸움이 가져온 혼미로, 그것의 몇 백 배나 되는 생명을 빼앗기고, 몇 만 배나 되는 사람의 눈물이 흐르고 있을까? 이 파국적 비극은 언제까지 이어지고, 어디까지 번지고, 얼마나 많은 생명을 뺏을까?

서양에서의 유대인 차별은 그 역사가 길고도 깊다. 유대인은 고난의 역사를 강요받았다. 돈 이외에는 의지할 것이 없어 국제적인 '경제' 활동으로 생존을 거듭해 왔다. 뉴욕에서 붕괴된 빌딩이 있던 록펠러센터도 저명한 유대인과 연고가 있는 땅이었다. '록펠러'라는 이름은 석유뿐만 아니라 철광과 같은 근대 공업 세계에서도 저명하다. 중동의 불행은 석유 자원이 풍부하다는 데에 있다. 그리고 제2차 세계대전 후에 영미의 정치적 완력으로 팔레스타인 땅에서 이스라엘을 봉쇄했던 것만은 아니다. 제1차 세계대전에서 협력했던 아랍 세계는 배신당했다. 독립시켜 주겠다는 약속은 짓밟혔고, 무리한 국경선이 강요되었다. 복잡한 민족문제가 복잡한 문제를 한층 복잡하게 확대시키고, 출구가 없는 곤란과 기폭제가 되었다. 서양 세계에 대한 불신과 증오가 아랍 세계에 침잠하여 테러를 낳고 있다. 금전 이해와 얽힌 '경제' 활동이 가연물(可燃物)인 석유를 둘러싸고 전개되는 현실은 위험한 정도를 넘어섰다. 불신, 원한, 증오의 도가니가 되어 버렸다.

생명을 주제로 생각할 때 생명을 위협하고 있는 출구가 보이지 않는 진흙탕 이야기와 같은 이 혹독한 현실에서 눈을 돌릴 수 없을 것이다. 그리스도교와 유대교의 영원히 불행한 갈등에 이슬람교가 휘말려, 종교적 대립은 이제 비극적으로 되었다. 종교는 민중의 행복을 바라는 것이 그 본령일 것인데 어찌된 일일까? 물량과 금전이 우월한 문명에 대한 해결책은 정신과 생명의 사상에 의거하게 될 것인데, 그것은 분명 생명을 존중하는 종교성에서 찾아져야 할 것이다.

II. 문명의 죄와 해원상화(解冤相和)

원불교 창립 취지에는 "물질이 개벽되니 정신을 개벽하자"고 되어 있다. 정산 송규(鼎山 宋奎, 1900-1962)의 '동원도리(同源道理)'는 종교 대립을 해결할 열쇠 중의 하나라고 생각한다. 백 년 전에 보국안민(輔國安民)의 기치를 내걸고 일어난 동학농민혁명은 철저하게 진압되었다. 그 잔혹함과 비정함에 휩싸인 원한과 원망이 가져올 비극의 증폭을 억제한 것은 강일순(姜一淳, 甑山, 1871-1909)의 '해원상화(解冤相和)'라는 길잡이 덕분이었다. 그 선견성(先見性)에는 오늘날 배워야 할 것이 많다고 생각한다. 그렇다고 해도 테러와 증오, 보복과 반격, 전 지구화되는 위기로 인해 많은 생명과 평온한 생활이 짓밟히는 현실을 타개하려면 극심한 곤란이 따를 것이다.

그러나 인류의 비극적 멸망을 회피하는 길이 있다고 한다면 '정신개벽'으로부터일 것이다. 정신이 올바르게 변혁되려면 사태를 올바르게 인식하지 않으면 안 된다. "있는 그대로 보라!"고 고타마 붓다는 가르치고 있다. 그것을 방해하고 있는 것이 번뇌와 탐진치(貪嗔恥)이다. 어리석은 우리들에게는 진실을 꿰뚫어 볼 힘은 부족하고, 이해에 미혹되고 감정에 휩쓸려 진실과 진리에 의거하기가 어렵기 때문이다. 그러나 테러와의 싸움에 정의를 간단히 결부시키는 감정적이고 감각적인 편협함에는 미래가 없다. 냉정한 이성이 요구되는데, 그러기 위해서는 올바르게 현실을 직시할 필요가 있고, 올바르게 언어가 사용되지 않으면 안 된다. 불교의 팔정도 중에 '정견(正見)'과 '정어(正語)'가 있다. 불교뿐만 아니라 그리스도교의 성경에도 잘 알려진 "태초에 말씀이 계시니라. 이 말씀이 하나님과 함께 계셨다.…그 안에 생명이 있었다."라는 성구(聖句)가 있다. 언어의 문란은 진리에 눈을 가리고 생명을 손상시키는 것으로 이어지기 때문일까?

혼미한 시대를 직시하기 위해서는 언어의 문란을 바로잡지 않으면 안 된다. 언어의 문란은 감각적 이해의 편협함으로 이어진다. 이를테면 '경제'가 그렇다. 이 세계를 이끌고 있는 것은 '경제합리성'이다. 즉 금전이해의 타산에 의한 '합리성'이다. 이것은 경제의 본래 의미인 경세제민(經世濟民)에 부합되는 것일까? 약자 구제·복지·안온한 생활을 상실한 왜곡된 현대사회에서는 금전 이해에 의한 기업 활동이 '경제'로 중시된다. '생산'이라는 말도 원래는 생명 활동에 기초하고 있는데, 그 본래 의미에서 벗어나서 금전이익의 증식으로 변질되어 버렸다. GDP(국내총생산)라고 하면 국내에서 얼마나 금전이익의 증식을 이루었는가를 말한다. 생명이나 생명을 잊고서 성장을 계속하는 '경제'는 대체 무엇을 가져올까? 금전가치의 논리는 생명가치의 논리와는 정반대이다. 이 점에 대해서는 나중에 다시 언급하겠지만, 금전 지상의 합리주의로 움직이는 세상에서는 공해나 환경 파괴, 생명의 위기는 피할 수 없다.

금전 지상의 가치관이 세상에 지배적이 되는 것은 생활에 필요한 물자가 금전으로 거래되게 되었기 때문이다. 선악을 논해도 방법이 없다. 그런 세상이 되는 것이 인간 역사의 필연이기도 했다. 선악을 아는 금단의 열매를 딴 이브의 원죄는 무엇을 의미하는 것일까? 그것은 야생을 버리고 '지(知)'의 세계를 개척한 역사에 대한 자기반성을 구하는 우화임에 분명하다. 신이 아닌 사람이 자신을 신으로 착각하는 오만한 위험을 경계하는 것일까? 그러나 생존에 유리하도록 환경을 능숙하게 이용해서 사는 생활문화는 사람에게 '선(善)' 그 자체이다. 문명의 성과가 문명의 진보를 가속시키기 때문에 가속적이고 폭발적인 변화가 일어난다. 그 폭발적인 발전이야말로 문제이다. 그것이 필연이었기 때문에 심각한 것이다. 지금 인류 문명은 심각한 존망의 기로에 서 있다.

이 현실을 직시하고 힘에 의한 문명으로부터의 탈피를 추구할 것인가, 아니면 이대로 비극적인 진흙탕 속으로 들어갈 것인가? 이성이 추구하는 것은 전자이다. 이성적 길을 모색하기 위해서도 힘의 문명의 불합리한 역사를 뒤돌아보고자 한다.

소박하게 사는 사회를 야만이라고 멸시하고 문명을 뽐내는 것이 문명 세계의 상식이다. 현대 세계는 생존 환경을 자신의 생존에 유리하도록 개변할 수 있게 되었다. 사는 것에 동반되는 위험이나 위협이 줄어들고 있다. 환경의 개조에 의해서 사람은 생존하기 쉬워지고 수명도 늘어났다. 자기가 낳은 아이가 자라나는 행복도 누리게 되었다. 그러나 그 결과, 지구 상의 인구는 폭발적으로 급증했다. 천 년 전에는 두 배로 늘어나는 데 천 년의 시간이 걸렸다. 100년 전에는 두 배로 늘어나는 데 100년의 시간밖에 걸리지 않았다. 그리고 최근에는 더 빠르다. 1950년에 25억 명이었던 것이 1990년에는 50억 명을 넘었다. 불과 40년밖에 걸리지 않았다. 금세기 중에는 100억 명을 넘을까? 종의 번영을 기뻐하고 문명의 힘을 뽐내면 좋은 것일까?

III. 힘의 문명과 횡포의 역사

문명의 진보를 아무런 의심 없이 기뻐하고 자랑스럽게 여기는 것은 문제가 있다. 오늘날 직면하고 있는 난제는 모두 이 문제와 겹치고 있다. 환경문제도 자원문제도 심각해지고 있다. 물질문명의 발전은 인구 증가와 문명 생활의 충실에 의해 지구에 대한 부담을 가중시키고 있다. 지하자원의 고갈을 가속화시키는 데 그치지 않는다. 가공육 생산을 위해 개발 확대하는 목장이나, 옥수수나 바나나와 같이 돈이 되는 작물 생산에 의해 지구의 녹지삼림이 급격하게 감소하고 있다. 야생생물 사회에서는 생활권을 빼앗기는 것이기 때문에 단순히 심각한 정도가 아니다. 멸절 위기에 있는 종은 화제가 되지만, 지구 상의 생물계 전체로서도 심각하다. 그물망처럼 서로 얽혀져 안정화되는 자연생태계의 네트워크에 구멍을 확대시키기 때문이다. 지구는 다종다양한 생물이 서로 의존하며 사는 복잡한 공생계이다.

문명의 횡포는 인류 사회에도 왜곡을 가져왔다. 지금도 그 왜곡은 확대되고 있다. 문명은 힘이다. 그 은혜는 문명사회에 사는 사람들에게는 이로울지도 모른다. 그러나 힘에는 강약대소가 있고, 힘이 센 자는 힘이 약한 자를 지배 억압하여 번영할 수 있다. 불합리한 일이지만 문명의 역사는 그렇게 왜곡되어 왔다. 그 역사는 승자의 논리로 쓰이기 때문에 마치 멋진 것인 양 전해진다. 대항해 시대로 거슬러 올라가면 콜럼버스에 의한 신대륙 발견도 위업인 것처럼 이야기된다. 아메리카 대륙에 살고 있던 현지 원주민에게는 멋진 발견이기는커녕 비극 그 자체였다. 안온한 생활은 파괴되고 많은 인명이 희생되었다.

산업혁명에 의해 '생산력'을 비약적으로 발달·진보시킨 유럽 세계는 그 문명의 힘에 의해 상품 시장과 상품 확보의 길을 확대하였다. 식민지화의 횡포는 19세기까지 아시아와 아프리카를 유린했다. 19세기 중반 뒤늦게 근대화에 참여한 일본도 '문명개화', '탈아입구'를 주창하며 문명의 힘에 의한 제국주의의 길을 택했다. 그 불합리가 20세기 전반에 동아시아에 비극을 가져오는 범죄가 되었다. 침략과 잔학의 역사를 직시하고 사죄와 반성을 거듭하여 두 번 다시 이와 같은 과오를 범하지 않겠다는 결의가 일본에 요구되고 있다.

사람은 자기중심적이고 이기적이다. 그 결과, 이미 서술했듯이 문명은 파국적 혼미에 직면하게 되었다. 인류 멸망을 향해 문명사회는 위기적 상황에 있다고 해도, 물량이 풍부한 문명에 빠져 있는 우리에게는 와 닿지 않는다. 우리의 생활은 최신 기계나 장치 덕분에 나날이 편리해지고 있다. 식생활도 세계 각지로부터의 식자재로 풍요로워지고 있다. 그러나 조상으로부터 소중하게 전해 받은 살아 있는 지혜와 생활 문화는 사라져 간다.

IV. 금주주의(金主主義) 사회, 그 죄와 벌

문명의 힘은 마약과 같다. 당면한 욕망을 안이하게 충족시켜 주기 때문인데, 그것은 돈이 지닌 마법과 같은 힘이다. 돈만 있으면 무엇이든 가능하다는 착각에 사로잡히기도 한다. 나는 돈의 힘으로 일이 돌아가는 세상을 금주주의(金主義) 사회라고 부르고 있다. 주권자를 마치 돈으로 보는 메커니즘이 작동한다. "돈의, 돈에 의한, 돈을 위한" 사회다. 기업 활동이 돈으로 작동하는 것은 당연하다고 할 수 있지만, 이제는 정치까지 금권으로 움직이게 되었다. 일본의 정치는 부끄럽다. 돈이 정치를 움직이고 정관재(政官財)가 유착되어 일본 사회의 민주주의를 왜곡시키고 있다.

70년 전의 패전으로 일본 사회는 물자 결핍의 빈곤에 고통받게 되었다. 침략전쟁의 죄에 대한 업보로서 고난은 당연했지만, 그 고난 속에서 평화와 민주주의의 의미를 배우게 되었다. 그것은 비전평화(非戰平和)를 추구하는 헌법으로, 새로운 길을 정할 수 있게 되었다. 많은 생명을 빼앗고 평온한 생활을 파괴하는 전쟁에 대한 거부감은, 70년이 지난 지금도 민의(民意)로 정착되어 있다. 그러나 역사를 반성하지 않는 수구파의 지배층은 냉전을 의식하는 미점령군의 사정으로 온존되었다. 인권과 평화의 의의를 배우려 하지 않았던 그들이 일본의 정치와 사회의 지배력을 독점하게 된 것은 패전 10년 후인 1955년의 일이다. 보수 합동에 의해 자유민주당이 성립하고, 그 후 단기간의 정권 이탈은 있었지만 정권을 계속해서 독점하고 있다. 55년 체제라고 불리는데, 전후 민주주의는 후퇴했고, 고도성장 속에 금주주의가 등장했다.

절대적 빈곤 상황을 체험한 서민들은 점령군이 가지고 들어오는 물량의 풍요로움에 경탄과 선망의 마음을 더해 갔다. 그 욕구불만에 인도되어 전후 부흥이 진행되었지만, 그것을 촉진시킨 것은 한국전쟁의 특수(特需)였다. 내가 일본의 물질적 풍요로움에 죄의식을 느끼는 이유 중의 하나는 화재 현장의 도둑이라는 죄가 연상되기 때문이다. 이웃인 반도가 피와 땀의 불행과 비극에 처해 있을 때, '전후' 부흥이 진행된 것의 불합리함을 소년기의 순수함에서 생각한 것이다. "돈 벌고 있나요?"라며 들떠 있는 어른들에 대한 의문과 불신이다. 침략과 식민지화, 그리고 전쟁, 그 결과 반도에 민족 분단의 불행을 가져온 책임은 누구에게 있는가라는 것이다. 역사의 피해자가 고뇌하는 현실에 의해 가해자가 다시 일어서는 불합리함이다. 불합리함은 하늘에 의해 단죄된다. 예로부터 "하늘의 그물은 널찍하여 성기지만 빠트리지 않는다(天網恢恢, 疎而不漏)"고 하였다.

금주주의 사회에서 공해가 다발하게 되었다. 식품 공해로는 '모리나가 비소우유 사건'이 그렇고, 화학 공해로는 미나마타 질소에 의한 유기수은중독 사건이 그렇다. 1955년, 1956년의 일이다. 많은 어민과 시민이 죽거나 후유증으로 고생했지만, 정부는 공해 기업을 지키는 일은 있어도 피해자의 인권에는 냉담했다. 고도 경제성장에 들떠서 금주주의적인 '경제전쟁'을 거국적인 체제로 추진하고 있었기 때문이다. 1960년대에는 이타이이타이병이나 욧카이치 시(四日市) 천식 등, 각지에서 산업공해가 빈번히 일어났다. '경제전쟁'은 확대되고 '전사전상자(戰死戰傷者)'를 각오하지 않으면 안 되게 된 것이다.

고도성장의 흐름은 기업 공해라는 국지전에서 전면전으로 확대 · 전개되었다. 물질적으로 풍요로운 사회는 사람과 사물이 크고 빨리 움직이게 되었다. 승용차가 보급되고 교통사고는 고도성장과 함께 늘어나고, 교통사고 사망자도 증가했다. 과거에는 돈이나 물건은 없었지만 생활에 여유가 있었다. 그러나 지금은 바빠지고 시간적 여유는 빼앗겼다. 고속교통수단이나 휴대전화와 같은 편리한 문명은 시간적 여유를 낳기는커녕 점점 바쁘게 만들고 있다. 미카엘 엔데(Michael Ende, 1929-1995)가 말하는 '시간도둑'에 정신적 여유도 마음도 빼앗긴 것이다. 사람들은 스트레스 과잉에 시달리고 있다. 자살자도 늘어나기만 할뿐 줄어들 기미가 없다. 아이들 세계에도 왕따와 자살 이야기가 끊이지 않는다.

경제전쟁은 서민의 식탁 안전을 위협하게 되었다. 지산지소(地産地消, 지역에서 생산하고 지역에서 소비함)의 소박한 먹거리는 상품화되었다. 상품으로 취급하기 위해서는 식품첨가물이 필요한데, 고도성장기인 1955년부터 10년간에 지정 허가된 식품첨가물 품목 수는 3.5배로 급증했다. 그 후 발암성·최기형성(催奇形性)·간장독(肝臟毒)과 같은 위험성이 밝혀져서 금지된 것이 약 50품목에 이른다. 그 결과일까? 암에 의한 사망이 늘어나, 4반세기 후인 1980년대에 들어와서는 사망 원인 1위가 되었다. 조기 발견과 치료 기술 향상에도 불구하고 억제 감소될 기미도 없다. 또한 알레르기질환도 증가하고 치유도 힘들어지고 있다. 대체 어찌된 일일까? 생명의 기나긴 역사를 야생에서 살아온 사람들이 문명의 산물과의 이질적인 반응에 고뇌하게 된 것이라고 생각한다. 뒤에서 서술하겠지만, 지상의 생물에는 생존을 위하여 이물질을 이물질로 인식하여 배제시키는 놀라운 면역 기능이 부여되어 있다. 자연계에도 이물질은 다수 있지만 오랜 생명의 역사에서 부여받은 대응 능력으로 처리해 왔다. 그러다 화학공장이 배출하는 새로운 물질이 급증하면서 생명을 위협하게 된 것이라고 생각된다.

더욱 문제인 것은 일상적인 생활 속에도 침입한다는 것이다. 입맛에만 좋은 값싼 식재료가 구하기 쉬워졌고, 수입 식재료의 증가했다. 고기와 생선의 소비는 물질이 풍요로운 사회의 특징으로 여겨진다. 그 맛에 과식하게 된다. 게다가 자동차나 에스컬레이터와 같은 이동 수단으로 운동 부족이 가중되어 대사증후군(metabolic syndrome)이 생긴다. 비만으로 끝나면 다행이지만, 고혈압이나 심장병 또는 뇌졸중의 원인이 된다.

'장수'라고 하면 듣기에는 좋지만, 죽고 싶어도 죽지 못하는 연명의료의 성과로 노인문제는 심각하다. 80살이 넘은 나의 경우에도 남 일이 아니다. 국민의 반이 환자인 시대라고 불린 지 오래인데, 국민의료비는 연간 40조 엔을 넘었다. 국민 한 사람당 35만 엔에 달한다. 거기에는 민간의료나 보건의료와 같은 비용이나 건강진단·예방접종 등은 포함되지 않는다. 늘어나기만 하는 이 비용은 국가재정뿐만 아니라 국민경제도 파탄시키게 될 것이다. 금전가치 지상주의로 폭주해 온 사회를 금전적인 한계가 가로막고 있다.

V. 농업의 위기와 기근의 미래

생명의 양식·식량문제는 더욱 심각하다. 일본의 식량자급률은 곡물은 29%, 오리지널 칼로리는 40%까지 떨어졌다. 1억 이상의 인구를 가진 나라 중에 이런 나라는 없다. 일본 다음으로 심각한 것은 멕시코인데, 거기에서도 60% 이상을 웃돌고 있다. 다른 나라는 모두 80% 이상으로, 미국은 130%이다. 세계의 이상기후나 국제적 정세 불안 등도 수입식량의 불안정에 영향을 주고 있다. 기아지옥은 불가피한 것일까?

식량자급률은 왜 저하된 것일까? 농민이 감소했기 때문이다. 사회가 금주주의로 폭주하기 시작했을 때, 농촌의 불행은 확대되었다. 세상에는 돈이 넘치고 상공업의 세계가 물량이 넘치게 발전 성장할 때, 농업은 공업소득격차에 휩쓸린 것이다. 공업은 필요한 젊은 노동력을 농촌에서 찾았다. 농촌의 고령화는 고도성장기 이래로 급속하게 진행되었다. "농업으로는 먹고살 수 없다."는 농민의 한탄은 어린이에게서 농업에 대한 희망을 빼앗았다. 학교도 농촌에서 사는 지혜를 가르치는 것이 아니라, 도시에서 샐러리맨이 되기 위한 수험용 지식을 주입시킨다. 이래 가지고는 농촌에 남아서 농업에 뜻을 두는 아이가 자라나지 않는 것이 당연하다. 그 결과 지금은 농민의 평균연령이 70세에 이르고 있고, 그 수도 적다.

돈에 지배되는 문명의 힘은 비정하다. 상공업은 힘의 논리로 움직이고 이윤 목적을 동기로 일차원적 가치에 지배된다. 대(大)가 소(小)를 제압하고, 지배적 힘에 의해 우승열패가 결정된다. 이에 반해 농업 활동은 생명의 논리 위에 성립하고, 생활과 본래 한 몸이다. 생명의 양식인 생산 활동은 원래 고역노동이 아니라 매일매일의 생활 그 자체였다. 거기에는 인간뿐만 아니라 다양한 생물들의 교류가 있었다. 마을에는 생명의 울림이 있었다. 아이들의 환성이 야산에 흐르고, 외양간에서는 한가로운 소 울음소리, 마당에서는 닭의 울음소리가 들렸다. 그러나 지금은 옛일이 되었다. 부당하고 불합리한 사회적 힘에 의한 억압이나 착취가 농민을 불행하게 하는 일은 있었지만, 농촌은 행복했다. 패전 후 한때 돈도 없고 TV도 자동차도 없었지만 농촌은 정말로 풍요로웠다. 도시에서는 굶주리지만 농촌에서는 먹을 수 있었다. 식량을 생산할 수 없는 도시 생활은 뿌리 없는 풀이다. 농촌이야말로 사회의 기본이자 기초인 것이다. 그러나 지금은 금주주의가 되어 이것은 잊혀져 버렸다.

금전합리주의가 돈으로 사회를 지배하게 되었을 때, 공장소득격차를 시정하기 위해서라는 이유로 농업의 근대화가 추진되었다. 농업의 화학화로 화학비료를 사용하게 되었다. 그 결과 지력(地力)을 잃고 병약한 작물이 자라나게 되고, 병해충의 다발과 농약 의존의 악순환에 빠졌다. 살충제, 살균제, 제초제는 해충, 병균, 해초(害草)를 죽일 뿐만 아니라 일종의 대량 학살과 무차별 말살로 환경의 뒤틀림을 확대시킨다. 일종의 마약중독증이다. 농산품에 잔류농약의 위험이 문제가 되고 유기농업운동이 시작되었다.

농업 근대화는 화학화뿐만 아니라 기계화와 시설화를 가져왔는데, 이것을 위한 경비는 충분한 수입 증가로 이어지지 않고 빚으로 늘어났다. 이른바 기계화빈곤으로 농민을 괴롭혔다. 물론 정부는 보조금을 지급했지만, 그 보조금은 농민의 자립성과 자주성을 해치고, 전후 일본의 보수독재정치를 굳건하게 지지하는 기금 형성에 도움이 되었을 뿐만 아니라, 그 돈은 농민의 수중에는 남지 않고 기계나 시설 제조자에게로 흘러들어갈 뿐이었다. 국가재정이 1,000조 엔의 빚으로 인해 파탄 직전이 되어, 이 보조금도 없어져 가는 방향으로 가고 있다. 생명의 양식의 중요함을 잊고 금색의 찬란함에 눈이 어두워지는 금주주의사회의 경향은 TPP(환태평양동반자협정) 채택에 의해 더욱 폭주될 기미이다.

VI. 현실감을 잃은 일상을 부끄러워하며

물질이 풍부한 문명사회에서 돈의 논리로 폭주한 결과, 생명의 세계가 위협받고 건강도 농업도 짓밟히는 흐름에 휘말리고 말았다. 내가 이것에 위기감을 갖게 된 것은 40년 전의 일이다. 당시 교토대학 공학부 교수로서 교육과 연구만이 일상의 모든 것이었다. 그때의 대학은 학생운동으로 요동쳤다. 1960년대 말의 일이다. 학생들의 과격한 행동과 주장에 동조할 수 없다는 것을 느끼면서도, 그들의 말에 귀를 기울여야 한다고 생각했다. 시대의 급변에 민감한 젊은 감성이 반응하고 있다고 생각했기 때문이다. 공해문제에는 관심을 갖고 있다고 생각했는데 학생들로부터 추궁을 받고서 나 자신의 무지를 알았다. '전문가 바보'라고 신랄하게 추궁받았다. 수험 경쟁에 내몰린 젊은이들의 불행과 거기에서 이기고 입학한 학생들의 불만은 무엇일까? 물질이 풍부한 사회가 젊은이들에게서 미래에 대한 희망을 빼앗고 있기 때문이 아닐까?

이 의문은 나 자신의 현실에 대한 반성으로 이어졌다. 넓은 세상 속의 현실은 전혀 모르고, 생활은 자택·연구실·강의실로 대단히 협소했다. 사회적 문제에 대해서는 신문 뉴스 등을 통해서 나름대로 관심을 갖고 있다고 생각했는데, 땅에 발을 디딘 것은 아니었다. 그런 반성은 부풀어 올랐지만 학생들의 이의신청은 시간과 함께 가라앉고, 마침내 아무 일도 아니었다는 듯이 수습되었다. 나의 내면에 싹튼 의문과 반성은 나날이 커져 갔다.

과학기술은 정말로 사람들의 행복에 도움이 되는 것일까? 과학기술의 진보가 물질이 풍요롭고 편리한 사회를 만들지만, 진보와 발전은 영원히 지속될 수 있을까? 지구의 한계와 자원과 환경이라는 양면의 커다란 벽에 대해서 심각하게 생각하게 되었다. 연착륙의 준비도 안 된 채 벽에 돌진하면 비참하다. 공업자재의 결핍은 근대농업의 좌절도 피할 수 없게 하고, 식품자급력을 잃은 사회는 기아의 지옥이 될 것이다.

파탄이 불가피한 물질문명의 미래에서 무엇을 보면 좋은가? 그 출구를 둘러싼 책임은 이성의 메카(府)인 대학의 책임일 것이다. 그러나 학생운동이 요동쳐도 대답하지 못하는 대학에서 냉정한 이성은 기대할 수 없다. 그런 절망적인 기분이 들 때에 선배가 "어두운 얼굴을 하고 고민만 하고 있으면 출구는 없다. 죽을 때까지는 살 수 있는 법이다. 풀뿌리를 먹어도 살 힘이 인간에게는 있다. 비관적으로 생각해도 방법은 있다."고 호통을 쳤다. 전기대전(前期大戰) 때 남도(南島) 전지(戰地)에서 굶주림과 말라리아를 넘어서 살아난 경험에 기초한 의견이다. "어떻게든 된다."는 말을 들어도 납득은 안 되지만, 관념적으로 머리를 싸매기만 해서는 아무것도 안 된다. 현실 사회를 모르는, 생활 실감도 없는 일상생활에 파묻혀 혹독한 미래를 예상하기에는 너무나도 허약한 불건강한 자신을 반성하지 않으면 안 된다. 문명사회의 미래라는 커다란 난문(難問)에 머리를 싸매기 전에 먼저 자신의 현실부터 직시해야 한다는 깨달음을 얻었다.

VII. 자기변혁의 첫걸음을

그 당시에 '일회용은 미덕', '소비자는 왕'이라며 대량소비와 대량폐기의 시류는 절정 상태에 있었다. 일회용으로 흐르는 세상과 그 속에서의 현실 생활을 향해서 자신들이 할 수 있는 일부터 시작했는데, 〈쓰고 버리는 시대를 생각하는 모임〉을 결성한 것은 1973년의 일이다.

수제(手製) 된장 만들기와 폐지 회수로부터 활동을 시작했다. 문제는 논리가 아니다. 논쟁도 아니다. 신체를 움직여서 현실에서 배우는 것이라고 생각했다. 식품공해와 건강문제를 생각하면서 안전한 것을 구입하기만 하면 될까? 식품공해는 상품화 때문이다. 스스로 된장도 만들어 보기로 했다. 환경

문제의 기본은 지구의 녹음이라는 논리도 중요하지만, 폐지 회수의 현실에서 종이의 대량소비와 쓰레기문제를 생각해 보자는 것이었다. 세계의 삼림은 펄프 생산이나 건축자재로 난벌되어 급격하게 감소하고 있기 때문이다.

어찌되었든지 간에 대학교수·과학자로서는 다른 세계의 일일 것이지만, 다른 세계에 접하는 행동은 현실을 보는 눈을 크게 바꿔 주었다. 자기변혁의 첫걸음이 된 것이다. 수제 된장을 만들기 위해서는 좋은 누룩을 만들지 않으면 안 되지만, 그 작업을 통해서 생명과 사귀는 법을 배웠다. '기다린다'는 것이다. 자신의 형편을 우선시하는 것이 아니라, 누룩의 상태를 관찰하여 누룩이 무엇을 원하는지 배려하여 적절한 작업을 할 수 있으면 좋은 누룩을 얻을 수 있다. 만들 수 있는 것이 아니다. 생명 있는 누룩은 자라는 것이다. 그 후 밭일도 하게 되었지만, 누룩에게 배운 것, 생명과 사귀는 법은 크게 도움이 되었다.

금주주의 시대가 되어 생명의 소중함이 잊혀지고 있다. 생명은 메뉴얼대로는 되지 않는다. 생물은 각자의 특유한 삶의 방식에 완고하고, 환경과 조화를 이루며 사는 것이다. 환경은 다종다양한 생명에 의해 구성되고 자신의 생각대로는 되지 않는다. 그 환경을 문명의 힘으로 굴복시켜 수탈해 온 것이 물질문명이 아니었을까?

폐지 회수의 경험으로부터도 많은 것을 배웠다. 그때까지는 몰랐던 세계와 접할 수 있었기 때문이다. 물질문명 사회는 대량소비로 성립하지만 쓰레기문제가 발생한다. 그 뒤처리는 사회 밑바닥을 사는 사람들에 의해 지탱되고 있는데, 주류 사회로부터 차별받고 있다. 그리고 폐지를 회수하는 일 안에도 차별이 있다. 대형 회수업자는 기계적인 계량화에 의해 합리화를 진행하지만, 영세한 회수업자는 근근이 일을 하고 있다. 우리의 회수도 영세했지만, 폐지를 가지러 온 수집업자도 영세하였다. 그 리더는 재일 조선인으로 히로시마의 피폭자였다. 그 노인과 맥주를 마시며 이야기를 나눈 적도 있는

데, 차별에도 구조가 있다는 등, 나 자신의 무지를 알게 되어 부끄럽게 생각했다. 사회의 모순은 차별적으로 약한 이들에게 강요되어 가는 것이다.

Ⅷ. 희망 없는 과학기술 문명에서 농업적 생활로

사회적 차별은 다방면으로 존재한다. 소득 격차의 확대가 농업을 직격하여 쇠퇴시킨 것에 대해서는 이미 말했다. 어업도 마찬가지여서 어촌에서도 과소화(過疎化)가 진행되었다. 대도시로부터 멀리 떨어져 있어서 위험한 원전을 강요하기에는 안성맞춤으로, 이는 가난한 어촌에 대한 차별이다. 정부와 전력회사는 교부금 등을 대량으로 쏟아부어 원전 건설을 진행시켰다. 모든 것은 돈의 시대의 불합리이다. 시코구(四国)에 건설되는 이카타(伊方) 원전 건설에 반대하는 주민들은 그 저지를 위하여 소송을 걸었지만, 재판에 협력하는 과학기술 전문가를 찾느라 고생하였다. 그래서 그 현지 주민으로부터 의뢰받아 내가 재판에 과학기술 증인으로 협력하게 되었다. 세분화되는 과학·기술 세계에서 금속물리학을 전문으로 하는 나는 원자력 전문가라고는 도저히 말할 수 없다. 그러나 협력해 주는 사람이 없었다고 한다. 현재의 과학기술연구는 거액의 연구비를 필요로 한다. 그 현실 속에서 원자력 전문가는 스폰서에 저항할 수 없는 불합리한 현실이 있기 때문이다. 그런 이야기를 듣고는 요청을 받아들일 수밖에 없었다.

피고인 측은 전문가 중 최고 권위자를 증인으로 내세운 상황에서 본격적인 과학기술 논쟁 재판이 시작되었다. 위험을 증명하는 논쟁은 당초 원고 주민 측의 불리로 예상되었는데, 의외로 내가 담당한 노심(盧心)연료뿐만 아니라 모든 입증 기술 영역에서 주민 측이 압도했다. 결심(結審) 공판 때 변호사들의 감상은 "이렇게 재미있는 재판은 처음이다. 압승이다. 하지만 국책이라서 어떻게 될지 모르겠다."는 것이었다. 그리고 그 우려대로 결심공판 후에 재판관은 모두 교체되고, 증인 조사도 안 했던 재판관이 주민 패소를 결정했다. 사법이 정치의 하수인이고 금주주의가 삼권분립의 민주주의를 압살한 것이다.

불합리한 나의 과학·기술에 대한 환상은 완전히 조각났다. 일본에서는 '원자력, 밝은 미래의 에너지'라는 표어가 있는데, 후쿠시마 원전 사고로 사람들이 살 수 없게 된 마을 상점가의 입구에도 크게 걸려 있다. 이는 석유가 고갈될 미래를 타개하는 숙원으로서의 원자력에 기대하는 환상이다. 에너지문제뿐만 아니라 물질이 풍부한 사회를 발전 유지하기 위해서 과학기술의 진보에 대한 기대는 지금도 크다. 그러나 그것은 착각이다. 원자력 기술은 이제 과학기술의 요건도 충족시키지 못한다. 비용도 위험도 너무 거대하고 실패는 허용되지 않는다. 과학성의 조건은 재현성에 있다. 실험은 실패에서 배우면서, 확실한 진실을 파악하는 작업이다. 실패가 허용되지 않는 기술은 안전성 향상의 실험도 거부한다. 컴퓨터에 의한 알리바이 증명적 안전에 믿음을 둔다고 하면, '과학기술교(科學技術敎)'라고 할 만한 위험하기 짝이 없는 사교적(邪敎的) '종교'이다. 이 환상에 가담하는 것이 죄라는 판결을 듣고 확신했다. 과학자를 그만둘 결심은 그때 했다. 그로부터 1년 뒤 교토대학을 떠났는데, 연구실 정리가 끝났을 때 신문사로부터 취재가 있었고, 미국의 쓰리마일 섬(Three Mile Island) 원전 사고(1979년 3월)의 최신 뉴스를 들었다. 우연이라고는 생각되지 않는 우연이었다.

IX. 밭일에서 배우는 생명의 늠름함

이러한 경과로 일본의 물질문명 추진에 가담하는 엘리트 대학을 떠난 후에 작은 대학으로 옮겨서 새로운 출발을 하였다. 부임과 동시에 바로 시작한 것은 대학 부지에서 쓰레기장이 되어 있던 토지를 정리하여 밭으로 바꾸는 개간이었다. 밭을 갈고 먹을 것을 스스로 기르는 능력은 식량 위기·기아의 미래에 대한 대비로 중요하고, 젊은 학생들과 함께 유기농업을 배울 수 있었다. 이후 퇴직할 때까지 20년 동안 학생들과 함께 밭일을 즐겼다. 밭의 지혜는 〈쓰고버리는 시대를 생각하는 모임〉의 생산자회원의 논밭에서 그 일을 도왔다기보다는 방해를 하면서 배운 것이다.

농약을 쓰지 않고 무화학 비료를 쓴 밭의 토지는 풍요롭다. 흙은 부드럽고 검다. 유기부식(有機腐植)이 많고 여러 종류의 많은 생물들이 살고 있기 때문이다. 그들은 사는 데 진지하고 복잡하게 뒤얽힌 공생관계의 네트워크를 형성하고 있다. 포식-피식(被食)은 잔혹하지만 현실이다. 기생되고 피해를 주는 쪽과 기생하고 이익을 얻는 쪽의 생물 관계도 있다. 그중에는 서로 이익을 나누는 상리공생(相利共生)이 있는데, 그것은 더욱 일반적이고 보편적이다. 그 복잡한 생물 관계가 안정을 가져오는 것이다. 상호 길항·억제가 작용하여 특정한 생물이 폭발적으로 번식하는 것이 억제된다. 건강한 흙, 건강한 논밭에는 병충해 발생이 적다. 다종다수의 벌레들이나 세균들이 왕성하게 활동함으로써 병균이나 해충의 대발생을 억제해 주기 때문에 그들 존재를 완전히 부정할 필요는 없다.

처음부터 병균이고 해충인 것은 아니다. 농산물의 수확을 방해할 정도의 해를 끼치기 때문에 문제시되는 것이지, 균형 있고 조심스럽게 살아 주는 한 문제는 없다. 그것들이 대번식하도록 불건강한 논밭을 만들고 있는 경작자의 책임을 반성하는 것이 제일 먼저이다. 농약 의존의 말살 사상은 전쟁의 논리이지만, 유기농업은 평화의 사상이다. 자신을 반성하지 않고 자신에게 불리한 것을 적대시하고 악의 꼬리표를 붙이는 어리석음이야말로 스스로 반성할 필요가 있다. 평온함을 소중히 여기는 관용이 요청된다.

밭일에서 수확을 바라는 것은 당연하지만 지나친 기대를 하는데서 문제가 생긴다. 일본에는 건강을 위해서는 "모자란 듯 먹으면 의사가 필요없다."는 속담이 있다. 수확을 너무 많이 하려고 비료를 과잉 투여하면 병충해에 골머리를 앓게 된다. 그리고 밭에 사는 생물들의 공생의 세계는 태양에너지를 광합성으로 받아들이는 식물에서 유래하고 있다. 그 식물과 공생하는 생물들의 풍요로움이 건강한 논밭에 실현되고 있을 때에 적정한 수확이 약속되는 것이다. 바꿔 말하면, 많은 생물들과 태양에너지를 나누는 식으로, 인간도 생물들과의 공생에 유념할 필요가 있는 것이다. 모든 것은 태양 덕분으로, 대일여래(大日如來)의 손에 있다고도 할 수 있다. 식물의 광합성에 의해 고정되는 태양에너지를 동물이나 미생물이 나누어 가지는 이상, 인간의 몫에 탐욕스런 독점은 허용되지 않는다. 공생공빈(共生共貧)인 것이다.

'貧(빈)'이라는 글자는 '貝(패)' 자 위에 '分(분)'이 있다. 즉 살기 위해 필요한 재화는 나누어 갖는 것이 '貧'으로, 그것은 생명의 규칙이다. '빈'은 마음의 풍요인 것이다. 이런 생각을 하면서 텃밭을 즐기는 행복을 향유할 수 있게 되었다. 사무직은 어깨가 결린다. 생각이 정리되지 않고 일이 진척되지 않을 때에는 야외로 나가서 밭일을 한다. 들판의 꽃이나 새소리에서 기운을 받는 행복이 있다. 생명에너지를 받을 수 있기 때문일 것이다. 논밭의 건강을 생각하고 야외에서 생활하는 일이 많아지고 나서 자신이 건강해진 것을 알았다.

최근 30년간, 치료 목적으로 내과의사의 신세를 진 일은 없다. 내과의 진찰권도 갖고 있지 않다. 건강을 위해서 건강을 추구한 것은 아닌데, 사는 방식을 반성하고 사는 방식을 바꾼 결과이다. 그 여정에서 많은 분들에게 꾸중듣거나 격려받거나 한 덕분이다. 인생 80년, 그중 전반의 40년은 실로 불건강이었다. 태생적으로 허약하다고 해야 할지, 크게 병을 앓을 기력도 없었다. 체질적으로 변비, 저혈압, 저체온, 자율신경 실조(失調) 등이 있고, 지금도 이 체질은 남아 있지만 남들과 같은 건강이 주어졌다.

X. 공생공빈, 생명의 규칙에 따라서

그것은 소식(少食) 생활을 유념한 덕분이다. "모자란 듯 먹으면 의사가 필요없다."고 하는데 정말이다. 미식과 포식은 대사증후군, 성인병을 불러올 뿐만 아니라 생명의 규칙·공생공빈(共生共貧)에 반하는 죄이다. 미식과 포식을 지탱하기 위해서 지구에 과잉 부담이 되고 있다. 그 죄에 따른 벌이라고도 할 수 있다. 그뿐만 아니다. 과식은 무용한 식량 소비이며, 식량자급률을 저하시키는 원인이기도 하다. 만약에 소식이 되어 하루에 1,200㎉로 생활할 수 있으면 식량자급률은 거의 100%에 달할 것이다.

그런 몽상적 생각에서 소식 생활을 목표로 단식을 거듭했다. 그 결과 건강이 주어졌을 뿐만 아니라 사는 데에도 자신을 얻게 되었다. 굶주림에 견디는 힘은 생물에게는 태생적으로 주어지는 것이라고 확신할 수 있게 되었다. 건강만 있으면 10일간이나 20일간의 단식으로 죽는 일은 없을 뿐만 아니라 원기 왕성하게 살 수 있는 것이다. 이것은 쉽게 믿을 수 없을지 모르지만 경험에 기초한 진실이다.

사는 데에 자신을 갖고 싶다. 유구한 생명의 역사는 엄격한 생존 환경 속에서 공생하고, 살아남은 생명에 의해 계승되어 왔다. 굶주림이나 추위를 넘어서 살아남은 조상이 개척한 것이 생명의 역사이고, 현존의 생물은 생존의 엘리트이다. 병도 두려워할 일은 없다. 자연치유력, 면역력이 태생적으로 부여되어 있다. 컨디션이 안 좋을 때에는 쉬면 된다. 피곤할 때에는 쉬고 싶어지는 법이다. 그 자연의 인도에 있는 그대로 따르면 피로도 풀리고 몸도 회복된다. 문명의 힘이 인간을 허약하게 만든 것인데, 우리 중에는 씩씩하게 사는 힘이 지금도 잠재해 있다. 아미타여래에 의한 무한한 은총 때문일까? 모든 존재의 구제를 바람으로 삼은 법장보살(法藏菩薩)은 그것이 실현되었기 때문에 여래가 되었다는 우화가 있다. 자연의 이치로서 생명 세계에는 커다란

예정조화가 있고, 그것을 신뢰하며 사는 데에 지복(至福)이 있다는 것일까?

엄중한 미래에 절망할 것은 없다. 절망적인 미래이기 때문에 사는 힘에 자신을 갖고 받아들이고 싶다. 인류는 지금 물질문명의 파탄을 앞두고 있다. 인류 멸망은 가까울지 모른다. 중동의 비참한 상황은 출구가 보이지 않는다. 불신과 증오가 소용돌이치고, 정의의 가면을 쓴 힘이 서로 싸우는 악순환이 확대되고 있다. 자신의 정의와 상대방의 사악을 제멋대로 믿어 힘이 충돌한다. 이라크 후세인 대통령의 불행을 보았기 때문일까? 북한의 김정은은 핵무장에까지 손을 대려고 하고 있다. 아베 수상은 불신을 선동하고 전쟁 준비를 하고 싶어하는 것 같다.

큰일 났다고 해서 모른 체하는 얼굴을 하고 있을 수는 없다. 그러나 힘에 의해 진행되는 불합리를 힘으로 막을 수는 없다. 힘에 의한 것 이외의 길을 모색할 수밖에 없을 것이다. 생활을 바꾸고 미식과 포식의 물질문명을 벗어나야 한다. 그러기 위해서는 힘에 의한 문명에 의존하지 말고 생명과 생활의 문화를 영위해야 한다. 주어진 풍토에 적응하는 살아 있는 지혜를 소중히 하고 싶다. 다양한 삶의 방식을 존중하는데에는 기쁨도 있다. 그런 삶의 방식을 선택하면 안온과 평정의 행복이 약속된다고 생각한다. 비참한 파국을 저지하는 것은 쉽지 않지만 포기할 수는 없다. 그것을 막는 노력은 '정신개벽'에 있고, 그러기 위해서는 원한과 증오, 그리고 보복의 악순환을 끊는 '해원상화(解冤相和)'를 해야 한다. 공감협조를 소중히 여기는 '동원도리(同源道理)'로 인도된 다양성의 존중이 추구되어야 할 것이다.

다양성의 존중, 생명의 규칙인 공생공빈은 생물 세계를 관통하고 있다. 인류 사회에서 인간관계의 행복 또한 나누고 양보하는 것 이외에는 없을 것이다. 무엇보다도 평화가 소중한 것이다. 생활불교로 시작하신 여러분에게 '후천개벽'을 배우고 싶다.

내가 걸어온 길에서의
생명운동

이병철 [*]

[*] 한살림마음살림위원장

여기

한 송이 꽃 피어

충만한 우주

지금 그 자리

환한 꽃

당신

　　- 이병철/ '환한 꽃' 전문

I. 이야기를 시작하며

　생명운동이란 이렇다, 이것이 생명운동이다라고 또렷하게 정립하여 제시할 수 있는 게 나에겐 없다. 다만 생명을 지닌 한 존재로서 살아 있다는 것, 살아간다는 것이 그 어떤 것보다 우선하는 근본임을 알기에 생명가치를 중심으로 하는 그 길이 내가 살고 더불어 사는 길이라 믿고 그리 걸어오려고 한 것이 전부이다. 그러나 그 길 또한 제대로 걸어온 것인지는 모르겠다. 누군가의 말처럼 비틀거리면서 그리 걸어왔구나 싶다. 이것이 전부다. 그래서 이 주제와 관련해서 생명운동에 대한 이론이나 무슨 담론 같은 것을 정립해서 발표하는 것은 내 주제와 능력을 벗어난 것이라 생각한다. 내가 할 수 있는 것은 어렴풋이 보이는 그 길을 내가 밝히는 등불 하나에 의지하여 그렇게 더듬거리며 걸어온 이야기를 하는 것으로, 그런 여정에서 생각하고 느꼈던 것들을 함께 나누는 것으로 대신한다. 물론 이 여정이 나 혼자만의 길은 아니었다. 동료들과, 도반들과 함께 걸어온 길이기도 하다. 그러나 그 여정에서의 체험은 결국 주관적인 것일 수밖에 없다. 같은 상황과 조건에서의 경험일지라도 제각기 다르게 반응하는 것은 이 때문이다. 그러므로 이 이야기는 특별할 것도 없고 생명운동을 대표할 수도 없는 한 개인의 이야기이고 그가 몸 담아 왔던 운동, 그 조직과 일에 대한 그의 체험과 생각일 뿐이다. 그냥 한 시대를 살아온 한 존재의 평범한 이야기 말이다. 그 밖에 내가 할 수 있는 게 달리 없기 때문이다. 여기서 내가 생명의 길 또는 생명운동의 길을 어렴풋이 보이는 길이라고 표현한 것은 그동안 우리는 그 길을 잃어버리고 다른 길을 헤매고 있었다는 생각 때문이다.

나는 한 해를 보내고 새롭게 맞을 때마다 새로운 한 해의 화두 삼아 한 글자를 택하여 그 뜻을 새기며 지인들에게 나누고 있다. 새해 인사와 덕담을 겸하여 이렇게 해 온 지가 거의 사십 년에 가까워지는데 올해 내가 모신 그 한 글자는 '명(命)'이라는 글자이다. 흔히 '목숨 명'이라고 새기는데 '생명의 명이고 하늘의 명인 천명이고 천지신명의 그 명이기도 하고 어떻게 해야 한다는 그 명령'이기도 하다.

이 '명(命)'이 올해에 접어들면서 나에게는 "살아라."라고 하는 그 명령으로 왔다. 생명의 그 생(生)의 명령으로 온 것이다. 살아라, 오롯이 살아라는 명령. 오롯이 살아라. 감사하며 사랑하고 살아라. 이것은 살아 있는 생명 그 목숨붙이들에게 주어진 천명이며, 거스를 수 없는 그 하늘의 명일 것이다. 생명(生命)의 그 명(命)이 올해, 내게 남은 날들을 "살아라, 오롯하게 살아라."라는 생(生)이란 명령으로 다가왔다는 그런 생각이 들었다.

살아 있는 자에게, 살아가고 있는 자에게 묻는 가장 우선하는 질문은 지금 우리는, 나는 오롯이 제대로 살고 있는가, 온전히 생명을 꽃피우고 있는가 하는 것이리라. 이 밖에 무슨 질문을 먼저 할 수 있을까.

II. 모든 운동은 생명운동에 기초한다

생명운동에 대해 이야기하기 전에 먼저 운동이란 과연 무엇인가 하는 질문을 다시 하게 된다.

나는 20대의 학생운동을 인연으로 나름의 사회의식을 자각한 이래 사회운동가라는 하나의 정체성을 지니고 살아왔다. 이른바 운동권에 속해 살아온 것이라 할 수 있다. 그 과정에서 내가 놓칠 수 없었던 우선하는 질문은 "운동이란 무엇인가"하는 것이었다. 운동이란 과연 무엇인가. 지금 그 질문에 대한 나의 답변은 '내가 살고 싶은 삶과 그 세상을 함께 만들어 가는 일'이다. 그러므로 어떤 형태의 운동이든 그 목표(방향)와 과정에서 삶과 분리되거나 그일이 생기 차고 신명이 나지 않는다면, 생명이 꽃피어 나지 않는다면 그것은 올바른 운동이 아니라는 생각이다. 그런 운동은 무엇인가 잘못된 것이라 할수 있다. 그런 점에서 자신과 세상을 위한 모든 운동은 그 바탕에서 삶이 중심이 되어야 함은 분명하다. 삶이란 생명의 자기실현 과정이기 때문이다. 그렇게 보면 결국 모든 운동이 생명활동(운동)의 큰 틀에서 벗어날 수 없다는게 내 생각이다. 달리 말하면 모든 운동은 생명운동을 기본 바탕으로 한 그위에서 제각기 처한 입장과 조건을 반영하여 그에 따른 특정한 목표와 방식으로 진행(전개)되는 것이어야 한다.

III. 지난 운동의 여정을 돌아보며

내가 이른바 사회운동가의 길을 걸어오게 된 것은 60년대 말 학생운동과의 인연을 시작으로 1974년 민청학련 사건에 연루되어 구속·제적된 이후부터이다. 1975년 형집행정지로 풀려나온 뒤 농촌인 고향으로 돌아가 1976년부터 당시 운동의 불모지나 다름없던 그 지역(경남)에서 처음으로 농민운동을 시작하게 되었다. 이를 계기로 40여 년 동안 별다른 일 없이(달리 할 수 있는 일도 없어) 운동 판의 백수(?)가 되어 줄곧 사회운동의 한 길을 걸어온 셈이다.

농민운동/생명공동체운동/귀농운동/생명평화(결사)운동/생명영성운동(한살림마음살림) 등의 내용으로 나누어 볼 수도 있는, 내가 지나온 운동의 길을 대략 구분지어 본다면 60년대 말에서 70년대의 반독재 민주화운동, 70년대-80년대의 농민의 생존권과 자주권운동, 80년대 말-2010년대의 생명운동(생명공동체운동), 2010년대 이후 생명영성운동 등으로 나누어 볼 수 있다(이 구분은 중첩되기도, 계속 이어지기도 하는 나의 주관적 기준이다).

농민운동가로서의 나는 1976년 경남 지역 가톨릭농민회를 처음 조직하는 것으로 시작하여 70년대는 농촌사회민주화를 주 기치로 활동하다가 80년 광주항쟁을 계기로 농민(민중) 스스로의 자치력과 보위력을 어떻게 갖출 것인가를 중요한 이슈로 삼아 농민의 경제적 협동화와 문화적 자주화를 주요과제로 노력해 왔다. 그러다가 기존 운동 방식의 근본적인 전환을 모색하게 된 것은 80년대 중반, 구 소비에트 연방 해체 이후 그동안 믿어 왔던 사회운동 이념에 대한 재검토의 필요성과 함께 더 직접적으로는 87민주항쟁의 실패(?)를 경험하면서였다(1987년 민주항쟁에 대한 평가는 다를 수 있다. 당시 민주쟁취국민운동본부의 조직국장을 맡고 있던 나는 이 운동이 반군부 전선에서 양김의 분열과 이에 편승한 지도부의 잘못으로 실패한 운동이라고 평가하고 있다. 이때의 충격과 좌절로 더 이상 사회운동에 참여하지 않겠다고 선언하고 일 년 이상 칩거하며 지난 운동을 다시 근본적으로 돌아보지 않을 수 없게 되었다.).

결국 지금까지처럼 유신독재 또는 군부독재로 상징되는 적들 또는 그들과 결탁해 있는 독점자본과 맞서 싸우는 것만으로는 우리가 염원하는 밝고 건강한 세상이 이루어지지 않는다는 사실을 인정할 수밖에 없게 되었다. 여기에다 현대 산업문명의 반자연적 물질중심주의의 폐해와 한계가 환경오염과 기상재해와 경쟁 사회의 비인간화 등 생명 자체에 대한 거대한 위협으로 드러나면서 기존의 운동 자체를 재검토하지 않을 수 없게 되었다. 더 이상 농민의 계급적 또는 계층적 이해의 실현과 민주화의 요구만으로는 쓰나미처럼 휩쓸고 오는 문명의 위기와 생명 그 자체를 근본적으로 위협하는 위기를 해결할 수 없다는 것이 분명해졌기 때문이다. 따라서 민주화 중심의 기존 운동에 대한 전면적인 평가 곧 운동의 목표와 목적, 그 노선과 우리가 지향하는 중심 가치관에 대한 근본적인 검토가 요청되었다. 새로운 길, 새로운 운동으로의 전환을 모색할 수밖에 없었다. 그 길에서 새롭게 찾아진 것이 이른바 생명운동이라는 불리는 생명사상과 공생과 협동에 바탕한 운동관이다.

IV. 무위당을 만나다

생명운동이란 이름의 새로운 운동이 처음 태동된 곳이 원주이다. 원주는 70년대 민주화운동의 성지라고까지 불릴 정도로 반독재 민주화운동이 지학순 주교와 무위당 장일순 선생을 중심으로 활발하게 이루어져 온 곳인데, 80년대 중순으로 접어들면서 이 운동을 주도해온, 흔히 원주 캠프로 불리던 곳에서부터 민주화 중심의 기존 운동의 한계를 절감하면서 새로운 대안운동을 모색해 오다가 생명가치 실현을 중심으로 하는 생명운동을 제안하고 이를 구체적으로 전개하기 시작했다. 이 운동의 중심에서 생명사상을 실천적 담론으로 제시한 이가 무위당 장일순 선생이다.

내가 무위당 선생을 처음 만난 것은 70년대 중순인데, 당시 원주 캠프의 일원으로서 가농운동을 하면서 한살림운동을 시작하고 이끌어 온 인농(仁農)

박재일 선배를 통해서였다. 1975년 말, 원주에서 인농을 만나 형으로 모시는 인연으로 나도 인농이 스승으로 모시던 무위당을 뵙고 자주 말씀을 듣게 되면서 자연스럽게 스승으로 모시고 따르게 되었다. 그러다가 무위당 선생의 뜻을 이어 인농이 86년 서울에서 한살림을 출범하게 된 것을 계기로 시작된 한살림공부모임을 선생과 함께하면서부터 좀 더 깊게 무위당의 생명사상을 접하게 되었다.

당시 나는 내 마음이 전쟁을 부른다는 말처럼 가슴속에 반민주, 반민중 세력이라고 규정한 저들 군부 세력과 이들과 결탁한 기득권 지배 세력에 대한 분노로 가득 차 있었다. 그래서 주변에서 불칼이라고 불릴 정도로 내 언사와 행동이 거칠었는데 그런 기간이 오래 지속되면서 갈수록 가슴이 답답하고 기력이 소진되어 감을 느꼈다.

미워하면서 닮아 간다고 하듯이 어느새 우리의 논리와 방식 또한 저들과 유사해져 감을 느꼈다. 특히 우리의 심성이 그렇게 거칠고 메말라 갔다. 농민의 권익을 쟁취하여 인간답게 사는 사회를 실현하기 위해서는 군부독재 세력과 이에 결탁한 내외 독점자본 등 기득권과 외세는 우리가 물리치고 타도해야할 대상이었다. 마찬가지로 저들의 입장에서 보면 당시의 운동 세력은 체제 유지를 위협하고 사회를 불안하게 하는 불순 불온 세력일 수밖에 없었다. 이렇게 우리는 전선을 마주하며 서로가 서로를 적대시하는 대립적 관계가 되었다. 이 같은 관계 속에서 상대에 대한 불신과 증오는 당연한 것으로 간주되었고 많은 경우 이는 반독재 운동을 이끌어 가는 중요한 동력이 되기도 했다. 이런 상황이 장기화되면서 어느새 우리의 내면 또한 군부독재 집단의 심리를 닮아 갔다. 그렇게 우리의 내면이 병들어진 것이다.

특히 1987년의 실의와 좌절은 내게서 미소와 생기를 앗아가 버린 것 같았다. 마음이 편하지 않았다. 무언가 잘못되었다는, 바른 길이 아니라는 강한 느낌을 지울 수가 없었다. 생명을 소진시키는 사회(세상)도 잘못된 것이었지만, 그런 세상을 바로잡겠다는 방식의 잘못 또한 크다는 것을 절감하지 않을 수 없었다. 밝고 건강한 세상을 만들고자 한다면 그 과정 또한 밝고 건강해야 하지 않을까. 그래서 밝은 세상을 만드는 그 일이, 그 과정이 곧 스스로를 살리고 신명나게 하는 것이 되어야 하지 않을까. 그 길을 찾는 과정에서 무위당은 나를 이끌어 주신 스승이었다.

1. 무위당의 가르침

무위당은 자신만의 특별한 생각, 사상을 이야기하기보다는 불경이나 성경, 도덕경 등 경전에 드러나 있는 옛 스승들의 말씀들을 통해 일깨워 주셨다. 그중에서도 이 땅에서 우리와 연대적으로 가장 가까웠던 동학사상을 통해 당신의 생각을 전하고자 하셨다. 무위당이 전하고자 한 동학사상, 그 가운데서도 특히 해월신사와 밥에 대한 이야기가 나에겐 중심으로 다가왔다. 무위당으로부터 동학사상에 대한 말씀을 새롭게 듣기 전에는, 더욱이 해월과 밥에 대한 이야기를 듣기 전에는 동학사상이나 해월은 내가 그다지 관심을 두지도 않았던 부분이었다. 농민운동을 하면서 동학농민혁명을 기념하고 해마다 녹두장군 위령제를 추수감사제와 함께 올리면서도 정작 동학사상의 본질이나 특히 해월신사의 말씀과 행적에 대해선 이미 지나간 사상으로 별반 가치가 없다고 지레 짐작해 왔다. 전봉준에 가려 해월은 보이지 않았던 거였다. 그런 점에서 보면 무위당은 동학사상을 새롭게 되살리고, 그중에서도 특히 해월신사를 이 시대의 사표로 다시 드러내신 분이라 할 수 있다.

2. 밥이 내게로 왔다

나는 무위당을 통해서 이른바 생명사상에 대해, 그 사상의 핵심이라고 할 수 있는 모심의 의미 특히 밥모심의 의미를 배웠다. 밥이 하늘이고 생명이라는 의미를 해월의 이천식천(以天食天), 향아설위(向我設位), 천의인 인의식 만사지 식일완(天依人 人依食 萬事知 食一碗) 등의 말씀을 통해 내게 생명운동이란 밥이 곧 생명임을 알고 그 생명의 밥을 제대로 마련하여 생명의 밥상을 함께 나누고 모시는 운동임을 일깨워 주었다. 그러면서 동시에 무위당은 밥이 상품화되고 생명이 상품화 되는 현존 문명의 위기, 그 가치관과 물질 중심의 경쟁 체제의 한계를 넘어서기 위한 방안으로서 생명의 밥을 마련하고 나누기 위한 구체적 과제로 협동적 가치에 기초한 신용협동조합, 소비자협동조합 등의 협동조합운동을 장려하고 밥과 생명중심의 구체적 실천운동을 위해 한살림운동을 제안하셨다.

이렇게 새로운 운동, 생명운동은 내게 '밥'의 의미와 함께 왔다. 그래서 1989년 한국가톨릭농민회(이하, 가농)를 새 운동으로 전환할 때 내가 생각한 새 운동의 중심 과제는 바로 '생명의 밥'을 어떻게 마련하고 나누는 운동을 할 것인가였다. 이러한 내 나름의 모색으로 쓴 첫 번째 책이 『밥의 위기, 생명의 위기(1994, 종로서적)』였다(김지하 시인의 '밥/84. 분도'이 향아설위 등 해월의 말씀을 중심으로 한 것이라면 나는 이 밥의 의미와 더불어 어떻게 이 밥을 마련하고 모시고 나눌 것인가를 생명공동체를 중심으로 풀어 썼다.). 그렇게 밥이 내게 생명의 의미로 다가온 뒤로부터 될 수 있는 한 밥모심의 기도인 식고(食告)와 함께 밥을 남기거나 버리지 않으려고 하고 있다. 밥모심이 내겐 중요한 수행 과제인 셈이다.

나의 식고문은 이렇다. "하늘이여, 스승이여, 천지부모의 은혜로운 젖을 받습니다. 이 젖에 함께한 숨결이여, 손길이여, 고맙습니다. 정성으로 모시어 하늘 사람으로 밝게 닦겠습니다. 하늘이여, 스승이여, 감응하소서."

무위당의 가르침인 생명사상으로, 밥과 더불어 또 하나의 중심 개념인 모심(侍)은 천지만물이 모두 나와 한 몸, 한 뿌리(天地萬物與我一体同根)이며 천지만물이 모두 저마다 하늘을 모시지 않는 것이 없다(天地萬物莫非侍天主)는 말씀을 통해서도 잘 드러난다. 이것을 구체적으로 실현하기 위한 운동으로 제시된 것이 한살림운동이고 그 정신을 사회적으로 드러낸 것이 한살림선언(1989)이다.

V. 가농의 생명공동체운동과 우리밀살리기운동 그리고 우리농촌살리기운동

가농의 전환, 새가농운동은 생명공동체운동이라는 이름으로 전개되었다. 당시 운동권에서 생명공동체운동이란 처음 등장한 개념이었다. 사회운동 특히 반독재민주화운동이 중심이었던 운동권에서 '생명'이나 '생명공동체'란 개념은 낯설고 의아스러운 개념일 수밖에 없었다. 물론 이미 2년 전인 86년에 한살림농산이란 이름으로 한살림이 출범하였지만 그때까지도 한살림이란 이름은 아직 알려지지 않았을 뿐만 아니라 일반인은 물론 운동 판에서도 한살림이 운동체라는 인식은 없었다. 한살림 이름을 접한 사람들도 무공해 농산물이라는 새로운 개념의 농산물을 취급하는 쌀가게 정도로 인식하는 단계였다. 이런 상황에서 70년대 이후 반군부독재 전선에서 가장 앞장선 역할을 담당하던 가농이 한순간 뜬금없이 생명공동체란 생소한 깃발을 내건 데에 대해 조직 안팎의 의아심과 경계, 반발은 어쩌면 당연한 것이었다. 그럼에도 가농을 그렇게 전환할 수 있었던 것은 당시 가농이 처한 주객관적 상황과 더불어 그 길이 바른 길이란 확신이 있었기 때문이다. 이러한 확신의 바탕에는 지난 운동에 대한 성찰과 함께 원주캠프의 생명운동 특히 무위당의 생명사상이 결정적인 뒷받침이 되었다. 나는 1987년 국본 때와 1989년 가농의 생명운동으로의 전환 때 가농의 실무책임자로서 중요한 문제마다 무위당의 의견을 구했다. 그것이 조직 안에서조차 비판과 반발이 없지 않았음에도 흔들림 없이 새로운 운동으로 전환해 갈 수 있게 한 가장 큰 버팀목이었다.

새가농운동인 생명공동체운동에서 주 슬로건은 "참농민이 참세상을 만든다."였다. 농민이란 세상의 먹을거리 곧 생명의 밥상을 마련하는 이들을 말한다. 그래서 흔히 농민을 일러 생명의 담당자, 생명의 일꾼이라고도 하는 것이다. 따라서 농민의 사명과 그 역할은 사람들과 뭇생명들이 건강과 생명을 유지할 수 있는 건강하고 안전한 먹을거리를 생산하는 일이다. 그런 연후에 그 일과 그 생산물에 대한 정당한 대가를 요구할 수 있는 것이다. 그런데 자본주의 시장경제에 편입한 이후부터 농민도 어느새 생명의 먹을거리로서의 밥 대신에 시장에서 돈벌기 위한 방편으로 농산물이란 상품을 생산하는 도구로 전락해 버린 것이다. 병든 사회가 병든 사람들을 양산하는 것처럼 농민들 또한 자연과 조화되면서 살아 있는 땅에서 생명의 양식을 마련하는 생명일꾼으로서의 자부심과 긍지는 상실한 채 병들어 간 것이다. 상품 생산을 위해 사용한 비료와 농약과 제초제가 먼저 농민의 몸을 병들게 하고 물과 땅을 병들게 하고 먹을거리를 그렇게 병들게 함으로써 밥상과 그 밥에 의지해서 살아가는 이들을 또한 병들게 만들어 간 것이다.

땅이 병들면 그 위의 모든 것이 병든다. 병든 땅에서 마련 된 밥이 병들면 밥에 의지해서 목숨을 이어 가는 모든 생명들이 또한 병들 수밖에 없다. 마찬가지로 땅을 돌보며 가꾸는 농민이 병들면 다시 땅을 병들게 하고 밥을 병들게 한다. 이 같은 악순환의 고리를 차단하기 위해서는 농민이 먼저 정화되고 치유되어야 한다. 먼저 참농민이 되어야 참세상을 만들 수 있는 것이다. 참농민, 그는 병든 땅을 다시 살려 내고 그 생명의 땅에서 생명의 밥상을 마련하여 나눔으로서 세상을 살려 내는 사람이다. 참농민이 생명의 참일꾼인 것이다. 밥의 상품화는 곧 생명의 상품화다. 밥을 상품이 아닌 생명으로서 나누기, 이를 통해 생산자와 소비자가, 도시와 농촌이 경제적인 이해관계가 대립되는 경쟁 관계가 아니라 서로 나누고 살리는 호혜와 상생의 관계로 만들어 가는 것 그것이 새가농운동의 지향이자 실천 과제였다. 이처럼 생명공동체란 생명가치를 중심으로 자연과 사람이, 땅과 농부가, 생산자와 소비자가, 도시와 농촌이 서로 모시고 함께 사는 길을 찾아가는 운동이다. 이것은 한살림운동의 지향이자 새가농운동의 지향이었다. 같은 생명운동으로 한 뿌리인 것이다. 다만 먼저 시작한 한살림운동이 상대적으로 소비자를 중심으로 할 수밖에 없다면 새가농운동은 생산자를 중심으로 하는 농민운동이라는 점에서 그 차이점이 있을 뿐이다.

1. 가농의 생명공동체운동으로 전환과 맞추어 시도된 주목할 사례로 '우리밀살리기운동'이 있다

1989년에 새가농운동의 출범과 함께 내가 처음으로 농민운동을 시작했던 고향 마을인 경상남도 고성 두호마을에서 24농가가 우리 밥상에서 쌀에 버금가는 자리를 차지하고 있으면서도 수입밀에 의존하여 사라져버린 밀농사를 다시 살리기 위해 한살림과 함께 첫 밀농사를 시작한 것이다. 이것을 시작으로 1993년에 십수만 명이 넘는 소비자들이 사전 출자금까지 내면서 우리밀을 되살리기 위한 운동에 참여하였다. 이것이 지금 우리의 밥상에 우리밀이란 이름의 밀제품을 올릴 수 있게 된 바탕이다. 이 또한 세계 시민운동사의 주요한 사례라 할 수 있다.

2. 가농의 생명공동체운동의 한 축인 도농공동체운동으로서 '우리농촌살리기운동'이 출범했다

우리농촌살리기운동은 가농의 교회적 기반인 도시의 천주교 본당공동체와 농촌 마을의 가농생산공동체가 시장 체제를 넘어서서 직접 연대하여 생명의 밥상 나눔을 통해 서로의 건강과 생활을 책임 있게 의탁하는 운동을 지향했다. 도시의 한 본당이 농촌의 마을생산공동체 한 곳을 직접 책임지는 것을 목표로 삼았다. 생산자와 쇠비자의 연대 수준을 공동체 간의 연대 차원으로 높여야 실질적으로 안정적이고 지속적인 생명과 생활의 연대가 가능하다고 판단했기 때문이다.

이러한 우리농촌살리기운동은 농업의 의미를 재설정하는 것에서 출발한다. 밥이 생명이라면 그 생명의 밥을 안정적이고 지속적으로 마련하기 위해서는 농민만이 아니라 이 땅에서 밥 먹고 똥 싸는 사람 모두가 밥/식량/농업/농촌을 지키고 살려야 할 책임과 의무가 있다는 것이다. 이것은 지금까지 농업문제를 농민의 문제만으로 한정시켜서 보는 관점을 넘어서서 도시의 소비자가 직접 농업 생산의 한 담당자로 나서야 한다는 것을 의미한다. 생명의 밥상을 마련하기 위해선 생산자와 소비자, 도시와 농촌의 연대가 필수적이라는 것이다. 이것이 도농의 연대, 도농공동체의 의미이다. 생명의 밥상을 통한 상호 의탁 관계를 만들어 가는 운동, 곧 생명의밥상공동체운동이 우리농촌살리기운동의 중심 과제라 할 수 있다. 이러한 우리농촌살리기운동의 필요성을 한국천주교 주교회의가 승인하여 전 교회적 운동으로 전개하기로 결정하자 나는 가농을 떠나 이 운동의 기획을 총괄하는 역할을 맡았다. 가농의 생명공동체운동의 외연이 넓혀졌기 때문이다.

VI. 생태귀농운동을 시작하다

1996년에 '생태가치와 자립하는 삶을 위하여'라는 기치로 생태귀농운동을 시작했다. '전국귀농운동본부'의 출범이 이것이다. 땅과 밥과 생명은 하나로 이어져 있다. 땅이 병들면 밥이 병들고, 밥이 병들면 사람과 생명이 병든다. 그래서 생명과 건강을 위해선 생명의 밥을 마련해야 하고 이 밥의 토대인 땅을 살려야 한다. 그런데 급속한 공업화 중심의 압축적 경제성장은 농촌을 와해시키고 농업 생산 기반을 무너뜨렸다. 산업화와 자본주의 시장경제는 농민을 농촌에서 떠나게 하고 돈이 모든 것을 지배하면서 농심을 병들게 해서 땅과 물과 농촌 생태계와 밥이 심각하게 오염되고 병들어 갔다. 농촌에서는 정작 농사지을 젊은 노동력이 대부분 사라져 버렸다. 농촌과 농업이 무너지면 결국 이 땅에 사는 목숨붙이들의 건강과 생명 또한 지속될 수 없는 것이다. 빈집과 노인들로 상징되는 농촌 현실에서 생명의 밥을 안정적이고 지속적으로 마련해갈 수는 없는 것이었다. 그런 점에서 농촌 농업문제의 핵심은 다시 농촌과 농업을 살려낼 사람들, 특히 젊은이들을 확보하는 것에 달려 있다는 게 당시의 내 판단이었다. 사람들을, 젊은이들을 어떻게 다시 농촌으로, 땅으로 돌아가게 할 것인가.

그런데 농촌 농업을 단순히 농산물이라는 상품을 생산하는 시장경제에 종속된 종래의 가치로 바라볼 때는 다시 농촌으로, 농업으로 돌아간다는 것은 불가능한 일이었다. 농촌 농업을 새롭게 바라보는 관점이 필요했다. 그것이 곧 생태가치의 발견이다. 농촌, 농업을 자본과 시장의 가치가 아닌 생명과 생태의 가치로 바라보기, 그것이 생태귀농운동이었다. 당시 귀농이란 말은 사회적인 용어가 아니었다. 귀농이 사회적 현상으로 일어나기 전이었기 때문이었다. 더욱이 생태라는 개념은 환경운동 단체조차 그리 익숙하게 사용하던 시대가 아니었다. 그러나 이 길 말고는 다른 길이 없었다. 생태귀농과 생태가치와 자립하는 삶만이 환경 생태 위기, 문명 위기 상황에서 살아남을 수 있는 유일한 대안이었다. 그래서 생태귀농운동이 이 시대의 가장 근본적이고 우선적인 운동 과제라는 이런 판단에 따라 그동안 인연이 닿은 모든 단체들과 사람들을 만나 설득했다. 내가 제2의 브나로드(V narod)운동이라고 이름 붙인 생태귀농운동이 이렇게 시작되었다. 전국 단위의 최초의 대안 사회운동, 생명·생태·문명 대안운동이라고도 할 수 있는 이 운동은 생태귀농을 위한 생태귀농학교를 중심으로 생태마을 만들기, 도시농업(도시를 경작하자)운동 등을 구체적 과제로 삼았다. 몇 년 안에 이 땅에 귀농현상이 구체화될 수밖에 없다는 것이 뚜렷하게 보였다. 다른 길이 없기 때문이었다. 다시 땅으로 돌아가기 그것이 살아남고 제대로 살아가기 위한 근본적이고 유일한 대안인 까닭이다(『살아남기, 근원으로 돌아가기』, 2000, 두레가 이렇게 쓰였다.).

VII. 세상의 평화를 원한다면 내가 먼저 평화가 되자

생명의 위기, 문명의 위기는 갈수록 심화되고 절박해지고 있음에도 이에 대한 구체적 대안의 모색은 별반 이루어지지 않았다. 특히 현존의 모순을 해결하고자 결성된 시민사회운동조차 정치의 논리나 진영의 논리에 편승되어 가야 할 길과 좌표를 잃고 표류하기 일쑤였다. 기존의 운동 논리와 그 방법으로는 가망이 없다고 느껴졌다. 새로운 운동, 근본적인 운동의 필요가 절실해졌다. 운동의 관점과 그 방법에 대한 근본적인 재정립이 필요해진 것이다. 비판하고 요구하고 투쟁하는 것만으로는 더 이상 새로운 세상을 만들 수 없다는 것이 뚜렷해졌다. 생명운동은 아직 사회운동의 주류가 되지 못했다. 내가 주체가 되는, 내가 세상의 주인이라는 관점에서의 운동이 절실해진 것이다. 이러한 뜻에 생각을 함께하는 이들과 함께 지리산 공부모임을 시작했다. 그러던 때에 중동전쟁에서 발생한 전쟁의 기운은 한반도를 급습하기 시작했다. 그냥 앉아 있을 수만은 없는 일이었다. 그래서 2004년에 결성된 것이 생명평화결사운동이었다.

"세상의 평화를 원한다면 내가 먼저 평화가 되자."는 슬로건으로 시작된 이 운동은 개인의 각성과 사회의 변혁을 동시에 추구하는 운동을 지향했다. 각성과 변혁이 함께 가지 않고서는 우리가 원하는 세상은 이루어질 수 없다는 것이 분명해졌다. 운동과 영성의 결합이 길이었다. 그런 점에서 생명평화결사운동은 그동안 종교적 영역과 개인적인 과제로 간주되던 '수행(각성과 깨달음)'과 사회운동 영역으로 분류되던 '사회 변혁'을 동시에 추구해 가는 본격적인 생명가치 중심의 운동이라고 할 수 있다(최근 들어 서구를 중심으로 일어나고 있는 이른바 영적행동주의(Spiritual Activism)도 이와 같다고 할 수 있다). 따라서 이 운동은 여러 사회운동 가운데의 하나가 아니라 모든 운동의 근본 운동으로 자리매김되는 것이어야 한다고 생각했다. 그래서 이 운동의 조직과 운동 과제, 실천행동은 기존의 운동과는 그 관점과 형태를 달리하는 전혀 새로운 개념을 추구했다. 이 운동엔 따로 대표가 없고 이 운동에 생명평화서약을 한 모든 등불(어둠을 밝히는)들이 생명평화결사를 대표하며 자기 안의 평화의 힘을 기르기 위한 생명평화학교와 삶의 터를 생명평화 마을로 가꾸어 가는 것을 기본 과제로 삼았다.

이 운동의 메시지를 세상에 전하기 위해 공부모임을 처음 시작했던 지리산 실상사의 도법 스님이 순례단장을 맡아 5년 동안 탁발순례를 했고 이 기간 동안 나는 생명평화결사의 조직과 운영을 맡았다(생명평화결사가 탁발순례를 중요한 운동 방편으로 삼았던 것은 인도의 비노바 바베의 토지헌납운동과 닮아 있다. 우리는 토지 대신에 평화의 마음을 헌납받고자 했다.).

근본적인 운동의 필요성 제기와 각성에 따라 지리산공부모임을 바탕으로 한반도 전쟁위기 상황에서 출범한 생명평화결사운동의 특징은 생명평화는 생명과 평화로 분리될 수 없는 하나로 생명이 곧 평화라는 개념이다. 생명이 충실한 상태, 꽃피어 나는 상태가 평화라는 인식이다. 이와 함께 세상은 나의 반영이란 고백이다. 나와 세상 또한 서로 분리되어 있지 않다는 것이고 모든 생명이, 나아가 온 우주가 서로 생명의 한 끈으로 이어져 있으며 근본의 자리에선 모두 한 생명이라는 유기적이고 연기적인 세계관에 기초하고 있다. 생명평화운동의 이러한 믿음과 고백은 생명평화서약문과 생명평화무늬에 잘 드러나 있다. 나는 생명평화서약문에 생명평화결사가 지향하는 그 취지를 담고자 마음을 모았다.

> 세상의 평화를 원한다면, 내가 먼저 평화가 되어야 함을 압니다.
> 내 마음의 평화와 세상의 평화가 둘이 아님은, 세상이 곧 나의 반영인 까닭입니다.

> 평화는 모심과 살림이며, 섬김과 나눔의 다른 이름이요, 함께 어울림이며, 깊이 사귐입니다.
> 그러므로 생명평화는 사람과 사람과의 관계를 넘어 모든 생명, 모든 존재 사이의 대립과 갈등, 억압과 차별을 씻어 내고, 모든 생명, 모든 존재가 다정하게 어울려 사는 길이며, 저마다 생명의 기운을 가득 채워 스스로를 아름답게 빛나게 하는 것입니다.

> 생명평화의 길은 자신과 세상에 대한 신념이요, 깨어 있는 선택이며, 지금 여기서의 행동하는 삶입니다.
> 나 자신이 먼저 평화의 등불이 되어 세상을 비추고, 평화의 샘물이 되어 평화의 강을 이루고, 평화의 씨앗이 되어 평화의 텃밭에 활짝 꽃이 피어나도록 돕겠습니다.
> -생명평화서약문 앞 글

Ⅷ. 한살림마음살림과 생활수행

한살림운동은 크게 나누어, 땅을 살리고 그 살아 있는 땅에서 생명의 먹을거리(밥)를 마련하여 생산자와 소비자가 함께 나누는 일(한살림생명살림운동)과 그 밥을 생명으로, 하늘로 알아 오롯이 모시는 일(한살림수행운동)로 이루어져 있다고 볼 수 있다. 그러나 이 가운데 한 축인 한살림 수행운동은 현실적 조건의 한계 등으로 인해 그동안 제대로 이루어지지 못해 왔다. 그래서 어떻게 이 수행운동을 전개할 것인가는 한살림운동이 미루어 온 오랜 과제이기도 했다. 한살림이 출범하고 30주년을 눈앞에 두고 더 이상 미룰 수 없다는 조직적 합의 아래 2013년부터 연수원 건립 준비와 더불어 한살림수행운동이 마음살림이란 이름으로 시작되었다. 마음살림은 한살림식 수행의 이름인 것이다. 이로써 한살림이 생명살림의 세상을 일구기 위한 실천 과제로 밥상살림, 농업살림, 지역살림과 함께 수행의 영역인 마음살림을 포괄하게 되었다.

한살림운동에서 마음살림이란 한살림운동의 지향 첫머리(제1조)에서 천명하듯 '우리 안에 모셔진 거룩한 생명을 느끼고 그것을 실현하는 것'을 의미한다. "사람은 자기 안에 모셔진 거룩한 생명을 공경할 때 자기다움을 실현할 수 있으며, 이렇게 자기를 공경하듯 다른 사람의 거룩한 생명도 공경한다."고 그 의미를 새기고 있는 것이다.

한살림선언(1989)에서는 이를 "한살림은 자기실현을 위한 생활수양활동이다."라는 선언을 통해 드러내고 있다. 이런 점에서 마음살림 활동이란 한살림정신운동(생활수행 활동)으로서 한살림생활운동(생활문화운동)과 한살림사회운동(사회실천 활동)과 더불어 한살림운동의 세 축을 이루고 있다.

한살림마음살림이란 곧 한살림생활수행이란 말이다. 나와 모두가 한 생명임을 알고 내 안에 모셔진 거룩한 생명을 자각하며 서로 모시고 살리는 삶을 살아가는 것이 한살림수행인 까닭이다. 그렇게 사는 사람을 한살림사람이라고 한다면 한살림세상이란 바로 그런 마음으로 그렇게 살아가는 사람들에 의해 이루어지는 것이기 때문이다. 그러므로 한살림수행이란 한살림사람으로서의 삶을 살아가기이며 따라서 수행의 기본 목표는 그것이 일상의 삶에서 구체적으로 실현되는 것에 있다. 흔히 말하듯 일용행사가 도(道) 아님이 없기 때문이다(日用行事莫非道也). 나의 생각과 행동 그 하나하나가 우리 사회와 자연생태계 그리고 인류 문명에 미치는 영향을 마음에 새기면서 선 자리에서부터 '한살림의 생활수행'을 통해 이미 우리 안에 있는 거룩한 생명을 모시고 살리는 일('한살림생활수행을 제안하며' 중에서)이 그것이다.

내가 여타 다른 일에서의 실제적인 역할을 모두 내려놓았음에도 마음살림의 일을 아직 맡고 있는 것은 한살림에서의 마음살림(한살림수행운동) 영역이 갖는 중요성 때문만이 아니라 개인적인 부채의식(?) 때문이기도 하다. 한살림수행(초기엔 수양이라고 표현함)은 한살림선언에서도 천명한 것처럼 무위당과 인농을 모시고 한살림공부모임을 시작할 때부터 한살림운동의 기본 활동영역으로 제시되었는데 무위당과 인농의 생전에는 구체적으로 진행하지 못했기 때문이다. 인농의 생전에도 그 역할을 부탁받았으나 결국 역량의 부족으로 이루지 못했던 책무감이 남아 있어 스승과 형의 유지를 이어 간다는 마음에서 이 작업에 함께하고 있다.

아침에 눈을 뜨면서 아침게송을 바치며 오늘 매 순간을 마음 모아 살면서 만나는 모든 존재들을 자비의 눈으로 바라보겠다고 다짐하고 모든 이들이, 살아 있는 것들이 탈 없이 행복하기를 비는 자비경과 자비축원문, 통렌기도를 하며 하루를 시작하고 매 끼니 밥을 모실 때 식고를 잊지 않고 이 밥상이 오기까지 천지부모와 수고하신 모든 이들께 감사하고 만나는 사람이나 생명들을 따뜻한 시선으로 정성으로 대하며 귀 기울여 이야기를 듣고 한 물건을 소중히 다루며 아껴 쓰는 것, 이 모든 것이 다 수행이고 공부이며 이를 통해 자신을 꽃피우고 세상을 밝게 이루어 가는 것이다.

IX. 생명이란 무엇이고 왜 생명운동인가

생명 또는 생명운동이란 화두를 갖고 예까지 걸어온 시간이 어느새 삼십여 년이 되었다. 한 생애의 길이로 보면 결코 짧은 시간만은 아니다. 한 세대가 지났다. 생명운동이란 그 길에서 내가 걸어온 그 한 세대를 다시 돌아보면서 스스로에게 묻는 질문은 왜 생명이고 왜 생명운동인가 하는 것이다. 그 처음의 질문을 다시 묻는 것이다. 이 질문은 어쩌면 생애의 마지막까지 이어져야 할 질문일지도 모른다. 내게 생명이란 갈수록 신비하고 경이로운 어떤 것이기 때문이다. 이는 마치 신의 창조물이 그 창조주인 신에 대해 어떻다고 정의하려는 것과 같은 것일지도 모른다. 부분이 전체를 규정하는 것은 불가능한 것이다. 그럼에도 그 길을 가기 위해선 이 질문에 대한 지금의 나의 생각을 다시 정리할 수밖에 없다. 이 또한 한정된 경험과 지식에 기초한 내 생각일 뿐이다.

우리의 삶, 우리의 가치 지향은 왜 생명이고 왜 생명가치가 중심인가.

생명이란 살아 있음이고 살아 있게 하는 힘이며 그 근원이다. 이 생명이 없이는 이 존재 또한 없다. 그러므로 살아 있는 존재, 생명을 지닌 존재에게 가장 근본적이고 우선적인 과제는 생명을 이어 가는 것이다. 그러면서 그 생명을 제대로 발휘하는 것이다. 그것을 생명을 꽃피우기라고 할 수 있다.

생명이란 무엇인가? 생명의 특성을 대체적으로 다양성(多樣性), 관계성(關係性), 순환성(循環性), 영성(靈性) 등으로 설명한다. 각 개체로 드러나 있는 모든 생명체는 저마다 고유 독특하여 어느 것 하나 같지 않고(다양성/같지 않음으로 고유하고 고유함으로써 평등하다. 이것을 생명의 등가성이라고 할 수 있다), 생명의 그물망 속에서 어느 것도 혼자 존재할 수 없고(관계성: 생명계는 따로 떨어진 개별 생명체들의 단순한 집합이 아니라 고도로 다차원적, 중층적, 복합적인 그물망이다. 이 그물망 속의 유기적이고 연기적인 생명의 상호 연계에 의해 존재한다.) 모든 생명체는 이 같은 생명계 안에서 서로의 생명을 주고받는 순환 고리 속에서 살아간다(순환성: 생명이란 물질 순환 과정이다. 들숨과 날숨, 밥과 똥, 생성과 소멸이 끊임없이 반복하는 가운데 살아간다. 그리고 동시에 개체 생명은 서로가 서로에 대한 밥

(以天食天)이 되는 먹임과 되먹임을 통해 생명을 유지한다). 이러한 생명의 신비는 사람만이 아니라, 생명을 지닌 모든 존재가 다 영원과 무한의 존재인 우주와 한 몸·한 생명이기 때문에 가능한 것이다(영성: 개체 생명이란 생명의 근원인 본질이 드러나 있는 모습이다. 그러므로 모든 생명은 자기 안에 본질인 큰 생명, 거룩한 생명을 모시고 있는 것이라 할 수 있다).

이러한 그동안의 정의에 더하여 생명의 또 하나의 특징으로 생각할 수 있는 것이 생명의 자기 영속성이라고 생각한다. 모든 생명은 단순히 생명을 유지하는 것만이 아니라 더 큰 생명(근원)과 하나 되어 영속하고자 한다고 믿기 때문이다. 생물학적 영속을 위해 유전자를 통해 세대를 이어 가는 방법도 그 하나이지만 더 근본적으로는 생명의 근원과 하나가 될 때 생명의 영속성을 획득할 수가 있는 것이다. 한 방울의 물이 대양에 던져질 때만 영원히 마르지 않을 수 있는 것처럼 근원과 하나 되고자 하는 욕구는 모든 생명 안에 내재하고 있는 자기 영성을 발견함으로써 실현될 수 있다. 이런 점에서 생명의 근원과의 합일, 이것을 생명의 자기완성이라고 할 수 있다.

생명의 특성을 이렇게 이해할 수 있다면 생명이란 그 생명을 드러나게 한 근원 곧 우주천지(하늘)의 기운(힘, 에너지, 의식, 정신)이 빚어 낸 것이다. 우주에서의 생명의 출현, 이것이 신비이고 기적이다. 저 별을 빚은 힘이, 그 의식이 우리의 생명을 또한 빚은 것이다. 이 생명의 출현을 통해 우주의 의식과 정신을 느낄 수 있다. 이렇게 보면 생명이란 하늘이 자기를 드러낸 모습이다. 생명이 곧 하늘인 것이다. 자기 안의 영성 또는 거룩한 생명이란 자기 안의 하늘이며, 생명이란 그 하늘이 보이는 형태로 드러나서 움직이는 힘이라고 할 수 있다.

1. 생명운동은 생명에 대한 각성운동이다

개체 생명이 거룩한 생명(하늘, 신성)의 드러남이라 한다면 생명운동이란 생명을 약동하는 하늘로 보고 하늘로써 하늘을 모시는 것이다. 밥을 생명으로 보고, 밥모심을 하늘이 하늘을 모신다는 이천식천의 의미가 이것일 것이다. 생명으로써 생명을 살리는 것이다. 그러므로 생명운동의 전제는 생명에 대한 각성과 존재의 본질에 대한 깨달음이라 할 수 있다. 생명에 대한 이해와 깨달음이 없이는 생명의 온전한 꽃피움 또한 불가능한 까닭이다. 이는 생명운동을 생명이 충만한 사회, 그 세상을 만드는 일이라고 단순하게 정의하더라도 마찬가지이다. 생명이 충만한 사회를 위해선 먼저 생명에 대한 이해가 전제되어야 하기 때문이다. 그러므로 생명운동은 거룩한 생명에 대한 이해·각성·체험을 통한 생명모심에서부터 시작한다. 인도와 히말라야 자락을 중심으로 하는 '나마스테(내 안에 계신 신이 당신 안에 모셔진 신께 경배합니다.)'라는 이 인사말을 통해서도 생명운동의 이런 의미를 이해할 수 있다.

천지만물 가운데 하늘이 깃들어 있지 않은 것이 없으니 생명이라는 것은 그 하늘이 드러나 꽃피어 있는 것이다. 생명이란 하늘의 정수, 곧 살아 숨 쉬는 하늘인 것이다. 그러므로 생명을 대한다는 것은 하늘을 모시는 것이고(侍) 섬기고 돌보고 살리는 것이다(해월신사의 대인접물).

생명의 각성운동이란 이처럼 존재의 거룩함을 자각하는 일로써 모든 존재가 다 하늘을 모시고 있음을 온몸으로 아는 것이다. 각성이란 단순한 생각이 아니라 그러함을 몸으로 체득하는 것이다. 모든 생명체 속에 있는 하늘, 그것을 거룩한 생명이라 하거나, 불성 또는 신성이라고 부르거나 참자아, 진여, 아트만 또는 그 밖에 무엇이라고 부르든 그 이름에 상관없이 내면에 있는 신령함을 알고 느끼고 체험하는 것이 생명중심의 삶과 그 세상을 흔들림 없이, 신명 나게 일구어 가는 바탕이 되는 까닭이다. 생명각성을 생명운동의 기본으로 하는 이유가 여기에 있다. 생명계와의 관계, 일치(합일)를 통해 생명의 신비, 거룩함과 그 우주적 연관성을 깨달아 사는 것이 생명운동이기 때문이다.

2. 생명운동은 생활수행운동이다

생활이 곧 수행이고 도이다. 생활이란 생명활동이고 생명은 온 우주, 천지 신명으로부터 온 것이니 생명 안에 신령함(內有神靈, 내면의 신령한 본성, 수운대 신사)과 거룩함이 깃들어 있는 것처럼 그 거룩한 생명이 드러난 활동이 곧 생명의 꽃피움이다. 생명이란 모두 우주의 한 기운이 드러난 것이니 이 생명의 활동을 그 본성에 맞게 하는 것, 곧 그렇게 사는 것이 생활이고 수행이다. 생활의 성화(聖化)인 것이다. 하늘답게 사는 것, 하늘로서 사는 것이 성화이고 이를 위한 노력이 수행에 다름 아닌 것이다. 그러므로 깨달음이란 자기 안에 있는 하늘·신령함·거룩한 생명의 자각이며, 깨어 있음이란 그것을 잊지 않음이고 생명을 꽃피운다는 것은 하늘·거룩한 생명을 모신 존재로 그렇게 산다는 것이다. 도(道)를 행한다는 것 또한 그것이다. 이 모두 생명의 자기실현을 위한 활동이니 일상의 삶이 곧 도(道)인 것이다. 일상의 삶 밖에서 따로 도를 구하지 말라는 경구 또한 이 때문일 것이다.

이러한 생명에 대한 각성을 통하여 내 안에 거룩한 생명이 계시는(또는 모시고 있는) 것처럼 다른 존재, 다른 생명에 내재된 하늘을 깨닫고 모시기, 모두가 한 생명임을 알고 그렇게 살기, 그런 세상 만들기가 생활수행의 본질이라 할 수 있다. 생활수행이 곧 생명운동인 것이다.

생활수행은 나로부터 시작한다. 내가 경험하는 것이 곧 나의 세상이기 때문이다. 경험하는 내가 없으면 나의 세상 또한 없는 것이다. 그러므로 세상과 나는 한 치도 분리되어 있지 않다. 그런 까닭에 생명운동은 먼저 자기 모심에서 시작한다. 자기 안에 모셔진 거룩한 생명인 그 하늘을 자각하고 잘 모시고 돌보고 가꾸기, 이러한 자기모심(자기예배)이 다른 이들 모심의 바탕이 된다. 힌두의 가르침에서 자기예배(푸자)는 곧 신에 대한 예배라는 의미가 이런 것이리라. 우리는 그동안 사회운동(또는 변혁운동) 영역에서 생명을 지닌 각 개인의 존재 의미와 가치, 그 중요성을 간과해 왔거나 외면했다는 생각이 든다. 이것이 기존의 운동 또는 사회운동이론이 갖는 가장 근본적인 한계와 문제라고 생각한다. 각 개체 생명은 생명계 전체의 한 부분으로 드러나 있지만 그 각 개체의 생명은 다른 무엇과도 대체될 수 없는 고유하고 절대적이기 때문이다. 이것이 성경에서 말하는 온 세상을 다 주어도 바꿀 수 없다는 그 생명의 가치일 것이다. 그러므로 자기 생명의 소중함과 그 의미를 알고 이를 잘 모시는 자기모심은 생명운동, 생활수행의 첫 번째 과제라 할 수 있다.

이러한 생활수행운동은 자기수행을 통한 일상의 성화, 삶의 주인으로 거룩한 자기 살기(환한 꽃, 등불/수처작주隨處作主 입처개진入處皆眞)를 바탕으로 생명등지 틀기와 생명공동체 만들기가 중심 과제가 되리라 싶다. 이 가운데 일상의 삶의 자리에서 마음 모아야 할 중심은 모심(侍)과 돌봄과 아낌(嗇)이라 할 수 있는데 하늘과 사람뿐 아니라 한 물건까지 그렇게 할 수 있을 때(쓰고 버리는 상품에서 모시고 아낄 하늘로, 敬物) 그런 바탕에서 생명 세상이 열릴 수 있을 것이다. 이러한 생활수행에서 유념해야 할 또 하나의 중요한 점은 수행 활동이 기쁘고 즐겁게 이루어져야 한다는 것이다. 수행이 기쁨이 되고 일상의 삶에 힘과 즐거움이 될 때 일상의 삶이 그 자체로 수행이 되면서 꽃피어날 수 있기 때문이다(마음이 기쁘고 즐겁지 않으면 하늘이 감응치 아니하고 마음이 항상 기쁘고 즐거워야 하늘이 감응한다. 我心我敬 天亦悅樂 我心不敬 天地不敬, 해월).

3. 생명운동은 개벽운동이다

전환과 변혁, 또는 개벽운동의 핵심은 물질 중심에서 생명 중심으로, 또는 물질에서 정신으로(물질개벽에서 정신개벽으로/원불교)일 것이다. 그러므로 개벽(전환, 변혁)이란 곧 중심의 이동이다. 돈 중심, 물질중심, 소유 중심에서 사람 중심, 생명 중심, 존재 중심으로 가치중심의 이동, 또는 전복이 전환이고 변혁이며 개벽이다.

우리가 인식하는 생명은 의식을 지닌 물질로 드러난다. 그러나 그 본질은 물질을 지닌 의식에 있다. 다만 물질우주에선 의식하는 물질로 드러나 보이는 것이다. 물질 없인 자기표현이 불가능하기 때문이다. 그러나 물질계에서 생명으로 드러날 때, 물질과 의식은 분리되어 있지 않다. 물질과 의식이 하나로 이루어져 생명을 이루는 것이다. 생명체는 그 생명을 구성하는 모든 단위의 각 세포마다 그에 상응하는 의식이 주재한다. 생명체에 깃들어 있는 이 것을 우주의 기운, 신의 숨결이라고 할 수 있다. 물질 중심에서 그 바탕인 이러한 의식 또는 정신, 나아가 '의식을 지닌 생명'이 중심이고 본질임을 알고 그렇게 사는 것, 그런 세상을 일구어 가는 것이 변혁운동이며 개벽운동이라고 할 수 있다. 생명운동은 이처럼 생명 위기의 절박성을 감지하고 스스로 살아나면서 제대로 살기 위한 운동인 것이다. 생명운동이 변혁운동일 수밖에 없는 까닭이 이것이다. 생명의 근본으로 돌아가는 운동이기 때문이다.

올 한 해를 맞으면서 내게 다가온 것이 생명의 명이라는 그 글자였는데 이 명(命)이라는 글자가 다시 나를 혁명의 '명'으로 끌어당겼다. 다시 혁명의 꿈을, 그렇게 나에게 명령하는 것 같았다. 그것이 새해 연하장과 함께 다시 혁명을 꿈꾸는 시를 쓰게 된 이유이다.

전환이, 다시 혁명이, 다시 개벽이 절실해졌다. 생존의 위기, 생명의 지속 가능성의 위기가 세계화, 전면화되고 있는 시대, 근본적인 전환 없이는 살아

날 길이 없는 시대가 도래했기 때문이다. 그러나 근본적인 전환을 위한 이 혁명과 개벽은 종래의 방식으로는 불가능하다. 전혀 다른 길이어야 한다. 그래서 '다시 혁명'이고 '다시 개벽'인 것이다. 일찍이 무위당은 그것을 '품어 안는 혁명'이란 말로 표현했다. 피아로 나누어 내치고 무너뜨리는 것이 아니라 이 모두를 품어 안고 넘어서는 혁명, 배척(排斥)이 아니라 포월(抱越)로서의 혁명이다. 포용(包容)이란 포옹(抱擁)인 것이다. 생명운동으로서의 변혁운동, 다시 개벽의 길이 이것일 것이다.

그런 점에서 근원으로 돌아가기, 생명을 뿌리 내리기는 생명운동의 기본 과제이면서 동시에 변혁운동, 다시 개벽의 그 토대를 마련하는 것이기도 하다. 땅을 품어 안기, 땅에다 다시 생명 둥지를 틀기, 이것이 생명 세상의 바탕이기 때문이다. 자연과 땅에 가까워질수록 충실한 생명력을 얻을 수 있는 것이다. 그런 까닭에 생명 둥지를 위한 생태귀농운동이 새로운 생명 세상을 위한 변혁운동의 바탕이 될 수 있는 것이며, 명상이 전환운동의 출발이 될 수도 있는 것이다. 개의식과 근원의식을 일치시키는 명상 체험을 통해 자비심과 자비행의 힘을 기를 수 있기 때문이다. 영적 행동주의가 이런 것에 기초하고 있다고 할 것이다.

스스로를 모시고 살리면서 동시에 자기와 동일한 생명의 표현인 이웃과 세상의 생명을 살리는 것이 전환과 개벽의 출발점이 될 수밖에 없는 것이다. 그러므로 전환, 다시 개벽의 길은 모두가 한 생명이란 자각과 이러한 마음을 어떻게 기르느냐에 달려 있다. 모든 생명이 근원에서 하나의 생명임을 자각하는 동체대비의 마음 그 보살행이 실행되는 것이다. 보살(보디사트바Bodhisattva)이 전환의 길, 개벽의 길에서 위대한 전사가 되는 것은 이 때문이다. 생명 위기에서 모두를 살리는 길에 자신을 투신하는 것은 모든 생명이 거룩하며 자신과 한 생명임을 아는 자비심의 실천이기 때문이다. 생명운동으로서 변혁운동, 개벽운동의 주체로서 새로운 보살운동, 생명평화보살운동이 필요한 이유이다.

X. 마무리하며: 삶과 영성과 운동을 하나로

전환의 시기는 동시에 혼돈의 시기다. 대전환기는 곧 대혼돈기이기도 한 것이다. 옛길은 잘못 들었는데 새 길은 아직 흐릿하다. 어느 때보다 깨어 있음이 요구되는 것은 이 때문이다. 깨어 있지 못하면 거대한 물결 속에 휩쓸려 갈 수밖에 없는 것이다. 그러나 생명의 위기 상황은 한편으로 우리에게 생명의 소중함을 일깨우며 새로운 길을 찾아 나아가게 하는 기회이기도하다. 이 새로운 길은 예전의 그 길과는 다른 길이다. 따라서 그 길을 가는 법도 달라야 한다. 생명운동의 길 찾기는 그래서 필요하다.

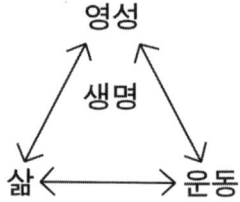

삶(생활 · 생명활동)=영성(수행 · 각성)=운동(사회적 실천 · 자비희사의 보살행)

내가 걸어온 지난 삼십여 년의 생명운동의 길에서 지금 그려지는 그림은 대략 이런 모습이다. 그것은 삶과 영성과 운동이 생명이라는 유형무형의 존재를 중심으로 삼각 축을 형성하고 있는 그런 형태이다.

삶의 목표는 자신을 꽃피우는 것에 있다. 이를 위한 기본 과제는 생명의 밥상을 마련하는 것과 그것을 제대로 모시는 것(밥모심/식고)에 둔다. 이를 통하여 우리 또한 다른 생명을 위한 밥이 되어 산다. 이런 삶으로써 자신의 생명을 충실하게 하며 활짝 꽃피워 간다.

영성은 거룩한 생명모심의 각성이며 수행의 토대이다. 자기 안의 신령한 기운, 자기 생명의 거룩함을 깨달아 소중하게 모시고 돌보며 큰 생명인 우주생명, 천지신명과 하나 되기 위한 노력이 수행이다. 이원론적 세계관을 넘어 일원성(일원상)의 자각과 획득이 수행의 목표이기도 하다.

운동은 생명 세상을 위한 사회적 실천이다. 세상을 꽃피우는 것이다. 이것이 모심과 살림이며 생명의 둥지를 마련하는 일이며 자비행의 실천이다. 생명운동에 참여하는 사람들, 생명의 일꾼들이 새로운 보살로 나투어야 한다. 개벽, 그 다시개벽은 이러한 생명보살들에 의해 이루어질 것이다.

새해 들어 지난 길을 돌아보고 앞으로 걸어갈 남은 길을 바라보면서 그동안 내 자신의 정체성의 하나로 인식해 오던 사회운동가라는 상에서 벗어나 이제는 생활수행인으로 살기로 마음 모은다. 남은 길에선 생활수행자로서 생명의 길을 함께 걸어가야겠다는 다짐을 한다. 내겐 그 길 말고는 달리 다른 길이 보이지 않는 까닭이다. 지금 내가 선 자리, 머문 그 자리가 곧 나의 도량임을 알고(當地是所 卽是道場), 내 앞의 당신이 곧 부처님임을 알고 모시기(人人是佛, 處處佛像 事事佛供/원불교)가 그 수행의 핵심일 것이다.

감사와 축복이, 사랑과 기도가 내 걸음마다, 내 들숨날숨마다 함께할 수 있기를, 그래서 이 행성에 한 줌이라도 밝은 기운이 더해져 모든 생명들에게 조금이라도 더 이로울 수 있기를 마음 모은다. 생명이란 그 근원에서 모두 나와 하나임을 알기 때문이다.

내가 먼저 꽃피어나기, 그런 나로 인해 당신이 꽃피어난다면 그만큼 세상이 환해지는 것이고 그렇게 서로가 서로를 꽃피워 간다면 그로써 이 땅에 봄 기운이 가득해질 것이다. 내게는 그것이 다시 개벽의 세상이다. 기쁨과 설렘으로 내 남은 길을 그리 갈 수 있기를.

꽃을 피우는 것은

하늘의 창(窓)을 여는 것이다

한 송이 꽃이 필 때마다

하늘로 향한 창 하나씩 열린다

별들이 피어나

밤하늘에 꽃등을 매어다는 것처럼

꽃들이 피어나

하늘의 창을 활짝 여는 것이다

네가 피어나고

내가 피어나면

온 세상이 그래 환해지는 것이다.

- 이병철, '하늘 창(窓)' 전문

소태산 대종사의
생명철학

정순일 *

* 원광대학교 원불교학과 교수, 한국예다학연구소 소장.

I. 머리말

소태산 대종사(少太山 朴重彬, 1891-1943)는 대한민국의 한 시골에서 태어나 독자적인 방식으로 구도를 하여 깨달음을 얻은 후 원불교를 개창한 인물이다. 그는 어려서부터 사물들의 이면에 대한 의문이 있었다. 그는 모든 사물과 현상에 "왜?"라는 의문부호를 붙이고 그것의 소종래와 본질에 대한 탐구와 의심을 계속하다가 25세 되던 1916년 4월 28일, 마침내 궁극적 존재에 대한 깨달음을 얻었다 한다. 소태산은 자신의 구도 과정과 깨달음의 내용이 석존의 그것과 상통함을 알고, 석존이 자신의 직접적인 스승이 아님에도 불구하고 그에게 자신의 깨달음과 회상의 연원을 설정하였다.

그는 일생 동안 자신의 깨달음의 내용인 궁극적 존재에 대하여 여러 가지로 설명을 하였는데, 그중에서 가장 마지막으로 그리고 가장 정밀한 논리적 구도를 동원하여 설명한 것은 법신불(法身佛, Dharma−kāya Buddha)이라는 표현이었다.[1]

불교의 역사를 통하여 '불(佛, Buddha)'과 '법(法, Dharma)'이라는 두 개념은 불교 교의와 신앙의 핵심이 되어 왔다. 석존 당시에는 두 개념이 대체로 독립적으로 존재하다가 석존 입멸 후 철학적·신앙적 요청에 의하여 점차 철학적 사유의 궁극인 법(法)과 종교적 최고 이상인 불(佛)이 결합하여 법신불(法身佛, Dharma kāya-Buddha)이라는 개념이 형성된 것으로 보인다. 불신(佛身)

은 문자 그대로 '부처님의 몸'이라는 뜻으로 최초의 불신은 석가모니불을 지칭하는 것이겠으나, 불멸후 불신의 본질에 대한 규명 작업이 이루어지면서 법신불이라는 개념이 산출되고, 이후 불신의 개념과 의미의 산출 과정을 따라 불신의 성격은 다양하게 분류되고 풍부해지게 되었다.

법신불을 핵심으로 하는 불신론은 대승불교의 시대에 이르러 특히 왕성하게 탐구되었다. 그리하여 초기에는 소박한 법·생 2신설 등으로부터 출발하여 유가행 유식학파에 의하여 보신(報身) 및 응신(應身) 따위 개념들의 보완을 받으면서 삼신설(三身說)로 완성됨에 따라 그 내용에서도 철학적 사유의 극치에 도달하게 된다. 불신은 법신·보신·화신(化身)으로 부르기도 하고, 자성신(自性身, savabhavika-kāya)·수용신(受用身, saṃ-bhoga-kāya)·변화신(變化身, nirmāṇa-kāya)으로 나누기도 한다. 그런데 보신과 응신에 대한 규정이 일정하지 않아서 경론에 따라서는 그 개념이 바뀌어 있기도 하다.[2]

소태산은 신앙 대상의 개념을 다양하게 채용하기도 하였지만, 최종적으로 '법신불'을 원불교 신앙과 수행의 대상으로 제시하였으며, 그 상징을 일원상으로 획정하였다. 따라서 일원상으로 상징된 법신불은 소태산 교학의 정점에 위치한 것이며, 그의 모든 사상은 법신불에 기반을 두고 이루어져 있다고 말해도 과언이 아니다. 소태산의 법신불관은 대승불교의 법신불관을 일단 계승한 것으로 볼 수 있다. 이러한 그의 사상은 교리도의 중앙에 놓여 있는 "일원은 법신불이니 우주만유의 본원이며 제불제성의 심인이며 일체중생의 본성이다."[3] 라는 말에 요약적으로 나타나 있다. 여기에서 제불제성의 심인, 혹은 일체중생의 본성이라는 말은 대승불교적 사유의 충실한 계승으로 생각할 수 있겠으나, 문제는 '우주만유의 본원'에 있다. '우주만유의 본원'이라는 성격을 통하여 소태산은 법신불을 거시적으로는 우주적 존재로 인식했을 뿐만 아니라, 미시적으로 존재의 미세한 단위에 이르기까지 법신불의 나타남 아님이 없다고 생각하였다.[4] 따라서 이러한 법신불에 대한 소태산의 사유는 그의 사유를 온 우주적이며 온 생명적으로 전개하고 있다는 점에서 그의 생명철학이라 말해도 좋을 것이다.

이곳에 나타나는 소태산의 법신불관은 기존의 불교에서 내면 세계에 중점을 두었던 법신불관과는 조금 다른 각도에서의 법신불 사상을 전개하고 있다고 생각된다. 또한 소태산의 어록에서는 종래 법신불과 함께 발전되어 오던 보신불과 화신불 등에 대한 인식 등은 거의 나타나지 않고 있다. 어떤 의미로는 소태산의 대각 초기 그의 신앙의 대상으로 간주되었던 천제·천지신명 등의 개념을 포괄하고 있는 것이 아닌가 하는 느낌까지도 갖게 한다. 이 부분에 어떻게 접근하느냐가 소태산의 존재론·신앙론의 특징을 도출하는 데에 열쇠가 될 수 있을 것이다. 이 글에서는 '우주만유의 본원'이라는 개념을 통하여 도출할 수 있는 소태산의 존재론을, 생명이라는 측면에서 접근해 보려는 목적을 가지고 있다.[5]

사실 니까야나 아함을 둘러보아도 불신을 우주적 존재로 인식하는 식의 사유는 나타나지 않는다는 점을 미루어 본다면, 이러한 소태산의 존재론은 법신불에 기반을 두면서 그것이 지니는 우주론적 측면을 강조하고 있는 것이 아닌가 하는 생각을 하게 한다.[6] 이러한 식으로 접근하려는 그의 의도는 제자인 정산(鼎山 宋奎, 1900-1962)에 의하여 다소 구체화되는데, 그러한 법신불의 속성을 '생명'이라는 개념을 통하여 존재론적으로 정리해 보자는 것이 이 글의 방향이다. 그러한 과정 속에서 소태산의 방법론은 법신불에 대하여 이중적 구조로 접근하는 것을 즐겨하였다는 것을 발견하게 되었다. 그러한 논리적 구조에 바탕을 두고 생명에 관한 이중성의 철학을 규명함으로써 원불교 존재론의 일단에 접근해 보고자 한다.

II. 소태산과 법신불

1. 법신불과 식

소태산이 깨달은 법신불은 실은 공(空, śūnya)과 다름이 없는 것이었다. 실제로 그는 법신불을 표현할 때 공원정으로 그 속성을 표현하기도 하였다.[7] 소태산은 법신불에 대하여 '없는 측면'을 공이라면, '있는 측면'은 '유(有)'로 표현하기도 하였다.[8] 이처럼 무와 유[9], 유상과 무상[10] 등의 구도는 법신불의 없는 면과 있는 면을 동시에 표현하는 소태산의 전형적인 사유의 틀이다.

'일원상 서원문'의 구도를 빌려 말한다면 '유상(有常)'으로 볼 때 법신불은 그냥 존재함이 없이 존재하는 것이다. 따라서 법신불은 본래 '없음'에 기초하여 있다. 또한 본래 '없음'임에도 불구하고 개체 생명을 제 위치에 '있음'이게 하는 근본이다. 그러한 시각을 소태산은 '무상(無常)'으로 표현하고 있다. 따라서 법신불의 유상의 측면은 공이라는 말마저도 적합하지 않은 절대를 표현하는 측면임에도 불구하고, 무상의 측면으로는 무한한 진실과 다양한 존재의 분화를 허용하는 것이다. 이러한 양면적 구도를 소태산은 '일원상 서원문'에서 없는 측면으로도 무량세계가 전개되었고, 있는 측면으로도 무량 세계가 전개되었다고 표현하고 있다.[11]

무량세계란 무한대만이 아닌 무한소까지 포함하는 개념이다. 무한히 확대되는 무한대와 마찬가지로 무한소 또한 무한히 축소되며 그 끝은 알기 어렵다. 이것이 공과 유의 구도로 보는 존재의 모습인 것이다. 그런데 무한대와 무한소는 근본적으로 둘이 아니라는 것이다. 그러한 인식에 이르는 것을 깨달음이라고 한다. 깨달음이란 소태산의 표현을 빌리면 '우주만유의 본원인 동시에 일체중생의 본성임을 투철하게 아는 것'[12]이라 할 수 있다.

생명에 관한 논의와 관련시켜 바라본다면, 법신불은 공에 불과하지만 그것을 무상 즉 유의 측면으로 인식할 때는 식·에너지·생명의 세 가지 측면으로 정리될 수 있다. 이것이 법신불이 영원한 시공으로 존재하는 모습이다. 식은 모든 사물과 공간에 충만한 '정신적 속성'을 말한다. 이것의 순수작용을 '진리'라고 부른다. 식의 속성은 편재성이다.

소태산은 "모두 천지의 식(識)이며 천지의 밝은 위력이니라. 그러나 천지의 식은 사람의 희로애락과는 같지 않은 식이니 곧 무념 가운데 행하는 식이며 상 없는 가운데 나타나는 식이며 공정하고 원만하여 사사가 없는 식이라."[13] 고 말한다. 그가 말하는 천지의 식은 우주의식과 같은 것이며[14] 무념 가운데 일체의 모든 사물을 인식하고 주재하는 주체이기도 하다는 것이다.[15] 식으로서의 법신불은 인간의 입장에서 볼 때, 초월자인 동시에 동반자요, 관찰자인 동시에 의식 자체이다.[16] 그런 면에서 소태산이 말하는 우주는 존재인 동시에 자각 그 자체라고 볼 수도 있다.

물론 식에는 근원의식에서 개체의식에 이르기까지 다양한 스펙트럼이 있다. 그러나 파도가 대양과 분리될 수 없듯이 모든 개체는 표현될 수 없는 '근원식'에 뿌리를 두고 있으므로, 개체의 마음 또한 우주식의 개체적 작용으로 볼 수 있다.

개체인간의 식은 자신만의 세계 속에서 틀 지어 살아가므로, 부처의 속성을 지니고 있음에도 불구하고 윤회 속의 중생이지만, 우주식은 본래 전체이며 하나이며 누구에게나 열려져 있는 세계이다. 이는 개체의 본성과 일치하며 그 세계 속에서 하나 됨이 가능태로 되어 있다. 그 속에서는 개인이 전체이고 전체가 개인 속에 있다. 즉 모든 것이 하나이며 하나가 모든 것이다. 물론 우주와 마찬가지로 식의 시작과 끝도 말할 수는 없다.[17]

시작과 끝, 시간과 공간 등에 관한 우리의 생각들은 한계 지워진 식의 개체성으로 인해 생겨난 것이고, 언어란 그것을 한정 지으며 표현할 수밖에 없다. 그런데 개체를 존재하게 하는 수없이 다양한 조건들은 그런 조건들을 조건화시킬 수 있는 법신불의 무한한 식의 능력에 바탕을 두고 있다. 증기가 물이 되고 물이 얼음이 되듯이 우주식은 이 세상의 모든 것의 바탕이 되는 것이다. 소태산이 천명한 일원과 사은의 관계도 이렇게 생각해야 할 것이다.[18] 우주식은 그 자체가 에너지로 화하면 사물 그 자체인 것이며, 그 에너지는 또한 식의 법칙에 구속된다. 따라서 지각하는 자와 지각되는 자, 즉 능(能)과 소(所) 모두가 우주식에 바탕을 두지 않음이 없는 것이다. 소태산은 이를 '천지의 식'[19]이라 표현하고 있는 것이다.

식은 전체로서도 하나일 뿐만 아니라, 모든 개체에도 씨앗의 형태로 거기에 존재한다. 하나의 씨앗은 무수한 씨앗들이 겪은 경험의 결정이며, 무수한 숲들의 과거 경험뿐만 아니라 미래의 모습까지도 담고 있듯이, 크고 작은 생명에도 전체적인 식과 그 원리, 그리고 역사가 담겨 있다. 우주의 식이 개별화된 것을 인간의 심식이라 부를 수 있다. 우주와 인간 모든 영역의 장은 서로 개방되어 있고 과거와 미래는 현재 속에 공존하고 있다. 그것을 소태산은 식이라 표현한 것이다.

2. 법신불과 에너지

법신불은 또한 에너지 그 자체이다. 법신불은 식과 에너지로 나타나 있으며 그것이 전체성 혹은 개체성을 띠고 나타날 때 전체 생명 혹은 개체 생명이라 규정할 수 있을 것이다. 에너지는 법신불 작용력의 속성을 가리킨다. 이는 우주 전체를 통틀어 만물로 나타나는 원초적 소재를 말한다. 즉 사대(四大)와 여러 차원으로 분화되기 전의 단계를 바로 에너지상태로 보자는 것이다. 물론 이것은 모든 사물이 존재하는 원동력이 된다. 이 에너지는 활성화 상태에서나 비활성화 상태에서나 반드시 정보를 함유하고 있다. 이 에너지는 성리학에서 말하는 '기(氣)'라고 할 수도 있으나, 그보다 훨씬 복잡하고 다

차원적이며 다면적이라고 할 수 있다.

식과 에너지라는 법신불의 양면적인 모습 중에서 어느 것이 먼저라는 말은 불가능하다. 논리적으로는 순수한 절대의식 속에서 수많은 개체 의식이 생겨나는 것으로 생각되겠지만, 전체에서 개체가 시간적으로 분화·생성한다는 식의 순차적 생성론적으로 세계를 파악할 수는 없기 때문이다. 식과 에너지, 전체와 개체, 절대와 상대는 동시적 또는 이시적으로 적용되는 것이다. '동시적 현현(顯現)과 동시적 참여(參與)'야말로 우주와 개체의 관계를 규정하는 적실한 말이라 할 만하다. '일체유심조'도 그러한 차원에서야 이해가 가능할 것이다.

상대성원리를 대입하지 않더라도 우주 간의 경계에서 시간과 공간의 차원이 달라질 수 있음은 상상이 가능하다. 다른 시공, 다양한 차원의 수많은 생명과 만물로 존재하는 이 우주에서 식과 에너지는 그것의 바탕을 이루고 있는 것이다.

화엄 사사무애법계의 경계에서는 모든 존재들이 서로 각각의 개별적 특성을 유지하며 완벽한 세계를 이루면서 전체로서 연기적 소통이 가능하다고 본다. 사사무애법계의 경계로 우주를 파악한다면 각각의 에너지가 서로 고유하여 섞이지 않는 면과 전체적으로 공통적인 면이 서로 조화를 이루어 완벽하고 아름다운 세계를 구성하고 있다고 볼 수 있다. 소태산은 존재의 세계를 식과 에너지와 생명이 조화된 가운데 사사무애적 연기관계로 은적(恩的) 관계가 중중무진 이루어진 것으로 파악하고 있다고 생각된다.[20]

한편 소태산은 '불생불멸'을 그의 우주관의 기본으로 삼고 있다. '불생불멸'은 하나의 개체가 멸하지 않고 윤회를 거듭하는 것을 표현할 때에도 사용될 수 있지만, 우주적으로는 에너지 혹은 물질의 변환을 보는 눈으로도 유용하다. 에너지가 물로 화하면 그것은 등가(等價)이다, 핵분열 전후의 질량 격손은 에너지로 화하기 때문이다. 따라서 에너지의 측면으로도 불생불멸은 성립하며, 생명 주체의 측면에서도 불생불멸의 구도는 유용하다고 생각할 수 있다.

3. 법신불과 생명

법신불은 생명 그 자체이다. 생명은 앞서 말한 식과 에너지가 불가분으로 단일화된 상태를 말한다. 생명은 전체로서의 생명과 개체로서의 생명이 있다. 법신불은 전체식이며 전체 에너지이며 전체 생명인 동시에, 개체식이며 개체 에너지이며 개체 생명이다. 법신불은 우주적으로도 그 한계를 알 수 없는 무한 생명이며, 개체적으로도 신비하고 개별적인 생명인 것이다.

소태산의 안목으로 볼 때, 법신불은 크게 보면 전 우주가 한 생명이요, 작게 보면 만물이 다 생명이며, 그 생명의 존속과 유전, 작용력과 그 법칙 등이 모두 법신불의 작용에 불과하다. 전체로 보면 전체가 하나의 생명이요, 개체로 보면 낱낱이 생명 아님이 없다. 전체적으로 보면 하나로 연결되어 있을 뿐만 아니라 개체적으로 보면 각각 완벽한 세계인 것이다.

만약 이러한 이치가 없다면 개체 인간이 수행을 통하여 법신불의 경지에 도달하는 것은 불가능할 것이다. 바꾸어 말하면 법신불이 개별 생명으로 나타난 것이 인간이라는 이치가 있으므로 인간이 수행하여 법신불화하는 것, 즉 성불이 가능하다는 말이다.

물론 우주와 생명의 모습을 온전하게 안다는 것은 평범한 인간의 차원에서는 사실상 불가능에 가깝다. 이들 생명은 수없는 차원들과 다양한 측면으로 분화되어 있기 때문이다. 따라서 이러한 여러 차원들과 각 측면에 대한 빠짐없는 통찰과 분석은 개별 인간으로서는 거의 불가능에 가까울지도 모른다.[21] 그런데 그것을 '불가능에 가깝다'고 표현한 것은 반대로 인간이 지닌 무한한 잠재력 중에 이해의 가능성이 있을지도 모른다는 희망적 요청 때문이다. 만약 우주와 인간이 불가해성을 지니고 있다면 역설적으로 그것을 인식하는 인간의 능력도 불가해적으로 무한에 가까울 수도 있다는 논리가 성립할 것이기 때문이다.

그러므로 소태산의 생명론의 규명을 시도하면서 전제해야 할 것은 개체 인간의 깨달음을 통하여 그러한 다양하고 무한한 초월적 세계에 대한 총체적 인식과 파악이 가능하다는 점이다. 이것이 소태산 생명관의 기본적 입장이요 출발이다.

III. 소태산 생명철학의 이중적 구조

1. 미분과 분화의 이중성

소태산의 생명철학은 이중적 구조로 되어 있다. 법신불의 생명적 성격을 적실하게 표현하면서 구조적 이중성을 나타내고 있는 대표적인 개념은 '진공묘유(眞空妙有)'이다. 진공묘유는 소태산의 대표적 존재론이라 할 만하다.[22] 법신불은 진공이지만, 온갖 사물로써 완연하게 드러나는 묘유의 측면이 동시에 있다는 의미이다.

진공과 묘유는 그것이 함의하는 바를 본다면 양극인 동시에 모순이다. 따라서 소태산이 말하는 생명의 본질 또한 양극과 모순이 함께 드러난 것으로 보인다. 빛과 어둠의 시작과 끝이 없는 것처럼 우주의 비롯과 끝도 없으며 개체의 시작도 마침도 우리의 인식으로는 불가해하다. 이와 같이 우리의 마음 또한 시작도 끝도 없다. 시작은 끝에서 시작할 뿐이며 끝은 바로 새로운 시작일 따름이다. 이 양극의 대립과 모순 속에 법신불의 진리가 있으며 생명의 원리 또한 존재한다.

우주적 묘유화는 성주괴공(成住壞空)으로 표현할 수 있으며 개체적 묘유화는 개체 생명의 분화와 함께 변화의 과정인 생로병사로 표현할 수 있다.[23] 개체 생명의 분화는 구체적이며 매우 다양하여 세상에 똑같은 개체는 단 한 가지도 없다. 일란성 쌍둥이라도 다른 점이 있으며, 바닷가에 흔한 조개껍질의 무늬도 똑같은 것은 단 하나도 없다.

미분에서 분화하는 소태산의 생명철학을 구성하고 있는 또 하나의 원리는 인과보응과 음양상승의 연결이다.[24] 그것은 '인'이 '과'로 변환하는 원리를 음양이 서로 밀고 순환하는 것과 동일한 원리로 파악한 것이다. 양극과 모순은 세계를 이끌고 유지해 가는 대표적 양상이다. 그것은 생명 탄생과 그 창발적 진화가 음양상승과 같은 양극과 모순의 법칙하에서 그 원동력을 얻는 식으로 진행된다는 말이다.

그래서 소태산에게 음양상승은 우주적 원리인 동시에 인간의 운명을 개척해 나아가는 원리가 된다. 음양상승의 원리[25]는 '일원상 서원문'에서 '은생어해'가 되거나 '해생어은'으로 무량세계를 전개하는 원리가 될 뿐만 아니라, '참회문'에서는 선행자는 후일에 상생의 과보를 받고 악행자는 후일에 상극의 과보를 받는 것이 호리도 틀림이 없도록 하는[26] 법신불의 원리이다. 따라서 이는 생명이 출현·유지하는 원리로도 적용되며, 생명체가 진화·창발해가는 법칙이 되기도 한다.

진공과 묘유가 모순적이라 함은 두 개념이 서로 갈등과 배척의 측면만을 함의하고 있는 것이 아니며 전체적으로 조화적이라는 의미도 포함하고 있다. 음양상승이나 은생어해·해생어은 등의 개념이 지닌 모순과 조화의 원리는 생명체의 생성과 유지에 중요한 원리적 근거를 제공한다.

그러한 사유는 소태산의 사상 여러 곳에 깔려 있으며 그것은 생명과 인간을 유지하고 진화하여 가는 원리로 활용된다. 그 대표적인 것이 '강자·약자의 진화상 요법'에 나타난 생명철학이다.[27] 우주의 원리를 인간에 활용하는 것을 표방하는 소태산이 설한 '강자·약자의 진화상 요법'을 단순히 강자와 약자 사이의 조화를 찾는 사회적 지혜 정도로 생각해서는 안 된다. 강자와 약자가 진화하는 길은 바로 음양상승의 원리에 바탕을 둔 것으로, 음 또는 양으로 대표되는 잠재적 에너지의 양극성을 증가시킴으로써 생명체의 새로운 창발을 유도하는 변증법적 원리로 생각할 수 있다는 말이다.

소태산이 생각하는 생명철학은 음양의 한 극에서 다른 한 극으로 움직이며 순환하는 변화의 모습 그 자체에 주목하는 특징이 있다.[28] 개체의 탄생에서 죽음에 이르는 순환 역시 이런 움직임의 일부로 해석할 수 있다. 소태산에 의하면 인간사에서도 온전한 생명성을 발휘하기 위해서는 음양 에너지의 통합된 이원성을 따라 법신불이 작용하는 원리를 활용해야 한다. 이는 음양의 대대관계(待對關係)와 오행의 상생상극의 변화를 통해 생명적 질서를 조화의 목적으로 지향한다는 동양의 전통적 의미로 해석할 수도 있다.[29] 음과 양은 중립적이며 균형적인 에너지이다. 그러나 개체 생명 특히 인간이 진급하기 위해서는[30] 그 에너지를 중립적이며 안정된 형태로 사용하는 것이 아니고, 그것의 양적인 측면과 음적인 측면으로 왕래하면서 창발의 동력을 갖게 되어야 한다는 것을 의미한다. 인간이라는 생명체가 암수·천지·주야·생사 따위를 비롯한 거의 무한한 대립적 양극성을 현실에서 안을 때 생명으로서 출현·존재하는 것이며, 한편으로 그것들을 적절하게 활용하여 동력으로 삼아 개인과 사회에서 생명으로서의 창발성을 발휘할 수 있게 되는 것이다. 그렇게 본다면 인생이라는 생명 활동에 무의미한 것은 아무것도 없다. '강자·약자의 진화상 요법'은 사회에서뿐만 아니라 생명활동 전반에 활용될 수 있는 창발의 원리로도 활용 가능한 것이다.

요컨대 소태산이 보는 '미분과 분화의 이원성'은 생명의 탄생과 존재에 매우 중요한 의미가 있다. 생명체가 생사·강약 따위로 나뉘어 분화 대립하는 것 자체가 괴로운 고를 산출하는 것만이 아니라, 대립의 극복 또는 조화를 통하여 생명체의 새로운 창발적 진화가 구체화되는 것이기 때문이다. 이러한 태도를 소태산의 교법이 지닌 특징 중의 하나로 꼽아도 좋을 것이다.

2. 전체와 개체의 동시성

법신불을 '우주만유의 본원'인 동시에 '일체중생의 본성'이라고 보는 소태산의 사상은, 각 개체가 전체적 생명으로서의 통일된 속성을 지니면서 각 개체 생명 나름의 특징과 다양성을 지닌다는 존재적 측면으로 해석해도 좋을 것이다. 즉 법신불은 유일하고 절대이며 초월적 존재이지만 동시에 개체를 통하여 편재하며 개체를 통해 그 식과 에너지가 발현되는 것으로 보아도 좋다는 말이다. 그런 의미에서 법신불은 전체 생명인 동시에 개체 생명이다.[31] 이처럼 전체 생명과 개체 생명을 동시성(同視性)으로 파악하고 있는 것이 소태산 생명철학의 특징 가운데 하나로 생각할 수 있다.

그런 의미에서 법신불은 일원으로 표현되어 신앙과 수행의 대상이 되기에도 충분하고, 처처불상으로 표현되어 범불론적 바탕이 되기에도 충분하다.[32] 이러한 소태산의 견해를 따른다면 전체 생명에서 각 개체 생명을 알 수 있고, 개체 생명을 통하여 또한 전체 생명의 본질을 알 수도 있다. 인체의 각 세포가 완성된 인체의 모든 정보를 갖추고 있는 것처럼 각 개체는 완성된 우주로 파악될 수 있는 것이다. 그러므로 세계가 존재하기 때문에 내가 존재한다고 하거나 내가 존재하므로 세계가 존재한다고 하는 것은 둘 다 옳지 않다. 그 둘은 같은 상태이기 때문이다. 소태산의 눈에 비친 두 가지 생명 형태는 서로 없어서는 살 수 없는 형태로 함입되어 있다. 이것이 사은을 설명하는 소태산의 논리이다.[33]

개체 인간의 생명 활동은 모두 연기적으로 상호 관계 지워져 있다. 소태산의 표현에 의하면 '없어서는 살지 못할 관계'이다. 이 없어서는 살지 못하는 관계야말로 개체 생명이 지닌 전체적 생명성을 유추하게 한다. 전체의 완전성이라는 면에서 바라본다면 우주는 완전하고 통합적이며 유기적인 한 덩어리의 생명체로 여겨자연하게 존재한다. 다만 연기론적으로 볼 때 이러한 중중무진의 연쇄반응 체계는 이해될 듯하지만 논리적인 완벽함까지 갖춘 것은 아니다. 예를 들면 물체가 존재하기 위해서는 이 분자가 있기 위해서 저 분자가 있어야 하지만, 저 분자가 있기 위해서는 이 분자가 선행되어야 하는 논리적 모순이 있는 것이다. 같은 이치로 모든 부분들이 전제되어야만 전체가 성립할 수 있을 것이다. 그러나 존재계에는 딱 떨어지는 유리수만 존재하는 것이 아니고 영원히 나뉘지 않는 무리수도 존재한다. 또한 이 차원에서는 풀리지 않는 논리도 다른 차원에서는 문제될 것이 없을 수 있다. 따라서 전체적으로 중중무진의 연기적 상태는 모순 없이 존재한다고 볼 수 있다는 것이다.

절대의 차원에서 볼 때에는 상대성이 없으므로 상대적 개념이나 상대적 짝이 존재하지 않는다. 그러나 개체 생명의 관계성이라는 면에서 보면 수많은 개체와 개체 사이에 무량한 다양성의 관계가 서로를 규정하고 서로 영향을 미치며 어울려 존재한다.[34] 그것이 소태산의 은적 존재론이라 할 만하다.[35]

이러한 세계관에 입각해 본다면 전체적 온 생명에 바탕을 두고 개체 생명이 종적 혹은 횡적으로 또는 동시다발적이며 다차원적으로 전개되어 있다고 볼 수 있는데, 마치 인드라망의 거울과 같이 동시에 일즉일체 일체즉일(一卽一切 一切卽一)로 연결되어 있다.[36]

이러한 사유를 바탕에 두고 소태산은 처처불상을 주장한다. 모든 곳에 부처님 즉 법신불이 계시다는 것이다. 이는 환언하면 무한성의 식이 편재한다는 말이며, 한 개별 생명체는 모든 관계 속에서 법신불의 식과 에너지를 경험하고 있다는 말이다.

소태산의 '처처불상' 사상을 이러한 원리에 바탕을 두고 해석해야만 '사사불공'의 당위성이 수반된다. 처처불상의 원리 속에서 개체 생명 특히 인간은 그 자체로 완전한 법신불의 나타남이라는 사실이 전제된다. 즉 인간은 자신이 태어난 그 순간부터 전체 생명인 법신불의 분화신이라는 말이다. 따라서 법신불 자신인 절대의 온 생명이, 법신불 자신인 상대의 개체 생명을 통하여 경험하고 이해하는 구도로 되어 있다고 말해도 좋다. 다만 그러한 사실을 깨닫지 못한 분화신은 온전한 전체 생명의 속성을 회복하도록 인도되지 않으면 안 된다. 그러한 작업을 소태산은 사사불공이라 말한 것이다. 그러므로 사사불공의 궁극은 '상대와 좋은 관계에 도달하는 정도'가 아닌, '상대를 온전한 생명 형태 즉 부처를 회복하도록 하는 정도'에까지 이르지 않으면 안 된다.

전체 생명인 법신불은 개체 생명의 성취와 진급을 보장하는 기반이며, 그것은 인과의 법칙으로 완성된다. 이와 같이 이 세상이란 전체와 개체 생명 간 그리고 개체와 개체 생명 간의 모든 생명들이 상생과 진급의 축제를 벌일 수 있는 터전이라고 보는 것이 소태산의 생각이다.

일단 소태산은 가상적 구도로 개체 생명 간의 존재 구도를 피은과 보은이라는 틀을 빌려 표현하고 있다. 먼저 개체 생명인 인간은 전체 생명인 법신불로부터 '피은'되어 존재한다는 실상을 알아야 한다. 다음으로 그에 '보은'하는 길은 법신불이 진실로 존재하는 것을 이해하고 그에 합일하는 일련의 과정이 된다. 그리하여 모든 관계에서 최상의 능력으로 자유로운 창발력과 자비의 힘을 발휘하여 성불의 고지를 향한다. 이윽고 모든 개체 생명이 전체 생명의 본질을 회복하고 자유와 자비가 충만한 상태에 이르게 되는 것이 불공의 최종 상태인 동시에 수행의 궁극이 된다. 그러한 상태야말로 소태산이 말하는 광대 무량한 낙원이라 할 수 있다.

3. 통일과 다양의 조화성

소태산의 생명철학적 입장에서 보는 전체 생명과 개체 생명의 관계는 통일성과 다양성으로 표현할 수 있다. 즉 전체와 개체의 양상은 통일과 다양이라는 모습으로 규정할 수 있다는 것이다. 인간이라는 생명체는 무한히 작은 미시 우주를 포함하고 있고 동시에 무한히 큰 우주의 부분이므로 극대와 극미가 연결된 중간적 구성체이다.[37] 이들 생명체는 시공이 다른 차원에서 수많은 파동이 중첩되어 중중무진(重重無盡)으로 존재한다. 그리하여 우주에 존재하는 사물은 전체로서 하나의 복잡하기 짝이 없는 무한한 연쇄반응 체계라고 할 만하다.[38] 이러한 이치에 기반하여 현재심에서 순식간에 다차원의 무한 우주와 무한 세계와 소통할 수도 있다는 말은 불전에도 수없이 출현하는 내용이다. 이러한 법신불의 생명태적 모습을 통일적인 동시에 다양적이라고 말하는 것이다.

소태산이 법신불이라는 시각으로 바라본 이 우주는 하나의 생명체이다. 그러므로 통일적이다. 그러나 그 통일성의 바탕 위에 다양한 법칙이 종횡으로 무수히 전개되어 있다. 그 다양한 법칙은 전체적으로 통일적이라 하겠으나 개별 법칙은 다른 개별 법칙에 서로 연관·공명되기도 하고 서로 상이·불간섭되기도 하며 무량세계를 전개한다. 그러므로 다양하다는 말이다.[39]

무수하고 다양한 별들이 그들 나름의 주기를 엄격하게 지키면서 하나의 전체적 질서를 유지하는 것이나, 우주 공간에서 다양한 파장들이 서로 간섭하거나 간섭당하지 않고 우주 끝까지 전개하는 것도 같은 이치이다. 마치 물그릇과 관계없이 물은 여전히 물이며 빛은 빛이 만들어 내는 색깔과 무관하게 여전히 빛이지만, 그 물을 담는 그릇에 의해 물의 모양이 결정되고 사물에 따라 아름다운 색깔이 나타나듯이, 모든 것은 여러 가지 연기적 조건에 의해 다양성이 결정된다. 그와 같이 생명의 본체도 반영되는 조건과 관계없이 그냥 본체일 따름이지만 조건에 따라 다양한 생명으로 분화되는 것이다.

그러한 소태산의 생각은 "이 원상의 진리를 각(覺)하면 시방 삼계가 다 오가의 소유인 줄을 알며, 또는 만물이 이름은 각각 다르나 둘이 아닌 줄을 알며"[40]라는 언급을 통해서도 가늠할 수 있다. 또한 정산의 "천지만물이 허공에 근본하여 있다."[41]는 말은 전체 생명의 천지만물에 대한 참여와 초월의 동시 창발적(創發的) 성격을 보여주는 것이다. 정산은 다시 이 관계를 허공이 만물을 소유한다는 개념으로도 설명하고 있는데[42] 이것도 같은 시각으로 간주될 수 있다. 여기에서 허공이 만물을 소유한다는 말은 종속 관계를 뜻하는 것이 아니요 하나이면서 다양한 관계이며, 양극적이면서 조화적인 관계인 것으로 해석할 수 있다.[43]

다양이라는 말은 개별 생명의 양태가 다양한 모습으로 나타난다는 말일 뿐만 아니라 동시에 다차원적으로 존재한다는 말이다. 다차원적이고 다양한 법칙이 있으므로 여기에는 '유유상종(類類相從)의 원리'가 적용 가능하게 된다.[44] 즉 사은으로 분류되는 은적(恩的) 연기의 법칙이 인간이라는 생명체에게 적용될 때는 유유상종으로 나타난다고 볼 수 있다는 말이다. 유유상종이란 비슷한 것들끼리 비슷하게 뭉쳐 있다는 말이다. 그것은 같은 차원 같은 측면을 공유하는 것들은 서로 가까이 얽혀서 존재한다는 의미이다. 유유상종의 생명체 무리들은 그러한 차원과 그러한 측면에만 익숙하다는 말도 된다. 유유상종에서 중요한 것은 요소가 아니고 요소들을 연결하는 연결 방식이다. 이 연결에 의하여 요소와 요소, 요소와 전체 간의 복잡한 상호 되먹임 현상이 출현하고 그 과정에서 발생하는 것이 자기 조직화이며, 생명체는 이 자기 조직화의 최고 구현체인 것이다.[45]

요컨대 소태산 생명철학에서 통일과 다양의 조화라는 측면을 살펴보면, 근원적으로는 통일성이지만 개별적으로는 다양성이 적용되며[46] 다양성이 적용되는 개별 생명체의 모습은 유유상종의 원리를 따라 은적 연기의 조직화 양태를 보인다고 정리할 수 있다.

4. 삶과 죽음의 일관성

삶이란 생명체의 연기적 조화와 지속을 말하며, 죽음이란 그것의 부조화와 단절을 의미한다고 볼 때, 삶과 죽음이란 생명현상의 반대적인 국면을 표현하고 있는 개념으로 생각할 수 있다. 그러나 삶과 죽음을 서로 뗄 수 없는 관계인 것으로 보고 한 존재의 두 측면으로 본다는 점은 소태산의 시간론인 동시에 그의 생명철학이 지닌 또 하나의 특징이다.

소태산은 "이 우주와 만물도 또한 그 근본은 본연 청정한 성품자리로 한 이름도 없고, 한 형상도 없고, 가고 오는 것도 없고, 죽고 나는 것도 없고, 부처와 중생도 없고, 허무와 적멸도 없고, 없다 하는 말도 또한 없는 것이며, 유도 아니요 무도 아닌 그것이나, 그중에서 그 있는 것이 무위이화 자동적으로 생겨나, 우주는 성주괴공으로 변화하고, 일월은 왕래하여 주야를 변화시키는 것과 같이…"[47]라고 말한다. 즉 전체 생명과 개체 생명이 사실은 죽고 사는 것이 아니고, 본래는 생성과 소멸이 없는 것으로 파악하였다. 소태산의 그러한 의도는 두 가지 측면에서 파악할 수 있다.

첫째, 우주적 생명은 물론이고 개별적 생명조차도 본래는 시간에 관계된 것이 아니라는 점이다. 시간을 전제로 해야만 삶과 죽음의 변화가 발생한다. 시간이 없으면 죽음도 없다. 그런데 시간은 3차원을 살아가는 우리의 의식 속에만 있는 것이다. 따라서 그러한 한계성의 의식을 넘어서면 시간도 없고 공간도 없다는 것이다. 그러한 의도는 소태산의 시작 속에서 끝을, 끝에서 시작을 보라는 말[48]에서 찾을 수 있다. 이는 바로 영원성에 대한 암시이다.[49]

둘째, 생명체를 규정하는 인과의 법칙에 대한 바른 이해가 있어야 한다는 것이다. 그렇게 될 때 인과의 원리에 구속된 삶과 죽음은 다른 차원으로 해석이 가능해진다. 인과의 법칙은 물리적·심리적 공간 속에서 발생하는 사건들의 시간적 연속에 적용되는 것이다. 그러나 인과는 시간·공간적으로 단선적·개별적인 것이 아니다. 앞서 논의한 바대로 우주는 복합적이고 중층적이며 다차원적이므로 불변의 절대시간과 절대공간이라는 개념은 성립할 수 없을 것으로 보인다. 마찬가지로 우주나 개체의 전후 관계를 단선적이고 개별적인 인과의 법칙만으로 파악을 한다면 개체의 생명 활동에 대한 설명이 옹색하다.

우주의 잠재력은 무한한 것이므로 그 연(緣)에 한계가 없고, 그 과(果)에 무한한 가변성이 있다. 개체에 적용되는 인과의 법칙을 고정적이며 단선적으로 파악할 수 없는 이유가 여기에 있다. 어떤 면에서 측량할 수 없는 무한한 우주 전체를 인과 연으로 간주하여 본다면 인과의 법칙은 없는 것처럼 보일수도 있을 것이다. 그것은 없다는 것이 아니라 엄밀한 의미에서 파악이 거의 불가능하다는 말이다. 또한 작은 생명 하나가 존재하는데에도 전체 생명이 다 참여하고 있다는 사실이라든지, 작은 생명 하나가 현존하는데에도 영원한 과거와 영원한 미래가 함께하고 있다는 사실 등을 상기하면서 인과를 설명해야 한다는 말이다.

그러므로 소태산의 생명철학에 입각하여 바라본다면 개체 생명이 생멸한다는 것의 이면에는 개체 생명의 사멸이 아닌 영원성이 함께하고 있다. 다만 개체 생명이 지닌 제한된 감각·느낌·생각 등을 통하여 인식하기 때문에 개체 생명은 전체 생명을 의식하고 못할 수 있다. 그렇게 되면 전체 생명과 통하는 인식의 통로에 이상이 생기면서 중생의 업이 발생하게 된다. 이로써 채워지지 않은 과거의 욕망에 대한 집착의 에너지가 모이고 그 업은 다음 순간에 하나의 인간이라는 생명 형태와 용량을 형성하며, 그것이 인생과 생명 활동을 규정함으로써 중생의 윤회가 계속되는 것이다.

통상 마음이 하나의 욕망을 그려 내면 개체 생명은 그 틀과 자신을 동일시하는 속성이 있다. 작은 성냥불 하나가 커다란 산불을 일으킬 수 있듯이 하나의 욕망이 연속되는 수많은 업들을 일으킬 수가 있으며, 매우 작은 욕망 하나도 긴 세월의 업을 낳을 수 있다. 업은 바로 욕망의 성취의 결과이므로, 충족되지 않은 욕망들은 다음의 생으로 이전되며 새로운 욕망의 업을 불러일으켜서 끝이 없게 만든다. 이러한 반복을 윤회라 부른다. 윤회를 넘어서려면 영원히 죽어야 한다. 그것은 생명 활동의 지멸을 뜻하는 것이 아니라 아상(我相)에 기반을 둔 기억과 욕망과 습관을 온전히 사라지게 하는 것을 의미한다.[50]

소태산이 보는 생명체의 삶과 죽음은 어떤 쪽으로 보더라도 영원히 지속 가능한 하나의 생명적 활동이다. 여기에서 개체적 윤회를 끊고 전체적 영원성에 합일하려는 서원을 세우며 수행에 발심한 개체 생명은 모천을 향해 폭포를 거스르는 연어와 같이 새로운 차원의 생명 가능성을 위해 몸을 던지는 모습이 되는 것이다.

IV. 맺음말

소태산의 생명철학은 그의 법신불관 자체이다. 왜냐하면 그의 법신불에 대한 태도는 식과 에너지 그리고 생명이라는 구도로 파악이 가능하며, 그것은 우주와 인간의 존재적 바탕이기 때문이다. 그러나 소태산의 법신불관은 대승불교의 불신론을 근간에 두면서도 존재론적 의의가 강한 것으로 생각되었다. 그래서 소태산의 법신불관에 바탕을 두고, 그것을 존재론적으로 해석하여 생명철학적 입장에서 정리하려 한 것이 본 연구의 내용이다.

그런데 소태산의 존재론은 이중적 구조로 되어 있다고 파악되었다. 그 이중적 구조란 미분과 분화, 전체와 개체, 통일과 다양, 삶과 죽음이라는 매우 상반되는 개념들을 사용하여 생명의 본질에 대한 접근의 통로를 제시한 것이다.

개체 생명체인 인간은 본래 다차원적이며 영원한 전체 생명과 연결되어 있지만, 개체 의식과 업의 제약으로 중생계에 머물러 있으면서 제약된 시간과 공간 속에 존재하고 있다. 그러나 신앙과 수행을 통하여 그 너머의 차원, 전체 생명의 세계로 확장·진입이 가능하며, 그 궁극의 상태가 대각을 통한 해탈이다. 이것이 분화되고 개체적이며 다양한 생명체가 통일성의 생명체 즉 우주적 자아로 탈바꿈하는 원리인 것이다.

소태산이 자신의 생명철학을 이와 같은 이중적 구조를 통하여 전개하며, 다시 그것을 전체 생명으로 통합한 이유는 중생이라는 개체 생명이 부처라는 온 생명으로 전환하는 것에 대한 이론적 통로를 제시하기 위함이었다고 본다. 생명 개념의 양면적 모순을 통합하려는 그의 생명철학은 파란고해에 휩싸인 이 세상 속에서 광대 무량한 낙원을 건설하려는 그의 의도와도 부합된다. 개체 생명을 떠나 온 생명이 따로 없다는 그의 생명철학은 이 현실에서 낙원이 가능하다는 이론과 통하기 때문이다.

소태산의 생명에 대한 태도는 그가 바라보는 세상 혹은 우주와 동일한 것이었으며, 함께 이루어 나가야 할 이상 세계 또한 그러한 생명철학의 구도에 바탕을 두고 있다. 그러한 소태산의 생명철학은 소태산 법신불관의 새로운 해석으로 보아도 좋다. 이러한 시도를 통하여 소태산의 존재론에 대한 탐구가 본격적으로 이루어지기를 희망한다.

생명 세션 토론

녹취문

○ 진행(김정현)

오늘 생명의 대전환 세션에서 다섯 가지 주제 발표를 했습니다. 첫째, 몸의 생명, 경락 프리모 순환계를 중심으로 한 발표가 있었고, 둘째, 물질문명의 몰락에 따른 21세기 생명문명을 준비해야 한다는 점을 쓰치다 선생님이 발표했고, 셋째, 생명운동과 영성적 생활 수행 활동과 관련해서 이병철 선생님께서 말씀하셨고, 넷째, 원불교와 사람살이, 살림살이의 길에 대해 최봉영 선생님께서 말씀해 주셨습니다. 끝으로 정순일 교수님께서 소태산 대종사의 생명철학이라는 주제로 발표해 주셨습니다. 토론은 따로 시간이 있습니다. 토론자의 질의에 대한 발표자의 답변이 있어야 될 것 같아요. 선생님들께서는 간략하게 문제제기된 것들을 중심으로 답변해 주시기 바랍니다. 토론자의 질의에 대한 발표자들의 답변을 먼저 듣고 그다음에 청중과 같이 토론하고 대화하겠습니다. 먼저 쓰치다 다카시 선생님이 답변해 주시기 바랍니다.

○ 쓰치다 다카시

야마모토 선생님의 논평에 대해서 제가 감상 같은 걸 말하는 기회가 있는지 몰라서 잠깐 주저했습니다. 야마모토 선생님께서 제 발표의 요지를 정확하게 이해해 주셨다고 생각합니다. 아마 논평자인 야마모토 선생님은 '한일 간의 장래 우호와 서구 중심 세계를 넘어서 동아시아 세계를 어떻게 구축할 것인가'라는 문제의식을 갖고 제 이야기를 들어주신 것 같습니다. 솔직히 말씀드리면 이렇게 큰 테마에 대해서 평소 별로 생각을 못해 봤습니다. 제가 평소에 고민했던 것은 한일 간의 역사적인 과오가 왜 일어나는가 하는 점이었으며, 이것을 생명의 관점에서 극복하려는 문제의식은 줄곧 가지고 있었습니다. 야마모토 선생님이 말씀해 주신 동아시아적인 맥락, 사상사적인 맥락에서의 접근을 하나의 과제로 삼고 한편으로는 그런 문제를 생각하지 못한 것을 부끄럽게 여기면서 앞으로 계속 고민해 나가겠습니다. 감사합니다.

○ 김정현

다음으로 이병철 선생님께서 답변해 주시겠습니다. 토론이나 문제제기보다는 선생님이 생각하는 것들이나 생활하면서 느꼈던 점들을 말씀해 주셨는데 여기에 보충해서 말씀하실 내용이 있으면 좀 더 해주시죠.

○ 이병철

제가 이야기하고 싶었던 요지는 어떻든 지금 이 생명의 위기 때문에 새로운 살 길을 찾아야 하는데, 그 길은 결국 종전의 방식으로는 안 된단 말이에요. 그러면 새로운 살 길이 무엇인가. 그동안에는 운동과 삶과 영성이 분리되어 왔다고 봅니다. 나와 세상을 분리해 왔단 말이지요. 그런데 나와 다른 사람을 분리하니까 물질 중심주의 세태를 바꾼다든지, 세상을 대상으로 한 어떤 노력들이 성취되지 않아 절망하곤 하지 않습니까? 그런데 실제에 있어서 우리 삶과 타인과 만물의 근원이 나와 둘이 아니라는 자각에 이른다면 삶 자체가, 내가 나를 살해하는 이 문명, 다른 생명을 파괴하거나 내 편리만을 위해 주변을 돌아보지 않는 것이 결국은 나의 생명을 내가 해치는 것이라는 자각에 이르게 되고, 그러면 세상을 살아가는 방식이 달라질 것이란 말이죠. 그게 종교나 수양이란 측면이 아니라 일상의 삶 속에 실현되는 어떤 것들, 그런 깨달음과 삶의 실천이 지금 여기서 이루어지는 것, 그게 저는 전환이라고 생각합니다. 그래서 수양을 하면 이렇게 훌륭한 사람이 되고 뭘 깨달아야 되는 게 아니라, 위기에 처해 있는 우리가 살 길로서 영성과 수행과 운동이 함께 가야 하는 시점이 아닌가 생각합니다. 저는 전환이, 그러니까 운동이 곧 생명운동이고 전환이고 각성이고 일차원의 삶의 실천이라는 생각을 나누고 싶었고 아마 조희부 선생님도 다른 차원에서 그런 말씀을 하셨다고 이해를 합니다. 고맙습니다.

○ 김정현

다음으로 정순일 교수님께 질문 세 가지를 해 주셨는데 '법신불의 생명적 속성을 질이 아니라 영기질 자체로 볼 수 없는가'라고 하는 질문, '진리의 본원과 현상의 관계에 대한 선생님의 관점'에 관한 질문, 또 '보신불의 시계에 대한 설명을, 원리적으로 다시 한 번 해달라'는 세 가지 질문이 나왔던 것 같습니다. 자유롭게 말씀해주시죠.

○ 정순일

첫 번째 질문은 제가 집과 에너지 그리고 생명, 세 가지로 법신불의 속성을 나누었는데, 나누면서 그것을 정산 종사가 말씀하신 영기질과 연결지어서 설명한 부분이 있습니다. 본문 말고 주석에 달았는데 그렇게 한 이유는 완벽하게 부합하는 것이라고 보기보다는 그런 구도를 취해서 이 연과에, 저기 '집'과 또는 그 에너지를 함께 담은 것을 '질'이라고 해석해도 좋지 않겠느냐, 라고 하는 희망어린 접근을 했다고 것을 말씀드립니다. 거기에 완전히 서로 연결된다고 얘기를 하지는 않았습니다. 사실은 진리에 접근하는 방식은 범주가 굉장히 많습니다. 하나로 접근할 수도 있고 양면으로 접근할 수도 있고 세 가지로 접근할 수도 있고 네 가지로 접근할 수도 있고, 원불교에서는 사은을 강조하므로 네 가지로 접근하기도 했는데, 세 가지로 접근한 것 중에서는 정산 종사의 영기질과 공원정(空圓正)같은 구도가 있습니다. 그러나 영기질과 공원정은 하나씩 연결 짓기가 대단히 어렵습니다. 세 수로 존재를 파악하려고 하는 구도적인, 대표적인 게 인도철학에서의 three guna지요. 세 구나를 가지고 하는데 이 구나(guna)를 공원정 혹은 영기질과 연결 짓기에는 굉장한 무리가 있습니다. 그래서 앞에서 접근하는 것은 여러 가지 구도가 있다, 라고 하는 것을 말씀드리는 것으로만 답변을 대신하도록 하겠습니다.

두 번째, 일즉다 다즉일이라고 하는데 '즉'이라고 하는 것이 완전히 같은 거냐, 조금은 다른 거냐, 라고 묻는다면 같기도 하고 다르기도 하죠. '무조건 같다'고 하면 이것을 환원주의에 빠졌다고 얘기합니다. 다르게 해석할 수 있는 부분도 이 세상에는 얼마든지 있기 때문에, '즉'이라고 하는 것은 훨씬 더 유연하게 해석을 하는 게 옳지 않을까 생각합니다.

세 번째, 우주식이 에너지로 변화하는데 이 에너지가 식의 법칙에 구속된다는 것을 설명해 달라는 얘기가 있었습니다. 물은 온도에 따라서 수중기도 되고 얼음도 됩니다. 그러나 그 물의 H_2O라고 하는 속성은 어느 상태가 돼도 변화가 없습니다. 그러니까 어떤 상태든, 물이든 얼음이든 간에 H_2O의 속성, 즉 법칙의 지배를 받는다, 이런 식으로 비유해도 좋지 않을까 생각합니다. 이상입니다.

○ 김정현

예, 우선 발표자들의 답변을 들었습니다. 이젠 플로어의 질문을 받겠습니다. 발표자에게도 괜찮고 토론자에게 질문해 주서도 좋습니다.

○ 질문자1

반갑습니다. 영산선학대 이경진 교무입니다. 저는 오늘 학술대회의 네 가지 세션 가운데 생명세션을 선택해서 초지일관 계속 자리를 지키고 있습니다. 그 이유 중 하나가, 생명이라는 걸 생각을 하면 항상 기득권 세력의 생명에 대한 무참한 잔혹함이 계속 따라다닌다는 생각을 하게 됩니다. 그래서 앞에 발표하셨던 쓰치다 다카시 선생님이나 이병철 선생님께서 실생활에서 그런 것을 보셨는지와 그것을 실질적으로 어떻게 해야 되는지 말씀하셨고, 또 우리가 좀 더 답게 살기 위해서는 어떻게 해야 할지 언어적으로, 그리고 진리적으로 말씀해 주셨습니다. 저는 과연 생명의 대전환, 개벽의 관점에서 오늘의 생명 현실을 어떻게 바라봐야 하는지, 결론은 하나 되는 세계로 가야 되지 않을까 생각합니다. 하지만 아직은 그런 개벽과 벽이 있으니까, 그것을 부수는 데에 어떻게 다가서야 할지 말씀해 주시면 감사하겠습니다.

○ 김정현

이것을 네 분이 모두 답변하시는 것보다는 이병철 선생님이 제일 답변을 잘 해 주실 수 있지 않을까 싶은데요. 선생님 부탁드리겠습니다.

○ 이병철

제가 답변을 잘 할 수 있어서 말씀드리는 건 아니고 사회자가 저를 선택해서 말씀드리겠습니다. 우리가 살면서 가장 고통스러운 부분이긴 합니다. 그래서 아마 '고'(苦)라고도 할 겁니다. 결국은 우리가 보는 세계에 대한 인식은 스스로가 하죠. 그러니 내가 평온하지 못하면, 이를테면 내가 행복하지 못하면 우선은 이 생명이 편하지 못할 뿐만 아니라 행복하지 않은 나를 통해서 내가 사랑하는 사람들을 힘들게 하고 불행하게 한단 말이죠. 중요한 것은 우선 내가 여기에서 어떻게 피어날 수 있을 것인가, 내가 내 마음의 자리를 어떻게 편안하게 할 수 있을 것인가, 그러니까 세상에 비가 오든 바람이 불든 그건 접어놓고 내가 스스로를 어떻게 해야 할 것인가를 먼저 생각합니다. '성성적적'(惺惺寂寂)이라는 말이 아마 그런 데서 나온 것일 텐데 스스로를 잘 모시고 나 사신의 소중함을 자각하는, 정말 세상은 나로부터 이렇게 시작되는 구나, 라고 하는 각성, 자극, 자기에 대한 사랑을 통해서 주변의 사람들 또한 나처럼 욕망과 고통과 아픔이 있다는 걸 이해하며 바라보고 그 사람 또한 아픔에서 벗어날 수 있도록 기도하고 그런 마음을 보내는 겁니다. 그래서 저희 도반들은 지금 공통으로 두 가지를 제안하고 있습니다. 하나는 '밥을 정말 감사하게 모시는 것'이고, 그다음은 '나와 다른 존재를 위해서 기도하기'입니다. 세상의 모든 존재들을 위해서, 그리고 자비의 기도, 자비의 축원문, 그 다음에 호흡에 따라서 세상의 고통을 들이마시고 사랑을 내보내고…. 그게 쉽진 않지만 그런 식으로 해서 하나씩 나와 세상이 분리되지 않는다고 한다면 내가 말하는 말, 손짓, 시선 그것이 나와 세상의 판을 바꾸는 어떤 에너지 또는 파동 혹은 마음이 된다고 생각합니다. 그래서 내 안에 어떤 길이 깃들어 있지만 세상의 고통과 같은 것 때문에 지금 이렇게 얼어 있는 내 가슴을 내가 먼저 어떻게 여기는가, 그래서 저희들은 가슴에는 사랑, 얼굴에는 미소라는 만트라를 계속 챙겨보는 거죠. 제 말씀은 그동안 우리를 괴롭혀 온 세력에 대해서 분노도 하고 싸우기도 하고 더 심하게 말하면 저주도 했단 말이에요. 그런데 그런 과정에서 먼저 상처를 받고 힘들어지는 건 나와 내가 사랑하는 사람의 관계였기 때문에 우선 여기에서부터 사랑의 둥지, 사랑의 에너지 기운들을 펼쳐나가자는 것입니다. 내가 그 중심이 되고, 당신이 그 중심이 되고, 내가 여기서 꽃피우고 당신이 꽃피우면 세상이 더불어 함께 밝아진다는 믿음을 갖고 걸어가는 거죠. 저는 그렇게 생각합니다.

○ 김정현

예, 또, 질문 하시죠.

○ 질문자2

저는 쓰치다 선생님께 질문하겠습니다. 저도 30년 전에 선생님의 『공업사회 붕괴』라는 책을 보고 상당히 감명을 받았습니다. 중복되는 이야기지마는 우리도 한때는 일본과 미국의 제국주의를 이야기하면서 한국도 자유롭지 못한 게 베트남 양민학살에 많은 파병을 했습니다. 특히 한국사회에서도 민주정부라고 들어섰던 노무현 정권 때, 더구나 우리 한국의 민정운동을 했다는 그 국회의원들이, 이라크 침략전쟁에 우리 국군을 파병한 사실이 있거든요. 그것이 우리도 자유롭지 못한 점입니다. 그리고 한국의 진보적 언론이라는 한겨레신문이나 경향신문조차도 우리의 부끄러운 과거에 대해서 한 번도 언급하지 않은 사실은 우리 국민으로서 참 부끄럽게 생각합니다. 제가 생각하건대 어떻게 보면 우주라는 큰, 한 가족이라고 하는 철학적 개념이 있으면 우국가적인 이해 관계가 이렇게 팽배하진 않을 것 같은데…. 그래서 저는 노자의 무위자연처럼 자연 속에서 좀 배워야 된다는 생각을 합니다. 그 다음에 아까 쓰치다 선생님은 유기자연농업과 자연적인 삶을 하나의 대안으로 보는데 저도 공감하고 있습니다. 그런데 그것 말고도 다른 어떤 대안이 있으시면 간단하게 한 번 말씀을 듣고 싶습니다. 이상입니다.

○ 질문자2

야마모토 선생님도 대안적인 언론 활동을 하고 계시니까, 답변해 주시면 감사하겠습니다. 우리 한국의 언론이 다루지 못하는 사실, 우리 자신에 대한 어떤 성찰과 비판을 하고 계신 것에 대해서 한 말씀 듣고 싶습니다.

○ 쓰치다 다카시

지금 대단히 중요한 문제를 지적해 주셨습니다. 감사합니다. 너무나 큰 문제라서 간단히 대답하기가 어려운데 시간 관계상 짧게 대답하겠습니다. 정의와 사악함에 대해서 말씀을 해주셨는데요. 정의와 사악을 잘못 구분하는 경우, 그 요인이 두 가지가 있는데 하나는 이해관계에 의해서 인간을 판단하게 되고 또 그 이해관계를 같이 하는 사람들이 연대해서 동조하기 때문에 잘 못 볼 수가 있게 됩니다. 또 하나는 힘이 큰 쪽에 동조하도록 논조를 만들어 가니까 정의와 사악함을 잘못 분별하는 경우가 있습니다. 아마 지금 질문해 주신 선생님의 표현대로라면 한국도 이라크전쟁 때나 베트남전쟁 때 이런 요인 때문에 구분을 잘못해서 한때 잘못된 길을 간 것은 아닌가 생각하는데 요, 그러면 어떻게 해야 되느냐. 제 생각에는 정의에 의존해서도 안 되고 정 의에 대해서 싸워도 안 된다고 생각합니다. 즉, 정의를 포용해야 된다는 게 제 의견입니다. 자기와 의견이 달라도 말할 용기가 필요하고 이것이 바로 민 주주의의 중요한 요인입니다. 그렇다고 해서 강한 상대와 맞서 싸우는 것만 큼 어리석은 일은 없습니다. 그것을 포용하고 소화해야 한다고 생각합니다. 우리는 결코 약하지 않습니다. 종교를 가진 분들에게는 신이나 부처님이 함 께하고 계십니다. 스피노자 식으로 말하면 신성이 자기 안에 있습니다. 따라 서 우리에게는 강한 힘이 있습니다. 그리고 죽을 때까지는 자연치유력과 생 명력을 가지고 있습니다. 자기가 하는 일이 옳다고 확신하고 옳은 일을 하고 동시에 자기반성을 하면서 나아가야 된다고 생각합니다. 어제 소태산 대종 사님의 관련 다큐를 보았는데 주변 사람들의 증언에 의하면 그분은 스스로 행복한 삶을 사셨고 주변도 행복하게 해주셨다고 합니다. 이런 것처럼 먼저 자기가 행복하게 되고 행복해지고 동시에 주위 사람들을 행복하게 하는 그 러한 삶을 사는 것이 올바른 길이 아닌가 생각합니다. 감사합니다.

○ 김정현

예, 시간이 조금 지나갔는데요, 마지막으로 한 분만 더 질문을 받도록 하겠 습니다. 우선 노권용 교수님과 김태창 교수님께서 같이 질문을 해 주시죠.

○ 질문자3

정순일 교수님 발표 중에 '법신불과 생명' 부분에 우주와 인간의 어떤 불가해성이라는 내용을 감명 깊게 들었습니다. 우주와 인간의 불가해성은 다시 말하면 생명의 불가해성인데 그것을 발표자는 우리 생명의 능력, 인간의 인식 능력 그 자체가 불가해하다' 라는 얘기까지 되지 않느냐고 하신 면에서 큰 희망을 가졌습니다. 아까 논평자가 '영기질 그 자체를 전체 생명으로 보면 어떻겠느냐'라는 질문을 했습니다. 발표자의 법신불 구조에서 보면, "불변하는 측면이 또 있다"라고 하셨는데 생명의 불가해성으로의 확장을 위해서는 변하는 측면만이 영기질로서의 생명이 아니라 불변하는 측면 그곳까지를 다 생명으로 확장해서 볼 수 없을까, 다시 말하면 법신불은 이중구조가 있는데, 이중구조 중에 변하는 측면만이 생명이 아니라 불변하는 측면까지 전체를 포함할 때에 법신불의 또는 생명의 불가해성의 영역이 훨씬 넓어지지 않을까 하는 질문을 하나 드립니다.

○ 김정현

예, 그 다음 김태창 교수님, 질문 하시겠습니까?

○ 질문자4

저는 좀 단순한 질문입니다. 모처럼 좋은 말씀을 들었습니다. 그 다음에 정순일 교수님께 질문하셨던 것과 관계가 됩니다만, 전 더 소박한 질문입니다. 식하고 에너지하고 생명이라고 말씀하셨단 말이에요, 그러면 식하고 에너지하고 생명은 서로 다른 것인가, 아니면 그 생명관 속에 포함이 되는 요소라고 할까? 아주 생명과는 관계가 없이 따로 식과 에너지를 말씀하신 건지 그것이 제가 잘 이해가 안 돼서 그 점을 말씀해주시면 감사하겠습니다.

○ 질문자5

저는 영국 청년영성공동체에서 일하고 있는 우나나입니다. 제가 지금 영성공동체에서 일해서 그런데 이병철 선생님과 정순일 선생님 발표를 관심 깊게 들었습니다. 제 궁금점은 종교랑 영성이랑 그게 다른 점이 있는지, 다른 점이 있다면 어떻게 다른지, 하는 점입니다. 왜냐면 제가 있는 곳에서 보니까 청년들이 종교 성향을 띠는 것은 싫어하면서 영성적 성향을 띠는 것은 이제 세계적 트렌드로 나오거든요. 그게 다른 점이 있다고 생각하시는지, 다르면 어떻게 다른지 듣고 싶습니다.

○ 김정현

예, 시간이 갈수록 열기가 점점 더해는데, 시간이 좀 많이 지나간 것 같습니다. 정순일 교수님께서 총괄해서 간략하게, 답변해 주시기 바랍니다.

○ 정순일

사회자님께서 총괄적으로 간단하게라고 말씀을 하시는데 총괄적으로 할까요, 간단하게 할까요?(웃음) 간단하게 하겠습니다. 김태창 교수님이나 노권용 교수님께서 하신 질문은 두 분이 하셨지만 하나의 질문으로 저는 생각을 합니다. 식과 에너지와 생명은 하나인가, 별개인가. 하나지요. 식으로 보면 전체가 식이고 생명으로 보면 전체가 다 생명입니다. 그러니까 또 그것의 본질이 다 비었다, 라고 한다면, 한 점을 본다면 모두가 다 공이죠. 저는 질문하신 두 분 선생님이나 저의 생각이 전혀 다르지 않다고 생각합니다. 다음에 종교와 영성이 같은가 다른가. 같습니다. 어떤 점이 다르냐. 나는 이러이런 종교를 믿고 있다, 라고 생각하는 사람이 있다면 그건 종교인이고 나는 기독교니 불교니 하는 이런 종교와 상관없이 종교를 하고 있다면 그건 영성인이고 그렇습니다. 저는 그렇게 생각합니다. 간단하게 했습니다.

○ 김정현

　시간이 있으면 더 많은 질문들이 나올 것 같습니다. 오늘 아침 10시에 시작해서 지금까지 7시간 15분간 진행을 했는데요, 오늘 발표하고 토론했던 내용들을 총괄해서 다시 간단히 정리를 하겠습니다. 오늘 발표 내용들은 처음에 프리모 순환계를 중심으로 해서 영기질, 생명관 말씀을 해주셨고요, 또 물질적 세계관, 금주주의 이렇게 표현했었는데 아마 돈을 신격화해서 숭배하는 그런 태도, 돈의 물신주의 뭐 이런 것이 아닌가 얘기들도 나왔고요. 또 공생공빈, 사람의 밥의 위기, 생명의 위기. 마음살림, 사람다움, 살림살이, 법신불과 우주적 자아로 탈바꿈하는 여러 가지 키워드로 정리가 될 수 있지 않을까, 이런 생각을 합니다. 아마 21세기 우리가 사는 세계, 물질적 세계관으로부터 생명의 대전환이 이루어지기 위해서는 마음의 혁명, 다시 얘기하면 사물을 바라보고 또 우리가 세상을 바라보는, 사람을 바라보는 눈이 좀 달라져야 되지 않나, 관점의 변화가 있어야 되지 않나, 우리 몸의식의 변화가 좀 수반이 돼야 되지 않나, 나의 변화가 있어야 되지 않나, 이런 생각을 하게 됩니다. 지금까지 우리 경쟁, 나 살고 너 죽고 이런 어떤 논리가 아니라 살림, 섬김, 나눔, 평화의 가치, 또 땅이나 몸, 인간과 세계를 살리는 생명의 어떤 세계관, 이런 것들을 찾는 노력을 해야 될 것 같습니다. 미국의 생태학자 가운데 르네 뒤느보(Renne' Dubos)라는 사람은 우리가 이제 "지구적으로 생각을 하고 지역적으로 행동할 때가 됐다"라는 얘기를 하는데, 저는 이 명제를 우리가 "우주적 살림살이를 생각하고 생명을 섬기듯이 그렇게 행동을 해야 될 때가 됐다"라는 말로 바꾸고 싶습니다. 내가 생명이 되고 또 우주가 되어서 우주적 나를 살려낼 때 21세기 생명의 살림살이 문명이 시작될 수 있지 않나, 이런 생각을 하게 됩니다. 대단히 감사합니다.

문명의 대전환과 종교의 역할 / 백낙청

1 백낙청, 『2013년체제 만들기』, 파주: 창비, 2012.

2 필자는 분단 체제론의 이름으로 그런 논의를 전개해왔고, 『분단 체제 변혁의 공부길』
, 서울: 창작과비평사, 1995; 『흔들리는 분단 체제』, 서울: 창작과비평사, 1998; 『한반
도식 통일, 현재진행형』, 파주:창비, 2006; 『어디가 중도며 어째서 변혁인가』, 파주: 창
비, 200 등 일련의 졸저를 통해 구체화하고자 노력했다. 위의 『2013년 체제 만들기』도
같은 논의의 연장이었다.

3 근대, 근대성, 현대, 현대성이 영어로는 모두 modernity라서 그 내용에 따라 달리 번
역하지 않으면 혼란이 더욱 가중되기 십상인데, 동아시아 언어가 지닌 변별력을 이럴
때 살리는 일이 바람직하다. 이에 대해서는 백낙청, 「근대, 적응과 극복의 이중 과제」
, 송호근 외 지음, 『시민사회의 기획과 도전-근대성의 검토』, 서울: 민음사, 2016, 251-
254쪽, 및 영문 자료로 Paik Nak-chung, "The Double Project of Modernity," *New Left
Review* 89, September/October 201 참조.

4 자본주의의 작동원리와 그 현재 양상에 대한 간명한 논의로는 데이비드 하비 「실현
의 위기와 일상생활의 변모」, 『창작과비평』173호(2016년 가을) 및 같은 책에 수록된
데이비드 하비, 백낙청 대담 「자본은 어떻게 작동하며 세계와 중국은 어디로 가는가」
참조. 자본주의의 종언 가능성을 둘러싼 다양한 의견을 담은 책으로 이매뉴얼 월러스
틴 외 지음, 『자본주의는 미래가 있는가』, 성백용 옮김, 파주: 창비, 201참조(공저자
중 자본주의의 작동원리에 따라 그 소멸이 불가피하다는 월러스틴 등의 주장을 반박
하는 마이클 맨 같은 논자도 생태계 위기의 심각성만은 강조한다).

5 하이데거의 '형이상학 극복', '기술 시대' 및 동양적 사고와의 친화성에 대해서는 백낙
청, 『민족문학의 새 단계』, 서울: 창작과비평사, 199중 「학문의 과학성과 민족주의적
실천」, 338-341쪽 참조.

6 하이데거의 진리(Wahrheit) 개념은 이렇게 '드러난 것의 드러남' 내지 '탈은폐'
(Unverborgenheit)로 한정되기도 하고, 역사적으로 그리스의 초기 철학자 파
르메니데스(Parmenides)가 처음 alētheia(흔히 truth로 번역되지만 하이데거는
Unverborgenheit, unconcealment라는 원뜻을 강조한다)를 호명한 이래 주로 그렇게
쓰여온 것도 사실이다. 그러나 하이데거 자신은 그 '탈은폐'에는 이미 '은폐'가 포함
되어 있음을 강조하며 이것이 앞으로 우리가 사유해야 할 과제라고 주장한다(Martin
Heidegger, *Zur Sache des Denkens*, Tübingen: Max Niemeyer Verlag, 1969, pp.74-
76). 이는 불교 또는 원불교의 "진공묘유(眞空妙有)의 은현자재(隱現自在)하는 진
리"(『정전』 교의품 1장 1절 '일원상의 진리', 『원불교 전서』, 22판, 익산: 원불교출판

사, 1992. 본서 인용은 면수를 생략함)에 가깝다. 그렇다고 하이데거의 '탈은폐'와 '진여'가 같다는 것은 물론 아니다. 그가 말하는 das Sein은 실존하는 그 어떤 존재자(Seiendes)와도 다른 차원이니만큼, 통상적으로 '있음' 또는 '있는 것'을 뜻하는 '존재'로 번역하는 것이 적절치 않다고 생각된다. 그러나 여기서는 관행대로 쓰되 따옴표를 달아 '존재'라고 적었다. 한마디 덧붙이자면 하이데거를 무신론자로 규정하는 것도 적절치 않다. 그는 니체처럼 '신의 죽음'을 말하는 대신 예컨대 릴케론에서 '신들이 떠나간 시대의 궁핍'(M. Heidegger, "Wozu Dichter?", *Holzwege*, Frankfurt a. M.: Vittorio Klostermann, 1962)을 말한다. 그렇지만 신(神)이 "그냥 아무런 존재자가 아니라 가장 존재자다운 존재자(was schlechthin nicht ein Seiendes ist, sondern das Seiendste des Seienden)"(「예술작품의 기원」; "Der Ursprung des Kunstwerkes," *Holzwege*, p.59.)라 해도 '존재 자체'(das Sein selbst)는 아니므로, '존재'와의 관계에서 그 의미를 물어야 한다는 것이다. 불교의 연기론(緣起論) 및 공(空)의 세계에 온갖 신들과 영가(靈駕)가 출몰하는 것도 같은 이치다. '유(有)'의 차원에서는 삼계(三界) 육도(六途)의 온갖 존재자들이 무량 세계를 전개하고 있지만 진리 자체는 '유무초월'의 경지에서 물어야 하는 것이다.

7 M. Heidegger, "Die Frage nach der Technik," *Vorträge und Aufsätze*, Pfullingen: Neske, 1954(국역본 마르틴 하이데거, 「기술에 대한 물음」, 『강연과 논문』, 신상희·이기상·박찬국 옮김, 서울: 이학사, 2008; 영역본 "The Question Concerning Technology," *The Question Concerning Technology and Other Essays*, tr. William Lovitt, New York: Harper Colophon Books, 1977). 이 문제를 다룬 국내 논문으로 권순홍, 「현대기술과 구원」, 한국하이데거학회 편 『하이데거와 근대성』, 서울: 철학과현실사, 199참조.

8 David Harvey, "The Nature of Environment" [1993], *The Ways of the World*, Oxford: Oxford University Press, 2016, p.176. 생태지역주의 운동에 대한 논의는 pp.177-180. 역본이 명시되지 않은 번역은 모두 인용자가 했다.

9 나는 이런 생각을 "'기술 시대의 문제'는 '제3 세계의 문제'로 구체화될 수 있다"고 표현하기도 했다(백낙청, 「학문의 과학성과 민족주의적 실천」, 위의 책, 339-341쪽). 그에 앞선 논의로는 백낙청, 「로렌스문학과 기술 시대의 문제」, 한국영어영문학회 편, 『20세기영국소설연구』, 서울: 민음사, 198참조.

10 M. Heidegger, *Was Heisst Denken?*, Tübingen: Max Niemeyer Verlag, 1954, p.3. 원문은 "*Das Bedenklichste in unserer bedenklichen Zeit ist, dass wir noch nicht denken*"(저자 자신의 강조)으로, 하이데거가 bedenken(숙고하다)이라는 의미에 주목하여 '생각(Denken)을 요하는'이라는 의미로 사용한 형용사 bedenklich는 일상어에서는 '수상쩍은, 걱정스러운'이라는 뜻도 된다. 영역본 *What Is Called Thinking?*, tr. J. Glenn Gray, Harper Colophon Books, 1968에서는 이 낱말을 'thought-provoking'이라고 번역했고, 권순홍 옮김, 『사유란 무엇인가』, 서울: 길, 2005, 52쪽에는 "우리가 아직도 사

유하고 있지 않다는 사실이야말로, 그것도 세계의 상태가 갈수록 더욱더 걱정스러운 것이 됨에도 불구하고 변함없이 줄곧 사유하고 있지 않다는 사실이야말로 가장 깊이 사려되기를 바라는 것이다"라고 옮겼다.

11 "Das Ende der Philosophie und die Aufgabe des Denkens," *Zur Sache des Denkens*, p.66. 하이데거가 말하는 '철학'은 그가 '형이상학'이라고도 부르는, 소크라테스-또는 길게는 파르메니데스, 헤라클레이토스 등 '소크라테스 이전' 사상가들-로부터 면면히 이어져와 맑스와 니체에 이르러 자기극복의 필요성을 인식하게 된 서양철학의 전통인 바, 이를 그는 인류의 사상적 작업 중 하나의 특이한 갈래로서 그 나름의 한계가 있지만 오늘의 형이상학 극복시도가 아직은 따르기 힘든 위대성을 성취했다고 본다.

12 Roberto Mangabeira Unger, *The Religion of the Future*, Cambridge, MA: Harvard University Press, 2014(이 책의 인용 또는 참조는 본문 중에 면수만 표시한다). 웅거는 미국에서 활동하면서는 '로베르토 웅거'로 불리는데, 그의 저서는 한국에도 소개되었으나 『미래의 종교』 번역본은 아직 출간되지 않은 것으로 안다.

13 심지어 웅거는 대승불교의 핵심인 용수(龍樹, Nagrjuna)의 공(空, sunyata) 사상을 언급하는 바로 그 대목에서 쇼펜하우어와의 유사성을 언급한다(p.63). 또 다른 대목에서도 "세상의 극복 사상은(불교에서든 베다에서든 또는 쇼펜하우어나 플라톤의 철학에서든)···"(p.394) 하는 식이다.

14 『주역』이 대표하는 중국적 사유가 고대 그리스나 히브리의 사고방식과 얼마나 다른지에 대해서는 François Jullien, *The Book of Beginnings*, tr. Jody Gladding, New Haven: Yale Univerity Press, 2011 참조.

15 '우상숭배'(idolatry)는 웅거 자신도 즐겨 쓰는 표현이다(154, 164, 166-67면). 일찍이 영국의 철학자 화이트헤드는 이 개념을 더욱 일반화하여, "종교의 진보는 신들에 대한 탄핵이라고 정의될 수 있다. 우상숭배의 기조(基調)는 지배적인 신들로 만족하는 일이다"(Alfred North Whitehead, *Adventures of Ideas*, London: Macmillan, 1933, 제1부 제2장 제1절; 1958년 Mentor Book판 18면)라고 언명한 바 있다. 홍미로운 것은, 화이트헤드가 유럽사상에서 개인의 존엄성에 대한 인식과 기존 역사현실에 대한 근원적 불만의 정신을 가장 충실하게 표현한 예로 (웅거가 유일신교 전통의 대척점에 두는) 플라톤의 『대화편』을 든다는 점이다(같은 책, 19쪽).

16 Raimon Pannikar, *The Intrareligious Dialogue*, 개정판, Mahwah, NJ: Paulist Press, 1999. '종교 간 대화'와 '종교 내 대화'의 차이에 대해서는 Preface, xvi-xvii면 등, '신조'와 '신앙'의 차이에 대한 집중적 논의는 제2장 'Faith and Belief: a Multireligious Experience', 특히 제10절 'Faith and Beliefs' 참조.

17 '다석 유영모 어록' http://blog.daum.net/hhmm007/54.

18 물론 하이데거에 대한 웅거 자신의 평가는 높지 않다. 그는 『존재와 시간』(*Sein und Zeit*, 1927) 단계의 초기 하이데거만 해도 일종의 무신론적 실존주의자로서 웅거가 강조하는 엄혹한 인간 조건과의 대면을 강조했는데 정치참여 실패 이후 낡은 이교사상

(異敎思想, paganism)의 범신주의 내지 일원주의에 해당하는 '존재'로의 귀의 내지 투항으로 나갔다고 본다(191쪽, 220쪽 등). 이는 웅거 외에도 많은 이들이 공유하는 상투적인 오해다. 하이데거는 『존재와 시간』에서도 '존재'에의 물음으로 출발했는데 그러한 물음을 묻기에 가장 적합한 존재자가 인간이기에 인간적 실존(이른바 Dasein)에 대한 검토를 일차적으로 수행한 것이다. 이는 '존재'를 묻는 작업이 추상적인 형이상학적 질문이 아니라 어디까지나 개인들의 구체적 삶의 '현상학'에 해당한다는 하이데거의 소신 때문이기도 하다.

19 Bruno Latour, "Agency at the Time of the Anthropocene," *New Literary History* Vol. 4 No. 1, 2014년 겨울호, p.7.

20 Perry Anderson, "Roberto Unger and the Politics of Empowerment," *A Zone of Engagement*, London: Verso, 1992.

21 국역본 로베르토 웅거, 『정치: 운명을 거스르는 이론』, 김정오 옮김, 파주: 창비 2015의 번역을 따랐는데, empowered는 단순히 민주주의가 더 강해진다는 뜻이 아니라 '개인들이 힘있는 주체가 되고 세력화된 민주주의'라는 뜻을 갖는다.

22 하이데거와 일정한 친화성을 지닌 서구의 사상가이자 소설가 D. H. 로런스가 불교적 사유와의 만남으로 어떻게 나아갔는가를 고찰한 연구로, Nak-chung Paik, "Lawrencean Buddhism? - An Attempt at a Literal Reading of 'The Ship of Death'," *D. H. Lawrence Review 40.2* 2015, pp.103-11참조.

23 동학의 개벽사상 및 동학운동에 관해서는 박맹수, 『개벽의 꿈, 동아시아를 깨우다: 동학농민혁명과 제국 일본』, 서울: 모시는사람들, 2011 참조. '동학'은 흔히 '서학=천주교'에 대비되는 개념으로 Eastern Learning이라고 번역되기도 하지만, 저자는 천주교를 포함한 "외래 사상 또는 외래 종교의 홍수 속에서 동쪽 나라인 우리나라의 도(道)와 학문을 일으켜 세운다는 뜻에서 수운이 스스로 붙인 이름"(43쪽)이었음을 강조한다.

24 백낙청, 「대전환을 위한 성찰 두가지」, 생명학 연구회와 전환 콜로키움 자료집 『위기의 시대, 전환의 새 길 찾기』, 원광대 원불교 사상연구원 국제학술대회조직위원회 2015, 97쪽. 물질개벽에 관해서는 백낙청, 『분단 체제 변혁의 공부길』, 서울: 창작과비평사, 1994에 수록된 중도훈련원 강연 「물질개벽 시대의 공부길」에서 다소 상세하게 논한 바 있다(194-207쪽).

25 서양철학에서와는 다른 '정신'의 의미, 그리고 물질개벽이 기존의 '정신적 가치'들의 해체를 포함한다는 점에 관해서는 백낙청, 『분단 체제 변혁의 공부길』, 서울: 창작과비평사, 1994에 수록된 「물질개벽 시대의 공부길」, 특히 199-207쪽 참조.

26 백낙청, 「통일시대 한국사회와 정신개벽」, 『어디가 중도며 어째서 변혁인가』, 파주: 창비, 2009, 355-357쪽, 및 「근대, 적응과 극복의 이중 과제」, 위의 책, 255쪽 참조. 서양철학이 '종언' 내지 완성을 믿고 새로운 시대의 과제를 수행하거나 하이데거 역시 이중과제론적 발상을 보여준다. 이 대목에서 하이데거를 상기하는 것은, 맑스의 중요

성을 인정한다고 해서 맑스에게서 이중 과제 수행의 충분한 해법까지 얻을 수 있다는 말은 아님을 다시 확인하려는 것이다.

27 돈 베이커, 「20세기 한국 종교의 전환을 이끈 원불교」, 원불교100주년·원광대학교개교70주년 기념 국제학술대회 자료집 『종교·문명의 대전환과 큰 적공』(2016. 4), 55-62쪽. 영문 원본은 Don Baker, *"Won-Buddhism as the Vanguard: The Transformation of Religion in Twentieth-century Korea,"* 같은 책, pp.63-72.

28 동학 이래 후천개벽 사상의 맥이 얼마나 풍성하고 중요한지에 관해서는 위에 참조한 『개벽의 꿈』에 상세히 제시되어 있으며, 최근에 나온 김형수 작가의 『소태산 평전』, 서울: 문학동네, 2016은 소태산이 실제로 그 맥을 잇고 있음을 생생하게 그려내고 있다.

29 불교와는 구별되는 원불교의 정체성에 대해 평신도의 저술인 김성대(종대), 『소태산 교리체계의 새로운 해석』(익산: 원불교출판사, 2015)은 매우 단호하다(제4장 2절 '불교와 다른 원불교' 참조). 저자는 또한 개교표어와 교리표어의 선후 다툼을 정리하여 『정전』 서품 1장에 기록된 진리에 대한 깨달음을 '제1의 깨달음', 제생의세의 기치를 내걸고 교단을 창설할 때의 통찰을 '제2의 깨달음'이라 일컫는다(5-6쪽), 이는 일리가 있는 분류로, 대각과 개교 사이에는 시간상의 선후가 있게 마련이고, 대각의 내용은 석가모니가 깨쳤던 진리와 다름없으나 깨달음의 눈으로 시국을 읽고서 창립한 종교는 구불교와 중요한 차이를 지닌다는 점을 부각시킨다. 다만 '장차 이 일을 어찌 할꼬?'라는 대각 이전 소태산의 고민에는 '관천기의상(觀天起疑相)'에 그려진 우주 만유에 대한 의문과 더불어 당시 한반도 민중의 파란고해의 삶을 목격하며 이들을 낙원으로 인도할 길을 묻는 마음이 이미 담기지 않았을까 한다. 김형수의 『소태산 평전』은 이 추론에 설득력을 더해준다.

30 이 조목을 두고 양은용 교수는 "동서고금의 성자 가운데 종교의 문을 열면서 이처럼 학문을 강조한 경우는 별다른 예가 없다"(「원불교학 연구의 회고와 전망」, 『원불교 사상과 종교 문화』 제67집(2016. 3), 253쪽)고 했다. 물론 유교의 경우가 있긴 하지만 그리스도교나 불교와 달리 공자가 '문을 연' 종교라기보다 '유학'으로 간주한 듯하다. 어쨌든 불립문자(不立文字)의 깨달음을 강조하는 전통 불교와의 대조는 확연하다.

31 Pannikar, 위의 책, xvii면.

32 "모든 사업이 그 대체에 있어서는 본래 동업인 것이며, 천하의 사업가들이 다 같이 이 관계를 깨달아 서로 이해하고 크게 화합하는 때에는 세계의 모든 사업이 다 한 살림을 이루어 서로 편달하고 병진하다가 마침내 중정(中正)의 길로 귀일하게 될 것이니, 우리는 먼저 이 중정의 정신을 투철히 체득하여 우리의 마음 가운데 모든 사업을 하나로 보는 큰 정신을 확립하며, 나아가서는 이 정신으로써 세계의 모든 사업을 중정으로 통일하는데 앞장서야 할 것이니라."(『정산 종사법어』 도운편 37장)

33 인터뷰(박혜명) 「한국 민중종교의 개벽사상과 소태산의 대각」, 『백낙청회화록』 제3권, 파주: 창비, 2007, 404쪽(첫 발표는 『원광』 1996년 4월호).

34 수운이 동학을 창시하면서 집의 노비 두명 중 하나는 며느리로 삼고 하나는 수양딸을 만들었다는 사실은 익히 알려졌거니와, 해월은 수운의 시천주(侍天主) 사상을 더욱 발전시켜 "어린 아이들과 여성들 그리고 노비들도 모두 '하늘님'으로 모실 것을 역설하였다."(박맹수, 위의 책, 44쪽)

35 부수적인 이득의 하나는 '남녀' 평등에의 집착이 다양한 성적 지향과 성 정체성을 억압하는 이성애주의 이데올로기라는 반박에 시달릴 필요가 없어진다는 것이다. 이른바 '퀴어' 운동의 관점을 충분히 수용하더라도 남녀의 권리동일이 균등사회 실현의 최대 방편 가운데 하나라는 사실에는 변함이 없기 때문이다.

36 박혜명 교무와의 인터뷰 「희망의 21세기, 어떻게 맞이할까?」(1999), 『백낙청회화록』, 파주: 창비 2007, 제4권 206-207쪽.

37 교전 영문판에는 '자력'이 self-power로 번역되어 있다. 이는 empowerment처럼 친숙한 영어 표현은 아니지만 '타력'(other-power)과 대치되는 간명한 직역이며, 문맥을 따라 읽으면 empowerment와 흡사한 그 의미가 쉽게 전달된다.

38 이매뉴얼 월러스틴 지음, 『유토피스틱스: 또는 21세기의 역사적 선택』, 백영경 옮김, 서울: 창작과비평사, 1999, 37-42쪽; 원문은 I. Wallerstein, *Utopistics: Or, Historical Choices of the Twenty-first Century*, The New Press, 1998, pp.20-25.

39 하이데거의 사유도 원래는 인간실존(das Dasein)의 규명과 그에 따르는 '존재'(das Sein)에 대한 물음에서 정치참여로 진행했다. 다만 이 과정에서 하이데거는 나찌운동에 대한 오판으로 일시 거기 가담하는 치명적 과오를 저질렀고 이후로는 '시'(poiesis)를 주로 강조하고, 「예술작품의 기원」에서 존재가 드러나는 한 형태로 지목했던 '국가를 창립하는 행위(der staatgründende Tat) 즉 실천(praxis)을 더는 거론하지 않게 되었다. 후기 하이데거가 정치적 실천을 경시한 점을 하이데거의 번역자이자 편집자인 크렐은 Martin Heidegger, *Basic Writings*, Revised and Expanded edition, ed. David Farrell Krell (London: Routledge, 1993) 중 "The Question Concerning Technology"에 부친 해제에서 날카롭게 지적한다(p.310).

40 백낙청, 「변혁적 중도주의와 소태산의 개벽사상」, 『어디가 중도며 어째서 변혁인가』, 329쪽.

41 솔성요론에서도 "정당한 일이거든 아무리 하기 싫어도 죽기로써 할 것이요./ 부당한 일이거든 아무리 하고 싶어도 죽기로써 아니할 것이요"(『정전』 수행편 12장 '솔성요론(率性要論)' 12, 13항)라고 못박았다. 일제 관헌들이 '불법연구회'(원불교교단의 당시 다분히 위장적인 명칭)를 얼마나 감시하고 탄압했는지에 대해서는 『소태산 평전』의 기록이 약여하다.

42 "과거에도 삼학이 있었으나 계정혜와 우리 삼학은 그 범위가 다르나니, 계는 계문을 주로 하여 개인의 지계에 치중하셨지마는 취사는 수신 제가 치국 평천하의 모든 작업에 빠짐 없이 취사케 하는 공부며 "(『정신 공시법이』 경의편 15장)

43 정교동심을 정교일치 및 정교분리와 구별하여 그 선구적 의의를 지적한 논의로 박윤

철(맹수),『원불교적 세계관의 인식과 실천』, 익산: 원불교교화연구회, 1990, 41-42쪽 참조.

44 Ashis Nandy, *The Romance of the State: And the Fate of Dissent in the Tropics*, New Delhi, Oxford and New York: Oxford India Paperbacks, 2007, "An Anti-Secularist Manifesto," 34-36면. 이 글이나 같은 책에 수록된 "Culture, State and the Rediscovery of Indian Politics," "The Twilight of Certitudes: Secularism, Hindu Nationalism and Other Masks of Deculturation" 등에서 저자가 비판하는 '세속주의'는 물론 통상적인 의미의, 그가 '공식적 세속주의'라고도 부르는 근대국가의 정교분리 이념이다.

45 Nandy, 같은 책, p.6및 각주 2와 참조.

46 같은 책, p.36.

20세기 한국 종교의 전환을 이끈 원불교 / 돈 베이커

1 Don Baker, "Privatization of Buddhism in the Chosŏn Dynasty" *Sungkyun Journal of East Asian Studies* 14:October, 2014, pp.1-17.

2 Kyungsoon Lee and See-Woong Koo, "The Confucian Transformation of Mountain Space: Travels by Late-Chosŏn Confucian Scholars and the Attempted Confucianization of Mountains," *Journal of Korean Religions* 5:2 (October 2014), pp.125-26.

3 Lee Kwang-kyu, *Korean Traditional Culture* (Seoul: Jimoondang, 2003), pp.182-199.

4 Ministry of Culture and Sports, Republic of Korea. *Religious Culture in Korea* (Elizabeth, New Jersey: Hollym,1996), p.122. 전통 마을의례에 대한 세밀한 기술을 찾는다면 이 논문을 참조. Griffin Dix, "The New Year's ritual and village social structure," in Laurel Kendall and Griffin Dix, ed. *Religion and Ritual in Korean Society* (Berkeley, CA: Institute of East Asian Studies, University of California, 1987), pp.93-117.

5 Sangkil Han, "The Activities and Significance of Temple Fraternities in Late Chosŏn Buddhism," *Journal of Korean Religions* 3:(April, 2012), pp.29-63.

6 Hee-sook Nam, "Publication of Buddhist Literary Texts: The Publication and Popularization on Mantra Collections and Buddhist Ritual Texts in the late Chosŏn Dynasty," *Journal of Korean Religions* 3:(April, 2012), pp.9-27.

7 Eunsu Cho, "Re-Thinking Late 19th Century Chosŏn Buddhist Society," *Acta Koreana* 6:(July 2003), pp.103-107.

8 Jin Y. Park, "Introduction: Buddhism and Modernity in Korea," in Jin Y. Park, ed. *Makers of Modern Korean Buddhism* (Albany, NY: SUNY Press, 2010), pp.5-6.

9 Hwansoo Kim,"Social Stigmas of Buddhist monastics and the Lack of Lay Buddhist

Leadership in Colonial Korea (1910-1945)," KoreaJournal 54:(2014), pp.105-132.

10 Hwansoo Ilmee Kim, *Empire of the Dharma: Koreanand Japanese Buddhism, 1877-1912*(Cambridge, MA: Harvard University Press, 2012); Jeongeun Park, "Clerical Marriage and Buddhist Modernity in Early Twentieth-century Korea," unpublished doctoral dissertation, University of British Columbia, 2016.

11 한국 종교사회연구소 편, 『한국 종교연감』(서울: 한림원, 1993), p.140.

12 Vladimir Tikhonov and Owen Miller, trans. *Selected Writings of Han Yongun: From Social Darwinism to 'Socialism with a Buddhist Face'* (Kent, UK: Global Oriental, 2008), p.61.

13 Takahashi Toru, *Richō bukkyō* (Buddhism in Joseon Korea). Tokyo: Hobunkan, 1929), p.959.

14 『한국 종교연감』, p.143.

15 Tikhonov and Miller, p.56.

16 Tikhonov and Miller, pp.63-64

17 Tikhonov and Miller, p.68.

18 Tikhonov and Miller, p.87.

19 Tikhonov and Miller, pp.73-77.

20 Tikhonov and Miller, p.72.

21 Tikhonov and Miller, pp.88-96.

22 Tikhonov and Miller, pp.96-99.

23 Bokin Kim, *Concerns and Issues in Won Buddhism* (Philadelphia, PA: Won Publications, 2000), p.5.

24 Tikhonov and Miller, pp.99-111.

25 Kwangsoo Park, *The Won Buddhism (Wŏnbulgyo) of Sot'aesan: A Twentieth-century Religious Movement in Korea* (San Francisco: International Scholars Publications, 1997), p.305.

26 Kwangsoo Park, pp.296-302.

27 Joon-sik Choi, *Won-Buddhism: The Birth of Korean Buddhism* (Seoul: Jimoondang, 2011), pp.27-30.

28 Bokin Kim, "Sot'aesan's Description of Christian Faith," in *Concerns and Issues in Won Buddhism*, pp.134-143; Jin Y. Park, "Wŏn Buddhism, Christianity, and Interreligious Dialogue," *Journal of Korean Religions* 5:(April 2014), pp.109-131.

29 근대 시대에 한국의 종교 문화가 얼마나 많이 바뀌어 왔는지에 대한 더 많은 정보를 찾는다면 이 논문을 참조하라. Don Baker, "The Religious Revolution in Modern Korean History: From ethics to theology and from ritual hegemony to religious freedom," *Review of Korean Studies* Vol. 9, no. (Sept. 2006), pp.249-275.

1 『원불교전서』, 익산: 원불교출판사, 2015, 9쪽.

2 원불교 개교의 동기는 이렇게 서술되어 있다. "현하 과학의 문명이 발달됨에 따라 물질을 사용하여야 할 사람의 정신은 점점 쇠약하고, 사람이 사용하여야 할 물질의 세력은 날로 융성하여, 쇠약한 그 정신을 항복 받아 물질의 지배를 받게 하므로, 모든 사람이 도리어 저 물질의 노예생활을 면하지 못하게 되었으니, 그 생활에 어찌 파란(波瀾) 고해(苦海)가 없으리요. 그러므로 진리적 종교의 신앙과 사실적 도덕의 훈련으로써 정신의 세력을 확장하고, 물질의 세력을 항복받아, 파란 고해의 일체 생령을 광대무량한 낙원으로 인도하려 함이 그 동기니라.",『원불교전서』, 21쪽.

3 『원불교전서』, 46쪽. 원불교는 정신개벽을 위한 공부로 '정신 수양' 이외에 '사리연구'와 '작업취사'를 더한 삼학을 논한다. 여기에서는 삼학의 첫 단계에 해당하는 정신 수양만을 논한다.
   1. 정신 수양 - 양성 - 정(定) - 일원의 체성을 지키기 - 일심 - 요란하지 않음
   2. 사리연구 - 견성 - 혜(慧) - 일원의 원리를 깨닫기 - 알음알이 - 어리석지 않음
   3. 작업취사 - 솔성 - 계(戒) - 일원을 원만히 실행하기 - 실행 - 그르지 않음

4 의식의 기반이 된 이 '나의 식'이 바로 의식의 근인 의(意)의 자기식, 제7말나식이다. 이 말나식의 아상과 아집에 따라 주객 분별하여 의식내용을 객관 대상을 아는 식이 바로 제6의식이다. 그러므로 제6의식은 의근이 6경을 아는 대상 의식이다.

5 의식이 마음의 전부라면, 우리는 주객 분별에 따라 의식되는 것(객)만 알고 의식하는 나(주)는 알지 못할 것이다. 그러면 분별된 객관이 오히려 절대의 기준이 되어, 객관주의, 물리주의가 참일 것이다. 오늘날 우리가 물질을 궁극적 실재로 여기고 마음을 물질의 반영인 반연심(攀緣心)만으로 간주하는 것은 우리가 이원성의 의식차원에만 머물러 있기 때문이다.

6 흔히 이 둘은 ① '현상적 의식'과 ② '지향적 의식'으로 구분되어 불리지만, 문제는 이 둘이 동일하게 '의식'으로 불린다는 것이다.

7 표층의 제6의식보다 더 심층의 식으로 유식불교는 제7말나식과 제8아뢰야식을 논한다. 제7식은 의근(意根)의 자아식으로 아집과 아애의 번뇌식이고, 제8식은 유근신과 기세간으로 변현하는 심층식이다. 본고에서 심층마음으로 논하는 것은 바로 이 제8식에 해당한다.『성유식론』은 제8식이 존재한다는 것을 여러 경론에 근거하여 논하는 교증(教證)과 철학적 이치상의 근거를 들어 논하는 이증(理證), 두 가지 방식으로 논증하고 있다.『성유식론』제3권-4권(『대정장』31권, pp.14상-19상) 참조.

8 『원불교전서』, 149쪽. 영가 현각의『선종영가집』에 "惺惺寂寂是, 無記寂寂非, 寂寂惺惺是, 亂想惺惺非"라고 나온다.『선종영가집』제4권(『한불전』7권, p.189중).

9 의(意)의 자기식이 제7말나식이고, 이 의(意)가 일으키는 대상 의식이 제6의식이다. 반면 그보다 더 심층의 심(心)이 일으키는 식이 바로 제8아뢰야식이다.

10 공통의 같음을 알아차리는 마음은 궁극적으로 우주 만물의 공통의 근거로서의 전체 바탕 A를 주객 분별, 자타 분별 없이 아는 마음이다. 사과(a)와 배(b)의 공통의 근거는 과일이지만, 사과(a)와 사과 아닌 것(-a)의 공통의 바탕은 결국 나와 나 아닌 것, 아(我)와 아소(我所), 자아(自我)와 비아(非我)를 모두 포괄하는 우주 만물 전체의 공통의 바탕 A가 된다. 공통의 바탕 A는 결국 모든 상(相)을 여읜 공(空)이며, 그것이 곧 일원일심(一圓一心)의 마음이다.

11 본각(本覺)은 『대승기신론』에서 모든 중생의 심층마음인 진여심의 자기자각으로 밝히고 있다. 그렇게 본각이 있음에도 일반 중생은 무명에 가려 본각을 알아차리지 못하고 불각(不覺)에 머무른다. 수행을 통해 무명을 극복해서 불각을 극복하고 본각을 다시 회복하는 것이 시각(始覺)이다. 본각과 불각과 시각의 관계에 대해서는 한자경, 『대승기신론강해』, 서울: 불광출판사, 2013, 119쪽 이하 참조.

12 『원불교전서』, 149쪽.

13 『원불교전서』에는 지눌의 『수심결』 전문이 실려 있다. 『원불교전서』, 505-506쪽.

14 『원불교전서』, 23쪽.

15 『원불교전서』, 128쪽.

16 오늘날 초기불교 연구자나 남방불교 수행자들이 대승의 심층 한마음, 불성, 여래장 내지 본래면목 등을 석가의 무아사상에 위배되는 것이라고 비판하는 것은 무아가 표층의 개별적 자의식의 부정이고, 그 부정을 통해 비로소 심층의 일원일심이 드러난다는 것을 간과하기 때문이다. 한마디로 인간의 마음을 표층-심층의 구조로 알지 못하기 때문이다. 소태산 박중빈의 아들로 원불교의 이론화작업에 크게 기여한 박길진은 이미 반세기도 전에 이 문제를 분명히 하여 다음과 같이 말하였다. "무아의 사상도 개아의 부정일 따름이오, 평등법신의 존재에 대한 강력한 긍정이 말해지지 않으면 허무론에 떨어지고 불타가 말한 불생불멸의 진여본체도 무의미하게 된다. … 무아는 상대아의 절대부정이오, 절대아 즉 대아의 절대긍정을 말하는 것이다." 박길진, 「일원상연구」, 원광대 편, 『원광대논문집』 제3집, 1968, 7쪽.

17 『원불교전서』, 72쪽.

18 『원불교전서』, 63쪽.

19 『원불교전서』, 67쪽.

20 『원불교전서』, 67쪽.

21 『원불교전서』, 67쪽.

22 백낙청도 원불교100주년·원광대 개교 70주년 기념 국제학술대회 기조강연에서 "오늘날 서양의 과학기술뿐 아니라 서양의 사상과 학문 전체가 누리는 세계적 권위"가 어디에서 온 것인가를 우리가 분명히 알아야 하며, 나아가 "이런 성취와 권위조차 정신개벽 자체가 아니라 물질개벽의 일환임을 똑똑히 인식해야" 한다고 말한다. 백낙청, 「무명의 대전환과 종교의 역할」, 『종교·문명의 대전환과 큰적공』, 프로시딩, 2016.

23 『원불교전서』, 24쪽.

24 『원불교전서』, 118쪽.

한국 불교의 새 길 찾기 / 금강 스님

1 이 시기를 독일의 철학자 칼 야스퍼스(Karl Jaspers, 1883-1969)는 '축의 시대(Axial Age)'라고 명명하고, 인류의 정신발전에서 자양분이 될 만한 위대한 변화가 이루어진 시기라고 하였다. 중국에서는 공자, 묵자, 노자가 세상을 주유했고 인도에서는 부처님이 '천상천하 유아독존 삼계개고 아당안지'을 설파했다. 이스라엘에서는 구약성서에 등장하는 엘리야, 예레미야, 이사야같은 선지자들이 모습을 드러냈고 그리스에서는 소크라테스, 플라톤, 아리스토텔레스같은 철학자들이 숱한 사상가들을 길러냈다.

2 코린 맥러플린 · 고든 데이비드슨. 『새벽의 건설자들: 더 나은 미래를 위한 생태 공동체 만들기』. 황대건 역. 한겨레신문사. 2004.

3 주요섭. 『전환이야기』. 모시는사람들. 2015. 7쪽.

4 백낙청. 큰 적공, 큰 전환을 위하여. 『창작과 비평』 통권 158호. 2014. 14쪽.

5 그리고 남과 북의 대립상황도 여전히 지속되고 있으며, 최근에는 더욱 심화되고 있다. 이 역시도 한국사회의 중요한 환경과 조건이다. 그럼에도 저자의 역량부족으로 '분단체제'를 논의에 포함하지 못했다. 다만 한국 불교계는 남북교류도 중요하게 여기고 있으며, 종단과 불교계시민사회가 함께하고 있다.

6 〈세계일보〉. 2016년 2월 24일자

7 〈연합뉴스〉. 2016년 2월 25일자

8 〈영남일보〉. 2015년 9월 11일자

9 〈헤럴드경제〉. 2015년 4월 28일자; 〈쿠키뉴스〉 2016년 2월 24일자

10 이제까지 한국사회에서 종교는 이러한 역할을 제대로 하지 못했다는 성찰에 따른 결과이다. 조계종의 연구기관인 불교사회연구소의 설문조사에 따르면 종교에 대한 신뢰는 낮은 수준이다. 종교계 전반에 대한 신뢰도는 11.8%에 그쳤다. 이는 의료계 21.9%, 시민단체 21.5%, 금융기관 20.5%보다 낮다 종교계의 신뢰도보다 낮은 곳은 국회와 정당으로 3.1%에 그쳤다. 때문에 '종교를 믿는 사람들은 믿을 만 한가'라는 질문에도 무려 절반에 가까운 45.6%의 응답자가 '그렇지 않다'고 답해 종교인에 대한 불신이 심각한 수준이다. 신뢰도를 종교별로 나눈 결과 천주교가 39.8%가 가장 높았고, 그 다음은 불교 32.8%, 개신교 10.2%순이었다(대한불교조계종 불교사회연구소. 『불기2559(2015)년 한국의 사회 · 정치 및 종교에 관한 대국민 여론조사』. 2015. 40-73쪽; 110-111쪽).

11 「한국 불교, 구세대비로 가야한다」, 〈불교신문〉, 2013년 1월 18일자.

12 현응 스님은 이 세 질문을 통해 근본불교와 대승불교의 차이를 설명하고 있다.

13 일반적으로 불교의 사회참여는 세상의 모든 문제를 불교적 시각에서 불교적 방법으로 해결하려는 시도로 이해된다. 대표적인 예가 사회적 갈등이 첨예한 문제에 3보1배

라는 불교적 방법으로 의견을 제시하는 것이다. 새만금 사업의 중단을 위해 수경 스님은 3월 28일 가톨릭 문규현신부 등과 함께 전북 부안의 해창 갯벌에서 서울까지 65일 동안 320㎞를 3보1배를 하며 걸었다. 폭력적 방법을 사용하지 않고, 갈등이 있고 고통받는 사람들이 있는 현장에 직접 들어가는 것이 불교의 사회참여이다.

14 유승무. 「현대사회의 구조적 모순과 한국 불교의 사회참여」. 『200한국 불교학회 여름 워크숍: 불교와 사회참여』 2008.

15 크리스토퍼 퀸 · 샐리 킹 편. 박경준 역, 『아시아의 참여불교 : 평화와 행복을 위한 불교지성들의 위대한 도전』, 초록마을, 2003.

16 이 절은 저자가 "청정승가를 위한 대중결사"라는 승가단체의 사무처장으로 재직하면서 만해 스님의 조선불교유신론 100주년을 기념하여 발표한 "21세기 한국 불교유신론을 제창한다"의 일부를 발췌 · 수정한 것임.

17 한국어위키백과(https://ko.wikipedia.org)

18 愛別離苦 : 생이별 · 사이별 등 사랑하는 이와 이별하는 고통.

19 怨憎會苦 : 세상에서 받는 고통 중에 자기가 원수라고 생각하는 사람과 만나서 함께 살지 아니할 수 없는 고통.

20 求不得苦 : 구해도 얻지 못하는 고통. 희망을 성취하지 못하는 괴로움.

21 五陰盛苦 : 중생을 이루어 놓은 5음이 치성하여서 일어나는 고통. 또 5음이 뭇 괴로움을 담았다고 하기도 함.

22 박호남, 현대 한국 불교와 계율사상의 역할. 『불교평론』 15호, 2003.

23 사군이충(事君以忠) 충성으로 임금을 섬기고,
   사친이효(事親以孝) 효도로 부모를 섬기고,
   교우이신(交友以信) 믿음으로 친구을 사귀고,
   임전무퇴(臨戰無退) 전쟁터에서 물러섬이 없고,
   살생유택(殺生有擇) 생명을 함부로 죽여서는 안 된다.

24 일연, 『삼국유사』, 김원중 역, 민음사, 2007, 434-435쪽.

25 몸조심하고 마음을 깨끗이 재계하는 날로 매월 8일, 14일, 15일, 23일, 29일, 30일이다.

26 이항의 내용은 저자가 2015년 대한불교조계종 교육원에서 주최한 "현대사회 승가청규" 세미나에서 발표한 "현대사회 승가청규는 어떤 내용으로 제정되어야 하는가?"를 발췌 · 수정한 것임.

27 2009년에 창립되어 2014년까지 활동한 승가단체인 청정승가를 위한 대중결사에서 주도한 수행운동이며, 현재는 부산지역에서 계승하여 실천되고 있다.

원불교와 새로운 문명전환 / 박광수

1 『원불교 교전』, 전망품 19장, pp.391-392.

2 박광수,「원불교의 구원관: 개벽시대와 낙원 세계」, p.8.

3 노길명 교수는 시마조노 스스무(島薗進)의 연구에서 '신영성운동'이란 용어를 처음으로 사용하였으며, 20세기 후반부터 소비문화가 발달한 대도시를 중심으로 전통 종교들에 대항하면서, 새로운 '영성'(spirituality)을 추구하는 운동들을 '신영성운동'이라고 명명한 것을 지적하고 있다(노길명,「한국 신종교에 대한 사회학적 연구와 과제」, 원광대학교 종교문제연구소,『한국 종교』36, 2013, 35-36쪽; 시마조노 스스무(島薗進),『현대 일본 종교 문화의 이해 – 현대종교구원론』, 박규태 역, 서울: 청년사, 1997 및 島薗進,『精神世界のゆくえ: 現代世界と新靈性運動』, 東京堂出版, 1999, 51-52쪽; 우혜란,「한국 현대 종교현상의 연구와 종교학 개념의 문제 – '영성(spirituality)'에 대한 논의를 중심으로」, 한신대학교 인문학연구소 주최, 제6회 한신 종교 문화 포럼발표문). 2005.6.29.

4 Wilfred Cantwell Smith, *Towards A World Theology: Faith and the Comparative History of Religion*, London and Basingstoke: The MacMillan Press, 1981, pp.191-192.

5 칼 구스타브 융,『인간과 무의식의 상징』, 이부영외 역 (집문당, 2000, 198초판), p.94

6 히, 융은 "인간심리의 의식적 기능에 대해서는 많은 연구가 시행되었지만, 인간의 본질에 대해서는 거의 주의를 기울이지 않았다. 그 본질이란 다름 아닌 자신의 마음인 것이다."라고 보았다. 칼 구스타브 융,『인간과 무의식의 상징』, 이부영외 역 (집문당, 2000, 198 초판), p.105.

7 소태산은 강자와 약자가 적대적 관계가 아니라 자리이타의 상보적 관계를 가짐으로써 인류의 평화문명을 이루고자 하였다. 강자와 약자가 다함께 발전할 수 있고 평화로운 세계로 나아갈 수 있는 길을 제시하고 있다. (박광수,『한국신종교의 사상과 종교 문화』, 집문당, 2012, 209-213쪽)

8 「약자로 강자되는 법문」,『불법연구회 월말통신』제 1호(1928); 원불교 정화사,『원불교 교고총간』1권 (이리: 원광사, 1968), p.12;『원불교교전』,「강자・약자 진화상요법」, pp.85-86.

9 『원불교교전』,「강자・약자 진화상요법」, pp.85-86.

10 원불교 정화사,『원불교 교고총간』제1권, pp.12-13.

11 『원불교교전』, 인도품 26장, p.197.

12 『원불교교전』, 인도품 24장, p.196.

13 『원불교교전』,「강자・약자 진화상요법」, pp.85-86.

꾸란 의미의 다층성과 이슬람의 전개 / 가마다 시게루(鎌田 繁)

1 이 꾸란 표현에 대한 신학적 견해는 마츠야마 요헤이(松山洋平)의『イスラーム神学』, 東京: 作品社, 2015, pp.206-215에 간결하게 정리되어 있다.

2 '동쪽과 서쪽이 하나님에게 있나니 너희가 어느 방향에 있던 간에 하나님의 앞에 있노

라. 진실로 하나님은 모든 것을 알고 계심이라.' (꾸란 2:115)와 같은 꾸란의 구절이 있다.

3 al-Imām al-Tustarī, *Tafsīr al-Qur'ān al-karīm*, Ed. by Maḥmūd Khayra Allāh, al-Qāhira: al-Dār al-Thaqāfīya li'l-Nashr, 1422AH, p.62. Annabel Keeler & Ali Keeler (English tr.), *Tafsīr al-Tustarī (Great Commentaries on the Holy Qur'ān)*, Louisville: Fons Vitae, 2011, p,2. 시아파의 하디스 집성에는 이 단어가 이맘 자우파르 사디크의 말이라고 되어 있다. al-Majlisi, *Biḥār al-anwār*, Bayrūt: Mu'assasa al-Wafā', 1403AH/1983, vol.89, p.9참조. 또한 G. Böwering, *The Mystical Vision of Existence in Classical Islam*, Berlin: Walter de Gruyter, 1980, pp.139-142를 참조. 성전해석의 중요한 전거가 되는 이 전승의 역할은 이슬람 문화권을 넘어서는데, 유사한 논의로 중세 그리스도교의 성서해석의 4가지 의미(litteral, allegorical, moral, anagogical)가 있다. 이 점에 대해서는 G.Böwering, "The Scriptural 'Senses' in Medieval Ṣūfī Qur'ān Exegesis," With *Reverence for the Word - Medieval Scriptural Exegesis in Judaism, Christianity, and Islam*, Ed. by Jane Dammen McAuliffe, Barry D. Walfish & Joseph W. Goering, Oxford: Oxford University Press, 2003, pp.346-365을 참조.

4 시아파 문화권에서 활동한 신비주의를 중추로 하는 철학자로, 최근 연구자들의 주목을 받고 있다. 많은 연구서가 있는데 최근의 개론적인 연구로는 Sayeh Meisami, *Mulla Sadra (Makers of the Muslim World)*, London: Oneworld, 2013이 있다.

5 Mullā Ṣadrā, *Mafātīḥ al-ghayb*, Ed. by Muḥammad Khwājawī, Tihrān: Mu'asssat-i Muṭala'āt wa-Taḥqīqāt-i Farhangī, 1363AHs, p.23.

6 *Mafātīḥ*, pp.39-42.

7 (3)과 (4)에서는 앞에 지적한 顯과 密, 밖과 안이란 틀에서 기술하지 않지만, 이렇게 정리할 수 있다고 본다.

8 지각작용을 외부감각, 내부감각, 지성의 3단계로 보는 사고는 이슬람 철학의 대가인 이븐 시나, 더 나아가서는 아리스토텔레스까지 소급된다. 鎌田繁,「サドルッディーン・シーラーズィーの思想における霊魂(nafs)」,『オリエント』第26巻 第2号, 1983, pp.31-44. 특히 주25를 참조.

9 鎌田繁,「이슬람신비주의와 유출론(イスラーム神秘主義と流出論)」,『세계의 종교와 어떻게 마주할 것인가(世界の宗教といかに向き合うか)』, (月本昭男先生退職記念献呈論文集第１巻)市川裕編, 東京: 聖公会出版, 2014, pp.103-11참조.

10 이 논의의 자세한 내용에 대해서는 다음을 참조. 鎌田繁,「주석의 혁신—물라 사드라의 꾸란 주해 (注釈の革新 ─モッラー・サドラーのクルアーン注解─)」,『文学』2000年 7/8月 号[第1巻第4号], 東京: 岩波書店, pp.49-66. 또는 이 논의의 개략적인 부분은 다음 논문에도 기술하였다. Shigeru Kamada, "Mullā Ṣadrā between Mystical Philosophy and Qur'ān Interpretation: Through His Commentary on the "Chapter of Earthquake"," *International Journal of Asian Studies*, Vol.2 Part2, 2005, pp.275-289.

11 Ṣadr al-Dīn al-Shīrāzī, *Tafsīr Sūrahāyi Ṭāriq wa-Aʿlā wa-Zilzāl*, Ed. by Muḥammad Khwājawī, Tihrān: Intishārāt-i Mūlā, 1363AHs/1405AH, p.223. 이하 이 문헌은 *Tafsīr* 로 약식 표기함.

12 Abū al-Qāsim Maḥmūd al-Zamakhsharī, *al-Kashshāf ʿan ḥaqāʾiq al-tanzīl wa-ʿuyūn al-aqāwīl fī wujūh al-taʾwīl*, Bayrūt: Dār al-Maʿrifa, n.d., vols. 물라 사드라가 인용하는 이 장의 논의는 Vol.4, pp.285-297에 있다. 자마크샤리는 신학으로는 무으타질라학파에 속하여, 이 입장에서 논의를 전개한다. 다수파인 순니파는 무으타질라학파를 배제하고 논의를 전개하였으나, 시아파(자이드파, 열두 이맘파)에서는 이를 수용하고 있으며, 물라 사드라가 자마크샤리를 자주 인용하는 것도 언어와 수사에 뛰어나는 점 외에도, 무으타질라 신학과 시아파가 친화성을 가진다는 점도 들 수 있을 것이다.

13 *Tafsīr*, p.225.

14 *Tafsīr*, p.226.

15 *Tafsīr*, p.227.

16 *Tafsīr*, p.227.

17 이슬람의 철학적 사색은 아리스토텔레스 철학에 기댄 곳이 많다. 아리스토텔레스는 열 가지 범주(categories/maqūlāt)에 관하여, 양(quantity/kamm), 성질(quality/kayf), 장소(place/aina)의 세 가지 범주에 대해서만 운동을 인정하고, 실체(substance/jawhar)의 범주에는 운동이 없다고 한다. 아리스토텔레스의 『자연학』 제3권 제1장[200b30이하](出隆・岩崎允胤訳, 『(아리스토텔레스 전집)アリストテレス全集』第3巻, 岩波書店, 1987(68) 수록, p.83 및 역자주(8) 참조.) 그러나 이 실체라는 범주에도 운동이 있다는 것이 물라 사드라의 견해로, 이슬람 철학의 흐름 안에서도 특이한 주장이라고 할 수 있다. 이 논의에 대해서는 다음의 논문을 참조. 鎌田繁, 「행복과 철학자의 행위 ─ 물라 사드라의 실체운동설의 의미(幸福と哲学者の営み─モッラー・サドラーの実体運動説の意味-)」, 『東洋文化』第87号[特集: イスラーム思想の諸相](2007年3月30日), pp.163-180.

18 신비가인 이븐 아라비(Ibn ʿArabī, d.1240)의 직관으로 태어난 존재일성론은, 이후 이슬람의 신비주의적 조류에 결정적인 영향을 끼쳐, 아랍 세계뿐만 아니라 이란, 인도, 더 나아가 중국까지 영향을 미쳤다. 중국에는 특히 쟈미(ʿAbd al-Raḥmān al-Jāmī (d.1492)) 등의 페르시아 문화권 사상가를 통해 전해졌다. 이븐 아라비의 거대한 영향력은 아래의 목록을 일람해 보는 것으로도 이해할 수 있을 것이다. 東長靖・中西竜也編, 『이븐 아라비 학파 문헌목록(イブン・アラビー学派文献目録)』京都: 京都大学大学院アジア・アフリカ地域研究研究科附属イスラーム地域研究センター, 2010(http://kias.sakura.ne.jp/ibnarabi/index.php?title=メインページ).

19 Toshihiko Izutsu, *Sufism and Taoism: A Comparative Study of Key Philosophical Concepts*, Tokyo: Iwanami Shoten, 1983.

20 實叉難陀譯, 『大方廣佛華嚴經』(No. 279)巻三 世主妙嚴品第一之三(『大正藏』第10巻,

p.15a-b). 이 인용에 대해서는 화엄학자인 고지마 다이잔(小島岱山) 박사에게서 시사점을 얻었다. 이에 사의를 표한다.

21 『원불교교전』에 다음과 같이 서술되어 있다. '일원(一圓)은 우주만유의 본원이며, 제불제성의 심인이며, 일체 중생의 본성이며, 대소유무에 분별이 없는 자리며, 생멸거래에 변함이 없는 자리며, 선악업보가 끊어진 자리며, 언어명상이 돈공한 자리로서 공적 영지의 광명을 따라 대소유무에 분별이 나타나서 선악업보에 차별이 생겨나며, 언어명상이 완연하여 시방삼계(十方三界)가 장중에 한 구슬같이 드러나고, 진공 묘유의 조화는 우주 만유를 통하여 무시광겁(無始曠劫)에 은현자재(隱顯自在)하는 것이 곧 일원상의 진리니라.' 圓佛教正訳委員会(일본어역), 『圓佛教教典(正典 · 大宗経)』, 圓佛教中央總院教政院國際部, 圓紀91(2006)년, 21쪽.

소태산 대종사의 생명철학 / 정순일

1 대각 초기의 천제 혹은 천지신명으로부터 열반 전의 법신불에 이르는 원불교 신앙의 형성사에 대하여는 다음의 논문들을 참고하기 바란다. 정순일, 「일원상신앙의 초기 형성과정 연구」, 『원불교학』창간호, 1996; 동, 「초기 일원상신앙의 성격」, 『원불교학』제2집, 1997; 동, 「사은신앙의 형성사적 연구」, 『원불교 사상』제21집, 1997; 동, 「일원상 신앙 성립사의 제 연구」, 『원불교학』제8집, 2002.

2 이처럼 불신론은 부처 생신(生身) 이후에 신앙과 철학적 사유의 중심이 되면서 불교의 역사를 관류해 왔다. 어떤 의미에서 불신에 대한 개념의 변화는 불교교리 변천사의 핵심이라고 하여도 과언이 아닐 것이다. 삼신설은 이후 4신설, 5신설 등으로 그 내용과 의미가 풍부해지기도 하였으나 통상 불신설의 핵심은 삼신설로 알려져 있다. '三身'이란 佛身에 대한 대표적인 분류방식으로, 빨리어 tayo kāya와 쌘스끄리뜨어 trayaḥ kāyāḥ의 역이며, 서장어로는 sku-gsum이라 한다. 이는 '삼중(三種)의 몸'이라는 뜻이다. tri 혹은 trayaḥ는 '셋'이라는 의미의 형용사이며, kāyāḥ, 혹은 kāya는 '몸', '몸통', '(식물의) 줄기', '중앙부분' 등의 뜻이 있다. 그 밖에 kāya는 '모임', '집단', '다수' 등을 의미하기도 한다. 이는 영어로 'the body', 'the trunk of tree', 'the body of a lute(the whole except the wires)', 'assemblage', 'collection', 'multitude' 등으로 번역된다. 한역으로는 신(身), 체(體), 신체(身體), 구(軀), 취(聚), 중(衆) 등으로 번역되는데 대체로 영역의 경우와 같다. 통상 불교에서 삼신이라 할 경우는 삼신불(三身佛) 또는 삼불(三佛)을 가리키는 것이 일반이다. 삼신은 통상 법신(法身)(dharma-kāya, 서장어: chos-kyi sku), 보신(報身)(saṃbhaga-kāya, 서장어: loṅs-spyod-rdsogs-paḥi sku), 응신(應身)(nirmāṇa-kāya, 서장어: sprul-paḥi sku)을 말한다.

3 『정전』「교리도」

4 이러한 태도는 실은 동양철학 전반에 흐르는 것으로 이해된다. 최봉근은 이를 우주자연의 전일적 생명성으로 표현하고 있다. 최봉근, 「퇴계철학에서 이의 생명성에 관한

연구」,『동양철학연구』제 35집, 2003.

5 이와 유사한 사유는 일원상과 사은의 관계에서 찾아볼 소 있다. 일원상과 사은과의 관계를 존재론적으로 접근한 연구로는 류병덕, 「생성론적으로 본 일원상」, 『원불교와 한국사회』, 서울: 시인사, 1997; 송천은, 「원불교 신앙관의 연구」, 『종교와 원불교』, 익산: 원광대학교출판국, 1979; 동, 「소태산의 일원상진리」, 『한국근대종교사상사』, 익산: 원광대학교출판국, 1984; 노권용, 「사은의 신앙적 의미에 관한 재인식」, 『문산 김삼룡박사 회갑 논문집』, 익산: 원광대학교출판국, 1985; 동, 「사은사상의 신앙적 의미의 재조명」, 『원불교 사상과 종교 문화』 제41집, 200 등의 좋은 논문들이 있다. 그러나 이들 연구에서는 본 연구에서 진행하려는 방향과 일치하는 내용을 찾아보기 어렵다.

6 소태산의 제자인 정산은 법신불을 세 가지 속성으로 분류하였다. 영기질(靈氣質)이 그것이다. 영기질의 세 가지 속성은 우주적 의식의 측면과, 물질과 파동으로 나타나는 에너지의 측면, 그리고 두 가지를 합하여 확장하고 진화하는 바탕으로서의 생명이라는 세 가지 측면으로 해석해도 좋지 않을까 생각한다. 이러한 해석은 법신불이 지니는 불교적 성격에서 한 걸음 나아간 것으로 평가될 수 있다.

7 『대종경』 「교의품」7, "일원의 진리를 요약하여 말하자면 곧 공(空)과 원(圓)과 정(正)이니…".

8 법신불(Dharma kāya-Buddha)의 언어적 표현은 '법(Dharma)'으로부터 시작한다. 義湘(625-702)의 『법성게』를 보면 '법성'으로 시작한다.("法性圓融無二相 諸法不動本來寂 無名無相絶一切 證智所知非餘境"). 이처럼 법이란 불교의 오랜 명제로써 '불' 혹은 '우주' 혹은 '마음'을 대표하는 용어로 사용되어 왔다. 법이라는 말을 사용하는 까닭은 '언어 이전의 법신불로서의 법신불'을 '언어 이후의 법신불로서의 법신불'로 전개하는 데에 적합한 용어이기 때문이다.

9 『정전』 「일원상 게송」

10 『정전』 「일원상 서원문」

11 위의 책.

12 『정전』 「일원상의 진리」, 「교리도」: 『대종경』 「교의품」1.

13 그러한 속성으로 말미암아 소태산은 법신불의 그러한 측면을 신앙의 대상으로 간주하기도 한다.

14 이에 대한 고찰로는 정순일, 「일원상 신앙의 초기 형성과정 연구」, 『원불교학』 창간호, 1996이 있다.

15 법신불의 그러한 속성에 관해서는 앞서 제시한 정순일의 연구 성과에 자세하게 다루었다.

16 우주와 지구의 시작을 과학적으로 증명하였다 하더라도, 그것은 생주이멸의 한 단면만을 밝혀낸 것일 뿐, 그 이전에 어떤 모습으로 존재가 있었다는 것은 분명하므로 시종을 말할 수 없는 것이다.

17 『대종경』「교의품」4, "일원상의 내역을 말하자면 곧 사은이요, 사은의 내역을 말하자면 곧 우주만유로서 천지만물 허공법계가 다 부처 아님이 없나니…."

18 소태산은 이러한 이치에 대하여 "이 이치를 아는 사람은 천지의 밝음을 두려워하여 어떠한 경계를 당할지라도 감히 양심을 속여 죄를 범하지 못하며, 한 걸음 나아가 천지의 식을 체 받은 사람은 무량 청정한 식을 얻어 천지의 위력을 능히 임의로 시행하는 수도 있나니라."(『대종경』「변의품」1)라고 말하고 있다.

19 그러한 면에 대한 연구로는 정순일, 「은사상의 법계연기적 조명」, 소태산탄생100주년 기념사업회 편, 『인류 문명과 원불교 사상』, 익산: 원불교출판사, 1991이 있다.

20 인간이 자신의 경험에만 의지하여 우주를 이해하려는 것은 마치 불완전한 거울로 사물의 형태를 판단하려는 것과 같아서 대상을 있는 그대로 파악할 수 없다. 이를 불교에서는 상에 가린 상태로 파악한다. 특히 『금강경』 등 대승불전에서는 이들 상을 제거하는 것이 수행의 핵심 목표로 설정된다. 한편 법신불은 '없다하는 그것도 없다는 경지'이므로, 없다는 것 또한 법신불의 한 측면만을 드러낸 것이라 할 수 있다. 즉 개념화가 가능한 측면도 동시에 지니고 있다는 말이다.(『정전』「일원상 서원문」) 개념화가 가능하다는 말은 '달을 가리키는 손가락'(『대종경』「성리품」2)의 오류가 개재될 여지는 있을지언정 언어로 표상될 수 있음을 의미한다. "태초에 말씀이 있었다."는 바이블의 첫 말씀은 본래 공한 법신불에 언어로 접근할 수밖에 없는 인간의 한계상황으로부터 시작한다는 의미로 해석할 수도 있을 것이다.

21 『정전』「일원상의 진리」에서 "일원은 우주만유의 본원이며, 제불제성의 심인이며, 일체중생의 본성이며, 대소유무에 분별이 없는 자리며, 생멸거래에 변함이 없는 자리며, 선악업보가 끊어진 자리며, 언어명상이 돈공한 자리로서, 공적영지의 광명을 따라 대소유무에 분별이 나타나서 선악업보에 차별이 생겨나며, 언어명상이 완연하여 시방삼계가 장중에 한 구슬같이 드러나고, 진공묘유(眞空妙有)의 조화는 우주만유를 통하여 무시광겁에 은현자재하는 것이 곧 일원상의 진리니라."라고 말한다. 여기에서 진공묘유가 우주조화의 핵심원리로 등장하고 있는 것을 알 수 있다.

22 『정전』「일원상 서원문」에서는 "무상으로 보면 우주의 성주괴공(成住壞空)과 만물의 생노병사(生老病死)와 사생의 심신작용을 따라 육도로 변화를 시켜 혹은 진급으로 혹은 강급으로 혹은 은생어해(恩生於害)로 혹은 해생어은(害生於恩)으로 이와 같이 무량 세계를 전개하였나니,"라고 하여 성주괴공과 생로병사를 같은 축으로 다루고 있음을 알 수 있다.

23 『정전』「참회문」

24 『대종경』「인과품」2.

25 『정전』「참회문」

26 『정전』「최초법어」3. 강자·약자의 진화상 요법은 종래에 사회발전에 적용되는 원리로 간주되어 왔으나 본의은 그것을 확대해석하여 생명천하의 운용원리로 저용할 수 있다고 해석한다.

27 이러한 안목에서 바라본다면 소위 지구상의 자연재해라는 것들마저도 요소들이 한 극에서 다른 한 극으로 움직이는 음양상승의 법칙에 따르는 지구적 생명의 몸짓에 불과하고 볼 수 있다.

28 정병석,「『주역』의 질서관」,『동양철학연구』제25집, 2001, 238-250쪽.

29 『정전』「일원상서원문」에 보면 '진급'이 개체 생명에 중요한 개념임을 알 수 있다.

30 여기에서 '통일체로서의 우주'를 설정하는 것은 과도하며, '전체가 일종의 양상'이라는 식으로 사유하는 것이 옳다는 견해가 있다.(이지훈,「개체와 전체의 관계에 대한 존재론적 고찰」,『과학철학』8-2, 2005, 65쪽) 일단 논리적으로는 통일체로서의 우주를 전제하는 것이 우주만유의 본원으로 생각하는 소태산의 법신불관에 부합한다고 볼 수 있다. 그러나 전체를 더위잡는 시도 자체가 불가능에 가깝고, 그렇게 보려는 관찰자의 한계 또한 벗어나기 어려우므로 '전체가 일종의 양상'이라는 사유에 조건적으로 동의할 수 있다.

31 노권용,「사은사상의 신앙적 의미의 재조명」,『원불교사상과 종교문화』제41집, 2005, 참조.

32 『정전』「사은」편에 보면, "없어서는 살지 못할 관계가 있다면 그 같이 큰 은혜가 또 어디 있으리요."라는 내용이 나온다.

33 이를 프랙탈(fractal)구조라고도 한다. 하나의 입자가 그 속에 다른 또 하나의 완전한 우주를 담고 있다면 그 우주는 더욱 작은 무수한 입자들로 구성되어 있을 것이고, 또 그 하나하나의 입자 속에는 또 다른 작은 우주가 재현될 것이다. 이러한 과정은 끝없이 반복될 것인데 이를 프랙탈 구조라고 한다는 것이다. 정윤표,「프랙탈 우주론」, 『한국정신과학회 학술대회논문집』제2호, 1995.

34 여기에서 유의해야 할 사항이 있다. 그것은 전체와 개체를 동시적으로 파악해야 한다는 말과 환원주의를 혼동해서는 안 된다는 것이다. 환원주의란 부분들을 개별 독립적으로 이해함으로써 전체를 이해할 수 있다고 믿는 관점이다. 이지훈, 앞의 논문, 58쪽.

35 의상의「법성계」에 나오는 말이다. 이는 화엄교학에서의 핵심 개념이다.

36 중간적 구성체라 하여 인간이 모든 만물을 통틀어 중간적 형태라는 말은 아니다. 여기에서는 인간을 중심으로 하고 있으므로 인간을 중간적 형태로 규정하고 있을 따름이다.

37 이러한 사유는 동양철학을 구성하고 있는 근간으로 보아도 좋을 것이다. 山田慶兒, 『주자의 자연학』, 김석근 역, 서울: 통나무, 1994, 76쪽을 참조할 것.

38 이는 사유 형태면에서 유가의 이기(理氣)개념과 상통하기도 한다. 퇴계의 다음 언급을 참조할 것. "是知無情意造作者 此理本然之體 氣隨寓發見而無不到者 此理之神之用也.",『退溪先生文集』권18,「答奇明彦別紙」

39 『정전』「일원상 법어」

40 『정산 종사법어』「공도편」28.

41 『정산 종사법어』「원리편」23.

42 화엄교학의 대표적 저술가운데 하나인 『華嚴經探玄記』권제1(『대정장』35, p.122하)에 보면 "一切攝華卽一隱多顯 顯顯不俱隱隱不竝 隱顯顯隱同時無碍 全攝俱泯存亡俱成"이라 표현하고 있는데, 이는 통일성이면서 다양성인 생명의 특질이 잘 나타나 있는 표현으로, 정산의 사유와 일맥상통하는 것으로 이해된다.

43 이는 『주역』에서 말하는 동류상구(同類相求) 혹은 동기감응(同氣感應)의 이론과 상통한다고 생각된다. "同聲相應 同氣相求 水流濕 火就燥 雲從龍 風從虎 聖人作而萬物睹 本乎天者親上 本乎地者親下 則各從其類也.", 『周易』「乾卦 文言傳」

44 조용현, 「프랙탈·관계·생명」, 『오늘의 문예비평』, 1997년 12월호, 162쪽.

45 이러한 사유는 원효의 화쟁의 논리와도 상통하는 것으로 여겨진다.

46 『대종경』「천도품」5.

47 『대종경』「전망품」19. "근래 어떤 사람들은 이 세상은 말세가 되어 영영 파멸 밖에는 길이 없다고 하나 나는 그렇지 않다고 하노니, 성인의 자취가 끊어진 지 오래고 정의 도덕이 희미하여졌으니 말세인 것만은 사실이나, 이 세상이 이대로 파멸되지는 아니 하리라. 돌아오는 세상이야말로 참으로 크게 문명한 도덕 세계인 것이니, 그러므로 지금은 묵은 세상의 끝이요, 새 세상의 처음이 되어, 시대의 앞길을 추측하는 사람이야 어찌 든든하지 아니하며 즐겁지 아니하리오."

48 이는 『주역』을 비롯한 동양적 시간론과도 상통하는 점이 있다. 즉 "생장에 이은 쇠멸은 존재의 사라져가는 과정이기보다는 오히려 새로운 존재의 잉태과정"으로 볼 수 있기 때문이다. 김기현, 「퇴계철학의 인간학적 이해」, 고려대 박사논문, 1988, 28쪽.

49 그것은 석존이 제시한 無我의 경지에 도달해야만 성불에 이른다는 생각과 통한다.

[기타]

종교 문명의 대전환과 큰 적공 총서 02

종교 · 생명의 대전환과 큰 적공

등록 1994.7.1 제1-1071
1쇄 발행 2016년 12월 31일

엮은이 원광대학교 원불교사상연구원
지은이 김도종 백낙청 돈 베이커 한자경 김한중 금강스님 박광수 가마다 시게로
　　　 김태창 소광섭 츠치다 다카시 이병철 정순일
펴낸이 박길수
편집인 소경희
편　집 조영준
관　리 위현정
디자인 이주향
펴낸곳 도서출판 모시는사람들
　　　 03147 서울시 종로구 삼일대로 457(경운동 수운회관) 1207호
전 화 02-735-7173, 02-737-7173 / 팩스 02-730-7173
홈페이지 http://modl.tistory.com

인 쇄 상지사P&B(031-955-3636)
배 본 문화유통북스(031-937-6100)

값은 뒤표지에 있습니다.
ISBN 979-11-86502-70-9　 94290
ISBN 979-11-86502-66-2　 94290　 세트

이 도서의 국립중앙도서관 출판예정도서목록(CIP)은 서지정보유통지원시스템 홈페이지
(http://seoji.nl.go.kr)와 국가자료공동목록시스템(http://www.nl.go.kr/kolisnet)에서 이용하
실 수 있습니다.(CIP제어번호: 2016032074)

이 책은 2016년 ◐ 문화체육관광부의 후원으로 발간되었음.